毛沢東
革命と独裁の原点

興梠一郎
Korogi Ichiro

中央公論新社

目次

序章　革命と独裁　9
甦る毛沢東
〝脅威〟となった中国
高まる独裁のリスク
独裁の原点
レーニンと暴力革命
新しい貴族
虚構のユートピア
消された作家
アメリカのタバコ、オランダの酒
「大躍進」の狂気
ノルマと暴力
餓える民衆
「革命」という名の奪権
捨てられた紅衛兵
スターリン、毛沢東、習近平

第一章　原点　47
韶山の風景
清朝崩壊の足音
毛沢東のルーツ
富農になった父
母の面影
厳父慈母
父との確執
慈悲と造反
米騒動
孔子より水滸伝

第二章　湖南第一師範

祠堂騒動
本との出会い——『盛世危言』
塾にもどる
旅立ち
月性の詩
広がる世界——高等小学堂
読書三昧
「変法思想」に触れる
長沙へ
師範学校入学
運命の出会い
恩師・楊昌済
「講堂録」
〝湖湘学派〟の伝統
校長追放運動
王船山
曽国藩に学ぶ
譚嗣同
革命前夜
辛亥革命
消されたゴロツキの〝革命軍〟
「新軍」に入隊
定まらぬ進路
法家の伝統
アダム・スミス、モンテスキュー、進化論
独学の終わり
日本は〝勁敵〟
皇帝になった袁世凱
〝革命〟の醜態
『新青年』
革命家・陳独秀
〝乱〟の美学——『倫理学原理』
体力と国力——「体育の研究」
夜学の運営
革命の揺籃——新民学会

フランス勤工倹学
運命の北京
北京大学図書館で働く
李大釗
「新文化運動」の震源地――北京大学
帰郷
五四運動
湖南に飛び火
『湘江評論』
〝新村〟――「人民公社」の原型
〝主義〟と独裁――胡適の警鐘
ジャーナリスト・毛沢東
母の訃報
張敬尭追放運動
北京再訪
楊昌済の死
ロシアへのあこがれ
湖南改造計画――二度目の上海
陳独秀との再会
ソビエトの使者
長沙に凱旋
文化書社

第三章　湖南自治運動と挫折　267

湖南自治運動
湖南共和国
公民制憲運動
湖南人民憲法会議
直接行動へ
請願デモ
挫折
〝主義〟がなければ、空気がつくれない
フランスからの手紙
毛沢東の返信
陳独秀の転向
強権と組織
無産階級独裁

第四章　ソ連の影　307
新民学会の分裂
中国と世界の改造
張東蓀――過激主義の穏健化
ラッセルか、レーニンか
社会主義論戦
自由への道
革命組織に変貌
〝同志〟になった会員
唯物史観は、わが党の哲学的根拠
秘密活動
軍閥に賭けるソビエト
第一回党大会
中国共産党は〝早産児〟
君臨するコミンテルン
決まっていた結論
目立たない毛沢東
学校が〝隠れ蓑〟――党員リクルート
コミンテルンが資金源
コミンテルン中国支部
ノルマをこなす毛沢東
合法組織の利用
階級意識を植え付ける
扇動
ストライキで党員を増やす
惨劇と組織拡大
浸透工作
ソビエトを擁護せよ
最高指導部に抜擢
党中央へ
権力への道
終　章　毛沢東と陳独秀――二つの道　389
スターリンの影
コミンテルンが決める運命

暴動を扇動するソ連
最高指導部に復帰
ソ連の国益
政敵・王明をつぶす
毛沢東を支持したモスクワ
ソ連派の粛清
スターリンを気にする毛沢東

ソ連の支援で内戦に勝利
陳独秀の悲劇
スターリンの道具
階級を超えた民主主義
「独裁魔王」の根源
プロレタリア独裁は、「領袖独裁」
無数の毛沢東

あとがき　429
主要参考文献　435

毛沢東　革命と独裁の原点

序章
革命と独裁

甦る毛沢東

「独裁の遺伝子」は、綿々と引き継がれている。

2023年、毛沢東生誕130年だが、毛沢東の亡霊は、消え去っていない。

それどころか、習近平となって甦《よみがえ》り、いまでも中国を支配している。

毛沢東の死後、権力集中の弊害を防ぐべく、中国共産党は、国家主席の任期制を設けたが、習氏は、その任期を撤廃してしまった。これで死ぬまで最高指導者のポストに居座ることが可能になったのである。まさに「先祖返り」だ。

「革命」と「独裁」は、表裏一体である。

本書では、毛沢東の原点にさかのぼり、革命と独裁の淵源を明らかにしてみたいと思う。それによって、習氏が統べる現代中国が独裁を強化している理由も浮かび上がると考えているからだ。

意外に聞こえるかもしれないが、若い頃の毛沢東は、独裁には反対だった。欧米流の民主主義者であり、流血をともなう革命に反対していたのである。中国を平和的手段で改革すべく、欧米の「連邦制」をモデルにして「湖南自治運動」を推進していた。彼は当時、湖南を軍閥の支配から解放するため、中国から切り離し、「湖南共和国」を樹立しようとしていたが、これはいまの中国では危険思想であり、「国家分裂罪」に問われかねない主張だ。これを認めれば、台湾や香港の独立、チベット、新疆《しんきょう》など少数民族地域の独立も認めることになるからだ。

しかし、言論活動や平和的なデモで訴えても埒が明かず、運動はあえなく破綻。絶望した毛沢東は、ロシア流の「暴力革命」に活路を求めた。

つまり、毛沢東にとってロシア流の共産主義は、究極の「選択」だったのであり、理論が先ではなく「実践」が先だったのである。

だが、たとえそれが「救国」のためであっても、民主や自由を捨て去り、暴力革命を選んだツケは、その後の中国が支払うはめになる。彼には、革命後にプロレタリア階級は支配を廃止するというマルクスのもう一つの主張（後述）は、眼中になかった。これは、レーニンやスターリンにも言えることだ。まさにマルクス主義のロシア化と中国化だと言ってもいいだろう。これが「独裁の遺伝子」の由縁である。

革命に成功し、政権を打ち立てた毛沢東は、「共産主義ユートピア」の建設を推し進めるが、非現実的な計画がたたり、数千万人が餓死する未曽有の惨劇を招く。

窮地に立たされた毛沢東は、権力闘争で巻き返しをはかる。経済を立て直した後継者の劉少奇の威信が高まったため、実権を奪われることを恐れたのだ。そこで、大がかりな政治運動を発動し、国民を巻き込み、劉少奇を打倒した。それが「文化大革命」である。

その結果は、惨憺たるものだった。中国は大混乱に陥り、破綻の危機に瀕したが、それでも毛沢東は平気だった。劉少奇を失脚させ、奪権を果たす目的は達成したからだ。

革命が独裁を生み、独裁が自己増殖した結果である。そして、毛沢東の手法をまねて、権力を一手に掌握することに「成功」した習氏も権力集中を極限まで推し進めている。

本書では、若き毛沢東が書いた手紙や新聞に寄稿した論考、ならびに近年公開された中国共産党設立当初の文献や旧ソ連の史料などを元に、毛沢東の原点にさかのぼり、今日まで続く独裁のルーツを考察する。

〝脅威〟となった中国

毛沢東生誕から130年、中国をとりまく環境は、劇的に変化した。

毛沢東が生まれた1893年は、清朝の第十一代皇帝・光緒帝《こうしょ》（在位1875〜1908）の治世に当たり、250年以上も中国を統治した清朝が、崩壊の危機に直面していた時である。

清朝の衰退が始まったのは、それより半世紀前のアヘン戦争（1840〜42）の時だった。清朝は、英国に負け、香港島の割譲、5港（広州、厦門《アモイ》、福州、寧波《ニンポー》、上海）の開港と賠償金を強いられ、不平等条約を押しつけられた。

その後、英仏との第二次アヘン戦争（1856〜60）、清仏《しんふつ》戦争（1884〜85）にも負けると、さらに列強の中国支配が進んでいった。

そしてとどめは、毛沢東が生まれた翌年に起きた日清戦争（1894〜95）だった。これで、遼《りょう》東《とう》半島、台湾、澎湖《ほうこ》島の割譲と歳入総額の2年半分もの賠償金を支払うはめになり、朝鮮半島に対する宗主権も失ったのである。

この敗北の衝撃は甚大で、清朝の威信は地に落ち、革命の機運が高まり、16年後の1911年10月、「辛亥《しんがい》革命」が勃発し、翌年2月、清朝はついに崩壊した。

それから100年余り、いまや中国は、かつての欧米列強から「脅威」と恐れられる存在になった。立場が逆転したのである。

毛沢東時代は、政治運動に次ぐ政治運動で、中国は破綻のふちに追い込まれたが、彼が死ぬと、鄧小平が「改革開放」政策を打ち出し、中国経済は、飛躍的成長を遂げた。

その後、江沢民時代に世界貿易機関（WTO）に加盟し、「世界の工場」となり、胡錦濤時代も安定を維持し、世界第二の経済大国にのし上がった。

そしていま、習氏は、「中華民族の偉大なる復興」「中国の夢」をスローガンに掲げ、中国が総合力で世界のトップに立つことを目指している。

高まる独裁のリスク

ところが、ここへきて中国は、ふたたび重大な岐路にさしかかっている。

独裁のリスクが、経済に影響し始めているのだ。中国共産党の正当性を保証するのは、経済成長である。だからこそ、「一党独裁」が続いてきたのだが、習近平「一極体制」の弊害が、経済にダメージを与えているのである。

権力の集中が、経済的には、デメリットになることは、毛沢東時代を見ればわかるが、習氏は、「政治」を優先している。彼の政治手法は、毛沢東に似ているが、制度、法律、規則を使って自らの地位を不動のものにするという点では、毛沢東をはるかに上回っている。

毛沢東時代は、「文化大革命」の時期を除き、かつての革命の同志が、彼に意見することは珍しくなかった。毛沢東でさえも、最高指導部のメンバーを「部下」の地位に置くことはできなかったのである。

しかし、習氏は違う。過去10年の月日をかけて、入念に権力基盤を固めてきた。

まず、敵対派閥の「粛清」と「人事」である。彼は、国民受けする「汚職撲滅運動」を発動し、江沢民派と胡錦濤派を一掃して、主要ポストに地方時代からの〝忠臣〟を据えた。

次は「制度」である。習氏は、強引に憲法を変え、国家主席の任期を撤廃した。党総書記、党中央軍事委員会主席はもともと任期の縛りがないので、これで党、国家、軍の三権を独占し、終身最高指導者の地位を維持することが可能になった。

また、党内においては、最高指導部のメンバーに「業務報告」させる規定を設け、従来の対等な関係から「上司と部下」の関係に変えた。これにより、「集団指導体制」は崩壊した。

そして、法律による統制である。習近平時代に入り、新たな国家安全法、国家情報法、反スパイ法、香港の国家安全維持法など、治安維持関連の法律が強化されている。反スパイ法では、日本の大学教授や商社マン、製薬会社社員など十数人が相次いで拘束されるという異常な事態を招いている。

さらに、国民の思想教育も強化している。学校で「習近平思想」を学ぶ授業が導入されるなど、神格化を推し進めるための洗脳が始まっている。

毛沢東が生きていれば、うらやむほどの徹底的な権力基盤固めである。

しかし、そうした強気の姿勢は、外交政策にも反映され、「戦狼《せんろう》外交」といわれる対外強硬姿勢が災いし、西側との摩擦が激化した結果、経済にも影響が出始めている。世界の投資家が不安になっているからだ。

投資家が不安になっているのは、政策のブレが大きく、突発的になっているからである。

権力集中は、内政面では習氏個人に有利に働くかもしれないが、中国の経済成長にとってはマイナスである。なぜなら、権力集中の結果、政策の恣意性が高まっているからだ。

それは、程度の違いこそあれ、毛沢東時代に似ている。毛沢東は、周囲の反対を押し切り、「大躍進運動」（後述）を発動し、大量の餓死者を出した。彼にとっては、念願のユートピア建設だったが、国家にとっては、災難にほかならなかった。

習氏は、毛沢東が唱えた「共同富裕」という経済政策を打ち出し、民間のＩＴ企業や不動産企業だけでなく学習塾まで徹底的に締め上げた。

「共同富裕」というのは、要するに「金持ちはけしからん」である。この政策により、ＩＴ企業が多額の罰金を科され、不動産企業は、融資を制限されて資金繰りに行き詰まり、デフォルトのリスクが高まった。もちろん、金持ちを叩けば、人気取りになるが、中国経済の牽引役だったＩＴと不動産を引き締めた結果、大量の失業者が発生する事態となった。

政策の恣意性といえば、コロナへの対応もそうである。コロナが武漢で発生した時、重症患者の存在をグループチャットで明らかにした医師を黙らせ、隠蔽したことにより、世界的なパンデミックを引き起こした。そして、「ゼロコロナ」と銘打って「ロックダウン」したかと思えば、抗議運動が起きると、有効なワクチンがないまま、突然、「ゼロコロナ」を解除するなど、政策が大きくぶれ、不安定になっている。「ゼロコロナ」に関しては、中国の専門家の間に異論があったが、彼らの言論は封殺された。

このように、権力が集中すればするほど、異なる意見が政策に反映されず、不確実性が増し、リスクが高まっている。その結果、中国の富裕層は、海外に逃避し、海外投資家の間では、「地政学リスク」が取りざたされている。「独裁」の弊害は、経済にまで波及しているのである。

独裁の原点

そもそも、革命は、なぜ独裁をもたらすのか？

そのヒントは、マルクス・エンゲルスの『共産党宣言』にある。

「プロレタリア階級は、その政治的支配を利用して、ブルジョア階級から次第にすべての資本を奪い、すべての生産用具を国家の手に、すなわち支配階級として組織されたプロレタリア階級の手に集中し、そして生産諸力の量をできるだけ急速に増大させるであろう。このことは、もちろんなによりも、所有権への、またブルジョア的生産諸関係への専制的干渉なくしてはできようがない」[1]

共産主義社会を実現するには、ブルジョア階級から「すべての資本を奪い、すべての生産用具」を「プロレタリア階級の手に集中」する必要があるが、ブルジョア階級は抵抗する。そこで、「専制的干渉」が不可欠だという論理である。つまり、独裁も許されるということだが、話はこれで終わっていない。『共産党宣言』は、次にこう言っている。

「(プロレタリア階級が)革命によって支配階級となり、支配階級として強力的に古い生産諸関係を廃止するならば、この生産諸関係の廃止とともに、プロレタリア階級は、階級対立の、階級一般の存在条件を、したがって階級としての自分自身の支配を廃止する」[2]

支配階級になったプロレタリア階級は、革命が終われば、支配を廃止すると言っているが、これが見当はずれだったことは、共産主義国家を見ればわかる。革命後、プロレタリア階級は、支配を廃止するどころか、逆に強化した。人間の「支配欲」は、階級と無関係だからだ。

レーニンと暴力革命

マルクスをベースに「暴力革命」の正当性を説いたのが、ロシア革命の指導者・レーニンだった。レーニンは、毛沢東も愛読した『国家と革命』の中で、「プロレタリア国家のブルジョア国家との交替は、暴力革命なしには不可能である」と言い切っている。[3] 欧米流民主主義の限界を痛感した毛沢東は、「暴力革命」に活路を見出す。

毛沢東の書籍を管理していた逢先知によれば、毛沢東は、『国家と革命』の暴力革命の部分に線を引いており、暴力革命の観点が「マルクス・エンゲルスの全ての学説の基礎」と書かれた部分に線や○の書き込みが多く、「暴力」「消滅」「全ての学説の基礎」の語句の横には、太い線が二本引かれているという。

逢先知は、ちょうどその頃、国民党との内戦が不可避になっており、「革命の暴力で反動統治の国家機構を転覆させ、消滅させる」ことが喫緊の課題だったと指摘している。[4]

つまり、戦時下の緊急事態だったということだろうが、戦争が終わっても、「革命の暴力」は続いた。政権を握った後は、独裁を正当化するため、意図的に政敵を作り出し、「粛清」や「政治運動」を繰り返したのである。

これについて、革命後のロシアを訪れたイギリスの哲学者・バートランド・ラッセルは、こう指摘している。

「暴力革命から少数者独裁へという方法は、専制の習慣を作り出すのに特に適しており、そして専制の習慣はそれを生み出した危機が過ぎ去っても生き続けていく」[5]

前述したが、若き日の毛沢東は欧米流の民主主義者であり、ラッセルと同じく、流血をともなう暴力革命に反対し、温和な改良路線を支持していた。そのラッセルは、「暴力と少数派の力の支配で作り出された体制は、必然的に専制と搾取が発生する余地を生み出していく」と説いている。なぜなら、「権力は甘美であり、自ら進んで権力を手放す人はほとんどいない」からである。「権力を握ることが習慣になった人々には権力は特に甘美であり、大衆の支持なしに銃剣で支配してきた人々には、その習慣はもっとも深く身にしみついている」のだ。[6]

新しい貴族

そもそも、こうなることは、革命後のロシアを見れば、火を見るより明らかである。

トロツキー（十月革命を指導し、革命後、外務人民委員・軍事人民委員などを歴任。スターリンと対立し、共産党から除名され、国外追放。メキシコで暗殺された）によれば、プロレタリア階級は、「支配を廃止する」どころか、「史上かつてなかったような強制の機構へと肥大化」した。[7]「官僚は大衆に席をゆずって消滅するどころか、大衆の上に君臨する無統制の権力へと転化した」

のである。「労働者階級の代表が官僚化」し、「支配カースト」や「新しい貴族」となり、「かつてのボリシェヴィキ党は今ではプロレタリアートの前衛ではなく、官僚の政治組織と化し」たのだった。

そして、「支配カースト」と化した官僚は、民衆の不満を暴力で押さえ込み、自分たちの利権を守ってくれる最高指導者を担ぎ上げ、崇拝の対象とした。

「何百万という官僚はその大小を問わず、なによりもまずみずからの富を確保するために権力を利用しようとする。この層のきわめて大きなエゴイズム、その固い内部的結束、大衆の不満にたいする恐れ、あらゆる批判を圧殺しようという凶暴な執念、はては、新しい支配者たちの権力と特権を体現し、これを庇護する『指導者』にたいする偽善的・宗教的跪拝はそこから出てくる」[8]

革命後のロシアでは、こうした「指導者に対する偽善的・宗教的跪拝」は、「官僚の権化」であるスターリンに向けられ、中国においては、毛沢東が神格化された。

虚構のユートピア

これはロシアの話だが、中国にそっくりそのまま当てはまる。

なぜなら、中国共産党も、ロシア革命の遺伝子を受け継いでいるからだ。

本書で明らかにするが、もともと中国共産党は、レーニンの提案で創立された国際組織コミンテルンの主導で設立したものだ。ソビエトロシアは当時、世界各地に親ソ政権を樹立することを画策しており、中国もターゲットになっていた。

ロシア共産党の肝いりで作られた組織だから、その体質は、おのずから似てくる。

トロツキーが指摘した「支配カースト」や「新しい貴族」は、1949年の中華人民共和国設立を待つまでもなく、すでに1940年前後には、「革命の聖地・延安」に出現していた。

当時、ソ連のコミンテルン連絡員として延安に駐在していたピョートル・ウラジミロフは、「肉は高級党員や軍人にしか配給されない」と証言している。[9]

ローソクも同じで、「水の流れに油が浮いているのをみた。人びとがあきカンでその油をすくっていた。ローソクは延安では党幹部だけが使えるぜいたく品。庶人はすくった油でランプをともしているのだ」というありさまだった。[10]

ウラジミロフは当時、毛沢東の〝実像〟を容赦なく暴露している。

「(毛沢東は)自分では食べたり、飲んだり、踊ったり、若い娘をからかったりするのが大好きなくせに、他人に対しては、きびしい革命的禁欲主義を説教する。彼は努めて自分が、伝統的な中国式の賢帝であるといったイメージを創り出そうとしている。中共の党幹部は下から上まで、彼を真似しようと努めている[11]」

「マルクス主義を口にしている限り、間違いなく権力の座に登れるので、彼は表面的にはマルクス主義を受け入れてはいる。しかし、マルクス主義のために彼の権力が少しでも制限されるとなると、マルクス主義に宣戦布告する。……過去一年二ヵ月ばかりの間に何度も彼と会って、私は彼の正体をはっきりみた。彼の学識はにせものであり、中身は空っぽだ[12]」

これは、アメリカのジャーナリスト、エドガー・スノーが書いた『中国の赤い星』に出てくる毛沢東のストイックな革命家としてのイメージと大きく食い違っているが、それは、無理もない。スノーは、中国共産党が対外宣伝のために呼んできた記者だったからだ。これについてもウラジミロフは、毛沢東の手の内を明かしている。

「ブルジョア・ジャーナリストのエドガー・スノー、アンナ・ルイズ・ストロング、アグネス・スメドレーその他のおかげで、海外では毛沢東は中国革命の〝押しも押されもせぬ天才的指導者〟といわれるようになった。毛沢東は全力をつくしてこれら自由主義的で、なかば無政府主義的な考えを持つジャーナリストを迎え入れたし、彼らに自分についての好ましい印象を植えつけるために努力を惜しまなかった[13]」

だが当時は、誰もこうした「仕かけ」に気づいていなかった。スノーの『中国の赤い星』は大ヒットし、毛沢東と共産党のイメージアップに大きく貢献した。延安の現実を活写したウラジミロフの『延安日記』でさえも、中ソ関係がよかった時代は、封印されていたのである。30年近くも秘密にされており、中ソ対立の時代になってやっと公開されたのだった。

消された作家

ウラジミロフの証言が事実だったことは、延安で起きた「王実味事件」を見ればわかる。

エドガー・スノーの『中国の赤い星』の中国語版『西行漫記』が出版されたのは1938年だが、その影響もあり、中国の若者は、延安にユートピアがあると思い、遠路はるばるやってきた。上海からやってきた作家の王実味もその一人だったが、彼らは、延安に来て愕然《がくぜん》とする。そこは、ユートピアではなく、厳格な「等級社会」だったからだ。

王実味が延安に来たのは、ちょうど毛沢東がロシア帰りの政敵・王明を倒すため、「延安整風運動」を発動していた時だった。

毛沢東にとって本場ロシアから帰国した王明のような「マルクス主義者」は、最大の脅威だった。なぜなら、彼らは、共産主義の総本山であるソ連で、ロシア語でマルクス主義を学んできたからだ。

ソ連の国際組織・コミンテルンの中国支部である中国共産党から見れば、モスクワは、さしずめ総本山といったところだ。毛沢東が支部長なら、王明は、コミンテルン執行委員会委員であり、総本山から送り込まれた幹部だ。毛沢東はスターリンに会ったことがなかったが、王明は会ったことがあった当時、延安では、王明らソ連帰りの幹部を崇拝する風潮が巻き起こり、土着の指導者である毛沢東は、権力を奪われるのではないかと危機感を募らせた。

なかでも中央研究院は、ソ連派の拠点になっていたため、毛沢東は、内部の人間を扇動し、「官僚主義」を批判させ、政敵を打倒しようとした[14]。

これは、のちの「文化大革命」の原型である。毛沢東は、延安では王明、「文化大革命」では、劉少奇を「大衆動員」の手法で打倒したのである。

毛沢東の扇動にのせられ、ユートピアの現実に不満を感じていた蕭軍《しょうぐん》、丁玲、王実味など若い作家たちは、官僚主義を批判する文章を相次いで発表したが、特に中央研究院文芸研究室特別研究員の王実味が書いた文章が大反響を呼び、毛沢東は、あわてて封じ込めに出る。政敵を倒すつもりが、自分に矛先が向きかねなかったからだ。毛が危険視したのは、この部分である。

「ある種の人は言う、我々の延安には等級制度はない、と。これは事実にあわない、なぜならそれは実際存在するのだから[15]」

「衣服を三段階に分け、食事を五等級に分けるのは、実際、必要でも合理的でもないと思う……。もし一方では病気の同志が一口の麺スープも飲めず、青年学生が一日二食の粥を口にできるだけで（腹がへらないかと聞かれると、党員はやはり「腹一杯食べています」と模範回答をせねばならぬ）、一方ではすこぶる健康な「大人物」が非常に不必要不合理な「享受」をしており、下の者に、上の方の人たちは別の人種なのだと感じさせ、彼らを愛さないどころか――ということになったらどうなるか[16]」

アメリカのタバコ、オランダの酒

この文章が『解放日報』に掲載されると、それに共鳴する声が巻き起こり、毛沢東は、苦境に立たされた。

当時、毛沢東の秘書だった胡喬木によれば、これを読んだ毛沢東は、机の上に置いていた新聞を激しく叩き、「王実味が統帥しているのか？ それともマルクスが統帥しているのか？」と声を荒らげ、この文章を掲載した『解放日報』に電話をし、「厳密に調査しろ」と指示したという。そして、すぐに同紙を〝改造〟する決定が下された[17]。

毛沢東が激怒したのは、王実味の指摘が図星だったからだ。王自身は、そのつもりはなかっただろうが、彼の文章に出てくる「大人物」は、毛沢東そっくりだった。当時、毛沢東ら高級幹部は、以下のような特権を享受していたのである。

「延安の重要な高級幹部の家には、党が手配した子供の面倒を見る保母、ボディーガード、身の回りの世話をする勤務員や公務員（顔や足を洗うための水を用意し、歯ブラシに歯磨き粉をつけるといった仕事を担当）がいた[18]」

延安では「毛沢東主席の車」も有名だった。もともとその車は、海外の華僑が前線で戦う兵士のために寄贈したはずの〝救急車〟だったが、毛沢東の専用車になっていた。

実はこれもコミンテルン連絡員のウラジミロフが『延安日記』で暴露しており、「イギリス製かアメリカ製の古ぼけた救急車」と書いている[19]。

ウラジミロフは、毛沢東に直に会うチャンスが多かったので、毛の身の回りについて詳細な観察を行っているが、毛沢東が吸っていたタバコは、「アメリカ・タバコの〝チェスターフィールド〟」であり、「オランダ産のジン」を飲んでいたと証言している。夫人の江青は、レコードを聞いていたという。まさに「ブルジョア」である。

ウラジミロフの記述は、王実味の指摘と一致するところが多い。たとえば、「延安の常食は揚げ菓子にキャベツ、でなければカユだ。肉はめったにお目にかかれない。軍か党のお偉方の間では、濁酒《どぶろく》や白乾《パイカル》が飲めるが、一般の兵士や党員となると、それも手の届かぬぜいたく品だ」と言っているが、これは、王実味がいう「青年学生が一日二食の粥を口にできるだけ」と合致している[20]。

王実味の文章が反響を呼び、あせった毛沢東は、王実味を血祭りにあげ、若いインテリたちの不満を封じ込めた。王実味は、投獄され、人知れず処刑されたが、家族には何の連絡もなかった[21]。

「大躍進」の狂気

この「延安整風運動」こそが、戦後、毛沢東が発動した「文化大革命」の原型である。

両者に共通するのは、文芸や文化といった美辞麗句を掲げ、国民を扇動し、政敵を打倒して権力を掌握するという手法である。自己の政治目的のために国民を利用するのだ。

そもそも、「文化大革命」は、「大躍進運動」に失敗した毛沢東が、政敵・劉少奇を倒し、奪権をはかったものであり、「文化」とは、何の関係もない。

「大躍進運動」とは、1950年代後半、毛沢東が「社会主義ユートピア」の建設を焦り、強引に推し進めた農業と工業の大増産政策である。それに失敗した毛沢東は、巻き返しをはかるために「文化大革命」を発動し、国民を巻き込み、破壊、迫害の限りを尽くし、国家を混乱に陥れ、破綻のふちに追い込んだ。ラッセルが言う「専制の習慣」が極限に達した結果である。

「大躍進運動」では、3600万～4500万人が餓死したと言われている。[22] おぞましいことに、当時、「人肉食」は特別なことではなく、当時、毛沢東の秘書だった李鋭によれば、「人食いの記録は全国で少なくとも1000はくだらなかった」という。[23]

いったい、なぜこのような事態になったのか？

それは、毛沢東が強引に「ユートピア」の実現を急いだからだ。

1950年代後半、毛沢東は、一挙に社会主義ユートピアの実現をもくろむ「大躍進運動」への世論動員にとりかかった。

まず、1957年11月13日、『人民日報』が「全民を発動し、40条綱要を議論し、農業生産の新高潮を起こそう」と題する社説で、「右傾保守の病気にかかり、カタツムリのようにのらりくらりと言いつくばっている。右傾保守思想がある者は、農業発展綱要草案が冒進だったと言っている。彼らは正確な躍進を冒進とみなしたのだ」と批判する。

これが「大躍進」のスローガンが発された最初である。

周恩来等いわゆる反冒進論者が、「カタツムリ」と批判されたのである。毛沢東は12月12日にも、同紙に反冒進を批判する社説を書かせている。

毛沢東は当時、一連の会議に出席するため、代表団を率いてソ連を訪問していた。フルシチョフが十月革命40周年記念大会で、「15年以内にアメリカに追いつき追い越す」と宣言すると、毛沢東はそれに対抗し、その後開かれた各国共産党・労働党代表会議で「15年後、イギリスに追いつくか、追い抜くことが可能だ」と豪語した。

こうして、同年冬、各省、市、自治区で党の代表大会が相次いで開かれ、「右傾保守思想」批判のキャンペーンが行われ、農民を動員して水利工事や豚の飼育、土壌改良などを中心とする冬季農業生産運動が開始された。

いわゆる「大躍進」の序幕が切って落とされたのである。

ソ連から帰国した毛沢東は、「北京の空気は重苦しい」つまり「大躍進」への抵抗があると感じ、地方から攻勢をしかけるべく、北京を離れる。12月8日、まずは杭州で会議を開き、周恩来を激しく批判した。

また、「毛沢東の忠実な学生」を自任する上海の党指導者・柯慶施《かけいし》が、上海第一期党代表大会第二回会議で、「乗風破浪（困難を恐れず進むという意味）、社会主義の新上海を加速して建設せよ」と題する報告を行うと、即座に『人民日報』が掲載し、全国で「大躍進」を推し進めるための世論作りが行われた。

1958年1月1日、『人民日報』が「乗風破浪」と題する社説で、初めて「イギリスを追い越し、アメリカに追いつき、追い越す」と宣言すると、全国は、異様な熱気と興奮の渦に包まれていった。

ノルマと暴力

しかし、最高指導者の威信をかけた「大躍進」の熱狂の「つけ」は、すぐに民衆に襲いかかってきた。1960年の夏から、深刻な食糧危機が発生し、飢餓が発生したのだ。その悲劇を招いたのは、役人の「虚偽報告」だった。

虚偽報告は、あたかも高生産が維持されているかのような錯覚を生みだし、1959年から1961年まで、国の買い上げ量は、年平均で総生産量の35・3%に達した（通常は、20%ほど）。また、農民から自家用の穀物までも買い上げたため、1960年になると、栄養不足による浮腫があちこちで見られるようになり、餓死者が出る地域もあった。

おりしも1959年から1960年にかけて自然災害に見舞われ、15省で食糧不足が発生しており、事態はさらに深刻化した。1959年には、農村に被害が限定されていたが、1960年になると、全国に拡大し、都市部にも影響がおよんだ。

「大躍進」による急速な工業化を成し遂げるため、都市には大量の農村労働力が流れ込んできていた。1960年は1957年よりも3124万人も増加し、1951年の2倍になっていたのである。農村労働力は激減し、都市人口は膨れ上がり、農村から大量の食糧を調達する必要が出てきたが、農業生産は追いついていなかった。

1960年夏になると、北京、天津、上海など大都市で、食糧の備蓄が底をつき始める。北京は7日分、天津は10日分の販売量しかなく、上海は、すでに米の備蓄が底をついていた。だが、パニックを引き起こすことを恐れ、こうした事実は、国民に知らされていなかった。[24]

毛沢東は、危機的状況を知らなかったわけではない。国民には隠蔽されていたが、地方からの報告や新華社『内部参考』等の内部情報が上がってきていた。

江蘇省と上海市の党委員会からの報告には、目を疑うような、凄惨な実情が描かれていた。

江蘇省高淳県では、「1958年から1959年春にかけ、1万4000人が浮腫、体重激減、子宮下垂にかかり、非正常死亡は6000人に達した。1万人が外に流れ出ていった」。党幹部は、指示に従わない農民に対し、暴力、監禁などの手段で脅し、「血を流し犠牲になってもいい。米を確保しろ」と命じた。

上海市奉賢県では、党幹部が民衆を縛りあげ、監禁し、市中引き回しや食事を与えないなど、すさまじい迫害が行われていた。民家が、人民公社化するための強制移住で2147件、水利工事目的で3188件が、有無も言わさず取り壊された。

だが、こうした事態は、「大躍進」が原因だと指摘することは許されていなかった。「特務」など

「階級敵」が公社の指導権を簒奪《さんだつ》し、民衆に危害を加えたことになっていた。むしろ、「公共食堂はすばらしいという認識がさらに深まった」（山西省党委員会）などと報告されていたのである。[25]

ただ、原因をいかに解釈しようとも、毛沢東にも、現場の混乱ぶりが見え始めたことは確かだ。1960年4月、地方視察に出かけた際、こう発言している。

「下からの報告には、頼りにならないものもある。上級指導機関、たとえば中央、省、地区もうやむやにしてしまう[26]」

餓える民衆

党官僚たちが事実を隠蔽しても、前述の新華社『内部参考』は、数多くの事件を報じていた。たとえば、1959年冬から、飢餓に苦しむ農村から大量の人口が都市部に押し寄せてきていた。上海では、1960年1月だけでも1万2648人を農村に帰らせたが、1万9735人が流入し、逆に増えた。

過重労働、食糧不足による浮腫で苦しむ民衆が、各地で増えていることも伝えられ、1960年2月末の時点で、湖北28万人、江蘇11・12万人、山東2・6万人等が発病したと報じられた。甘粛、寧夏、貴州などでは、1960年1月から3月にかけて、「人肉を食べる」という信じがたい事件が17件起きたことまで伝えられていた。[27]

こうした事態になっているにもかかわらず、毛沢東は、農業政策に調整が必要であることは認めても、鉄鋼大増産だけは、絶対にやめようとしなかった。だが、食糧問題がさらに深刻化するにつれ、１９６０年秋頃から「大躍進」の全面的見直しを迫られるようになる。

きっかけは、同年10月21日、中央組織部と中央監察委員会の幹部４名が提出した河南省信陽の大量餓死についての報告だった。

当時、河南省党委員会は、食糧生産量を約2倍誇大報告していた。同省は水害と旱害《かんがい》に見舞われたが、買い付けノルマを達成できない幹部は、批判されるため、農民を縛りあげ、吊るしあげて殴り、監禁し、家を取り壊すなど、あらゆる手段で穀物を絞りだそうとした。

同省信陽地区も、食糧が不足していたが、各県は、事実を報告すれば「右傾日和見主義分子」にされてしまうので、虚偽の報告をした。結果は悲惨だった。農民は自家用の穀物だけでなく、飼料まで買い上げられ、公共食堂もやれなくなった。いもの葉、野生植物をかき集めて食べ、人肉を食べるものまで出てきた。事実を報告した幹部は、批判され、停職処分になった。農民に食糧を出させるため、あらゆる拷問が行われた。

耐えきれずに、大量の農民が逃亡しようとしたが、現地の党委員会は、関所をもうけて阻止した。民兵を立たせ逮捕し、収容所や監獄に放り込んだ。

このように、民衆が餓えて人肉にまで手をつける異常事態でありながら、毛沢東は、たらふく食べていたようである。彼は当時、「庶民と苦楽を共にするため肉を食べなかった」という逸話が流布されているが、１９６１年４月の献立表が明らかになっている。

「蒸し魚のプディング、桂魚のステーキ、桂魚の揚げもの、モスクワ風焼き魚、チーズ味の焼き魚、ポーランド風煮魚、エビフライ……」[28]

毛沢東が当時、数カ月肉を食べなかったという話は大げさに宣伝されており、実際は、豚肉のコレステロール値が高いという理由で、医師が牛や羊の肉を食べるよう勧めたという。毛沢東は、1960年代初頭の一時期、西洋料理を食べることを好んだ。1961年4月26日に従業員らがコックと共同で作成した西洋料理の献立表には、魚、エビ、鶏肉、鴨肉、豚肉、羊の肉、牛肉、スープが含まれていた[29]。

「革命」という名の奪権

これだけの惨事を引き起こしておきながら、毛沢東は失脚しなかったが、全く安泰だったわけではない。後継者の劉少奇が周恩来、鄧小平らと共に経済を立て直すと、実権を奪われるのではないかと焦り始めた。とりわけ、後継者に指定していた劉少奇の声望が高まるにつれ、毛沢東の不安は強まっていった。

劉少奇の息子・劉源によれば、「党内の多くの同志は毛が直接経済を握ることを危惧しているが、毛の指導権も認めざるを得ない」という状況だったという。

劉少奇は、「毛沢東の誤りを一方では糺さなければならないが、毛の威信と形象（イメージ）を損なわないようにする」というジレンマに直面していた。[30]

つまり、毛沢東に経済を運営させれば、ダメだとわかっていても、誰も止められなかったわけだが、そもそも彼に神聖不可侵の地位を与えたのは、劉少奇ら取り巻きである。そのツケが回ってきたのだ。今度は、自分が粛清される番になったのである。

いわゆる「文化大革命」（1966〜76）は、「革命」などではなかった。最高指導者の地位を脅かされつつあった毛沢東が、後継者・劉少奇を抹殺するために仕かけた手の込んだ「政治劇」に過ぎない。そもそも、共産党指導部の権力闘争を「革命」と名付けたことが誤解の始まりだが、それには、毛沢東の策略が込められていた。党内で勢いを増す劉少奇一派を打倒し、権力を奪回するため、「革命」と銘打って民衆を動員するという思惑だったのである。

中国共産党自身が、公式にそれを認めている。「建国以来の党の若干の歴史問題に関する決議」（1981年）によれば、「文化大革命は、毛沢東同志が発動し、指導した」ものであり、「広大な民衆を発動」し、「走資派（いわゆる「党内の資本主義の道を歩む実権派」。劉少奇等を指す）が簒奪した権力を奪い返す」という目的があった。それは、「指導者（毛沢東を指す）が誤って発動」した「内乱」だったと明言している。

党内で後継者と認められた劉少奇を、わけもなく失脚させるわけにはいかない。ならば、まずは世論を作り出し、民衆を扇動し、最後には党・政府機関の人事を入れ替える。こうして「合法的」に後継者を追い落とし、権力を奪還するのだ。

世論を喚起するには、「文化」から切り込むのが一番だ。いきなり政治批判をすれば、手の内がばれてしまう。文化批判からイデオロギー批判へと移行し、民衆を扇動し、政敵を包囲する。それから腐った「タケノコの皮」をはがすように（毛は「剥筍《はくじゅん》政策」と呼んだ）、取り巻きを一人一人打倒していけば、劉少奇は、一人ぼっちになる。そして権力を奪取し、「革命」は完成するというわけだ。

「文化大革命」は、明白な権力闘争だったが、「文化」批判から始まったので、毛沢東の意図が見えにくかった。おまけに社会主義を脅かす「修正主義」を打ち倒すための「革命」という「大義名分」を示されれば、誰も反論はできなくなる。それこそ、まさに毛沢東のお家芸だった。だが、民衆はまんまと扇動され、「革命」に翻弄されていく。

もちろん、民衆が現状に満足していれば、扇動されても「大動乱」になりはしない。彼らは、大いに不満だったのだ。とりわけ、一党独裁下における官僚特権層の肥大化により、民衆の不満は鬱積し、巨大なマグマとなって爆発寸前だった。

そうした閉塞感を毛沢東はうまく利用したのだ。その閉塞感を生んだのは、紛れもない毛の恐怖政治だったのだが、それを政敵打倒に利用したのも彼だったということだ。

したがって、「文化大革命」は、劉少奇が死に追いやられた点で目的を達成したが、国内の混乱は収まらなかった。毛沢東が、「混乱はいいことだ。大乱がなければ、矛盾は暴露されない」として、大乱を楽しんでいたからだ。

解き放たれた若者の「破壊欲」は、すさまじかった。彼らは、「革命」の「大義名分」を振りかざし、店や道路の名前を無理やり変え、長髪やパーマを強制的に切り、スカートを切り、暴行をふるい、家財を強奪し、文化財を破壊するなど、驚くべき暴挙を繰り返した。それは、「四旧打破（四旧とは、旧思想、旧文化、旧風俗、旧習慣）」という「美名」を借りたテロに過ぎなかった。

協和医院（1921年にロックフェラー基金が設立）は、「反帝医院」、全聚徳《ぜんしゅとく》烤鴨《カオヤー》店（清代に開店した北京ダックの老舗）は、「北京烤鴨《カオヤー》店」、琉璃廠《るりしょう》にある栄宝斎《えいほうさい》（清代に開店した文房具店）は、「人民美術出版社第二門市部（販売部）」と改名された。

また、通りの名前も変えられ、ソ連大使館の前の揚威路は、「反修路（反修正主義の意味）」、長安街は、「東方紅《ドンファンホン》（毛沢東賛歌）大街」、北京最大の繁華街・王府井《ワンフージン》も「反修路」となった。

要人が住む中南海でも改名が行われ、周恩来の住居「西華庁《せいかちょう》」は、西は太陽が沈む方角なので、「向陽庁《こうようちょう》（太陽——つまり毛沢東——の方に向くという意味）」に変えられた。この時、中南海入口の新華門《しんかもん》の狛犬も撤去されたが、周は「封建時代の産物」だとして「同意」している。

こうした「改名」は、まだ序の口だった。紅衛兵の「四旧打破」は、文化財の破壊にも向けられた。

1966年8月18日夜、北京の紅衛兵が故宮《こきゅう》（明・清王朝の皇宮。紫禁城《しきんじょう》）に突入するという情報が周恩来の耳に入った。故宮となれば、狛犬とはわけが違う。彼はすぐに故宮を閉鎖させ、北京衛戍《えいじゅ》区（首都の警備を担当する軍隊組織）の部隊を派遣し、警備に当たらせた。[31]

一方、頤和園《いわえん》（北京市郊外にある中国四大名園の一つ）は、難を逃れることができなかった。8月23日午後、北京体育学院の紅衛兵と教職員等273人が押しかけ、仏香閣《ぶっこうかく》の仏像を破壊した。碧雲《へきうん》寺《じ》（元代創建の仏教寺院）、西山八大処などでも仏像が大量に破壊され、毛沢東の肖像画がかけられた。[32]

また、白塔寺《はくとうじ》（遼代創建。ラマ塔がある）の山門、鐘楼《しょうろう》（明代創建。鐘で時を告げる）、鼓楼《ころう》（元代創建。太鼓で時を告げる）、恭王府《きょうおうふ》（清代咸豊帝の弟・奕訢《えききん》の邸宅）などの建築物も被害にあった。

北京市文化局が保存していた京劇の衣装や道具は、国子監《こくしかん》（元・明・清代の科挙試験場。最高学府だった）に積み上げられ、燃やされてしまった。[33] 北京地質学院の紅衛兵の意見により、図書館に置かれていた『紅楼夢《こうろうむ》』『三国志』『二十四史』や外国の小説２０００冊余りも燃やされた。

北京では、１９５８年の調査で確認した６８４３カ所の文化財のうち、４９２２カ所が破壊された。大部分が１９６６年８月から９月に集中的に壊されたものだ。このほか、２００余りの建築物が破壊されている。

紅衛兵は、文物を破壊するだけでは飽き足らず、おぞましい殺人鬼と化した。北京では、１９６６年８月と９月の２カ月だけで、１７７２人が殴殺されたといわれている。[34]

工作組（文化大革命の混乱を収拾するため、劉少奇らが北京の中学・高校・大学に派遣したが、毛沢東が撤退させた）が撤収すると、学校は紅衛兵の天下になり、教員や党員が迫害されるケースが頻発した。８月５日、北京師範大付属中では、副校長の卞仲雲《べんちゅううん》が、紅衛兵に殴り殺された。同月20日から25日にかけて、西城区では、八中党支部書記の華錦《かきん》、女子三中党支部書記兼校長の沙坪《さへい》、師範大第二付属中党支部書記の姜培良《きょうばいりょう》が、同じく紅衛兵になぶり殺しにされている。

学生たちの蛮行が可能になったのは、当局の許可があったからだ。８月21日、解放軍総参謀部・

総政治部は、「いかなる部隊も、絶対に革命学生運動を武装鎮圧してはならず、学生に発砲してはならない。学生に向けて空砲を発しても、深刻な政治的過ちであり、厳しい紀律処分を受ける」との規定を出した。

翌日には、党中央が「警察を出動させて革命学生運動を鎮圧することを厳禁する」（公安部報告）を通達し、「いかなる口実であっても、警察を出動させて干渉し、革命学生運動を鎮圧してはならない」とくぎを刺した。もちろん、これは、毛沢東が同意したものだ。[35]

毛沢東は、むしろ混乱を望んでいた。8月23日、党の中央工作会議で、「北京の混乱はたいしたことはない」「北京は、上品すぎる」と語っていた。[36]

捨てられた紅衛兵

だが、その後、あまりの混乱ぶりに、さすがの毛沢東も混乱を収拾する必要が出てくる。そのきっかけとなったのが、1967年8月に起きた中国外交部の造反派と紅衛兵による「イギリス代表部焼き討ち事件」だった。

この事件を転機として、秩序回復のために武器略奪の禁止など一連の措置がとられ、各地に散らばった「造反派」を学校に呼びもどす方針も打ち出された。

同年9月23日、「経験交流」によって、他の地方から来た学生を受け入れる機関に対し、「9月28日前に受け入れを全て撤回せよ。関係機関は、今後受け入れをしてはならない」との緊急指示が出され、学生は、急遽地元にもどらなければならなくなった。次いで10月14日、学校の授業再開を命じる通知が出される。

もっとも、こうした指示は、実施が難しかった。学生は、学校にもどらなかったし、教職員は批判闘争にかけられ、仕事どころではなかったからである。結局、学校は授業が再開できず、相変わらず、あちこちで武闘が続いていた。

当時、学校の授業を再開するには、もう一つ大きな問題があった。

たとえ授業を再開しても、学生が卒業後に行くところがなかったのである。

「文化大革命」が始まると、学校は授業を停止し、工場も労働者の採用をやめた。そのため、学校を卒業しても、進学や就職の受け皿がなくなってしまった。文革が始まった1966年から1968年までの3年間で、卒業できずに在学している中高生は、400万人以上もいた。

経済活動が停滞するなか、彼らを卒業させても分配する仕事がない。このままでは、失業した学生が街にあふれ、社会不安を引き起こすことになる。

一刻の猶予も許さないと判断した毛沢東は1968年12月、直々に「知識青年（ここでは主に文革中に農村に下放されることになる中学以上の教育を受けた若者を指す。略称「知青」）は農村へ行け」と呼びかける。

「毛主席は最近、ふたたび我々に次のように指導された。知識青年が農村に行き、貧農と下層中農の再教育を受けることが必要である。都市部の幹部やその他の人々が、彼らの中高、大学を卒業した子供たちを、農村に送るよう説得し、動員すべきだ[37]」

毛沢東の指示となれば、誰も背くことはできない。これ以後、各地で「知識青年下放」が始まる。文革の10年で、農村に送られた若者は1600万人にも達した。

下放は強制的であり、完全な政治動員だった。拒否した場合は、強制的に戸籍を移され、食糧の供給が断たれた。脅迫も日常茶飯事だった。親は当局の説得に応じなければ、給与が支払われないと脅されたのである。内陸の貧困地帯に送り込まれた若者は、食糧や燃料にする石炭すら足りず、親が仕送りせざるを得ないなど、経済的負担を強いられた[38]。

文革の混乱収拾を目指す毛沢東にとって、紅衛兵は利用価値を失ったばかりか、いまとなっては、秩序を乱す不安定要因でしかない。彼らを農村に追いやれば、問題は解決する。

もちろん、毛沢東は、この事実を「革命」の美辞麗句で包み隠していた。

学校は「ブルジョア階級知識分子」に統治されている。学生には「再教育」が必要だ。「貧農と低層中農の再教育」を受けねばならない。「反修正主義、修正主義を防止」するのだ。

当時、「滾一身泥巴、錬一顆紅心」（泥にまみれ、社会主義の精神を鍛える）が流行語になっていた。この言葉に感銘し、理想を抱いて農村へと向かった若者も少なくなかった。しかし、彼らは、すぐに過酷な農村の現実を目の当たりにし、絶望の淵に突き落とされることになる。

このように最初から最後まで、毛沢東に国中が振り回されたわけだが、結局、彼が死ぬまで誰も止めることができなかった。党指導部も誰一人として彼を制止することができず、毛沢東の意のままに迫害されたのである。これがプロレタリア独裁の行きつくところだった。一党独裁が、最高指導者の「一人独裁」となったのである。

スターリン、毛沢東、習近平

なぜ一党独裁は、「一人独裁」になるのか？

1956年のソ連共産党第二十回党大会で、フルシチョフ第一書記が行ったスターリン批判の秘密報告は、スターリンが独裁化した理由を以下のように説明している。

「ある同志たちはこう訊ねるかもしれません。一体、中央委員会政治局のメンバーは、どこにどうしていたのだろうか、と。なぜ、彼らは時期を失することなく個人崇拝に反対しなかったのだろうか。そしてなぜ、それは、今ごろになってようやく行われるのだろうか、と。……スターリンは、レーニンの死後、とりわけその最初のころ、レーニン主義のために、レーニン主義の敵やレーニン主義から逸脱した人たちと積極的に闘っておりました。党は、レーニン主義を基礎とし、中央委員会を先頭に、国の社会主義的工業化と農業集団化、そして文化革命の遂行のために、大規模な活動をはじめました。そのころスターリンは、大きな人望と共感と支持を得ていたのです。党は、正しいレーニン的路線から逸れようとする人たちと闘わなければなりませんでした。つまり党は、トロツキスト、ジノーヴィエフ派、右翼偏向主義者、ブルジョワ民族主義者と闘争しなければならなかったのです。この闘争は必要なものでした。しかし、その後スターリンは、自分の権力を次第に濫用するようになり、党と国家の著名な指導者を相手に闘い、誠実なソヴィエトの人々に対しテロルの方法を使いはじめたのです」[39]

この報告のスターリンを毛沢東に置き換えても、なんら違和感がない。中国の最高指導部のメンバーも、「延安整風運動」「大躍進」「文化大革命」で同志が毛沢東に打倒されても、それを止めようとしなかったばかりか、毛沢東に同調した。その結果、自分が打倒されるときには、誰も助けてくれなかったのである。

フルシチョフは、この報告書で、スターリンが「制度」で独裁を固めた手法についても触れており、政治局内部にいわゆる「五人委員会」「六人委員会」「九人委員会」など様々な小委員会をつくり、政治局を骨抜きにし、解体したと言っている。[40]

これも毛沢東が踏襲した手法だ。彼は、「文化大革命」を遂行するに当たり、取り巻きからなる「中央文革小組」を立ち上げ、既成の組織を支配した。この手法は、習近平氏も真似しており、様々な委員会を設け、自分がそのトップにつき、党や李克強《りこくきょう》首相（当時）が本来管轄すべき中央政府を骨抜きにした。

また、フルシチョフは、スターリンは、「政治局から古いメンバーを全員取り除き、その代わり、あまり経験もなく、一生懸命にスターリンを褒め称える人たちを政治局に入れる」ことを画策したと言っているが、これは、先の中国共産党第二十回党大会で、習氏がとった措置と同じである。

彼は、中央での経験がない地方時代の部下を北京に異動させ、首相や筆頭副首相、中央弁公庁主任（党務、警護、機密などを管理）といった要職にすえ、政治局を支配下に置いている。

ラッセルは、「権力を握ることが習慣になった人々には権力は特に甘美であり、大衆の支持なしに銃剣で支配してきた人々には、その習慣はもっとも深くしみついている」と指摘したが、毛沢東の底知れぬ「権力欲」を如実に示すエピソードがある。

1950年5月、中華人民共和国樹立の翌年のことだが、第一回メーデーのスローガンを決める際、毛沢東はスローガンの案を見て、「中華人民共和国万歳！」「中国共産党万歳！」の後ろに、自分で「毛主席万歳！」と書き足したといわれている。[41]

そしていま、新たな最高指導者となった習氏は、憲法で規定された国家主席の2期10年という任期を撤廃し、死ぬまで最高指導者の地位に居座れる「制度的保障」を確保した。

もともと党総書記、軍事委員会主席は任期がないので、これで党、国家、軍の全ての任期切れの障害を取り払ったことになる。最高指導部もすべて子飼いで独占し、政敵だった江沢民派と胡錦濤派は、「汚職撲滅」の名のもとに一掃した。

鄧小平は、毛沢東時代の反省から、国家主席に任期を設けて縛りをかけ、後継者も事前に決めておくよう手配したが、いまは、任期も撤廃され、後継者も見当たらない。

中国は、かつて一党独裁体制であっても、「集団指導体制」だったが、習氏は「一人独裁体制」に変えた。まさに毛沢東時代に「先祖返り」したのだ。しかし、独裁が安定をもたらすことはなく、逆に混乱をもたらすことは、毛沢東時代を見れば明らかである。

これから中国は、いったいどこに向かうのか？
中国の運命は、たった一人の男の肩にかかっている。
毛沢東の原点を分析することが、現代中国を読み解く一助になれば幸いである。

【注】

1 マルクス、エンゲルス著／大内兵衛、向坂逸郎訳『共産党宣言』（岩波書店、1988年）68頁
2 同右69頁
3 レーニン著／宇高基輔訳『国家と革命』（岩波書店、1957年）36〜37頁
4 龔育之、逢先知、石仲泉『毛沢東的読書生活』（三聯書店、1986年）27頁
5 バートランド・ラッセル著／河合秀和訳『ロシア共産主義』（みすず書房、1990年）93頁
6 同右106〜107頁
7 トロツキー著／藤井一行訳『裏切られた革命』（岩波書店、1992年）75頁
8 同右180頁
9 ピョートル・ウラジミロフ著／高橋正訳『延安日記』上（サイマル出版会、1975年）44頁
10 同右60頁
11 同右105頁
12 同右111頁
13 同右34頁
14 高華『紅太陽是怎様升起的　延安整風運動的来龍去脈』（中文大学出版社、2000年）314〜317頁
15 戴晴著／田畑佐和子訳『毛沢東と中国知識人　延安整風から反右派闘争へ』（東方書店、1990年）24頁
16 同右25〜26頁

17 胡喬木『胡喬木回憶毛沢東』（人民出版社、1994年）449頁
18 高華『紅太陽是怎様升起的　延安整風運動的来龍去脈』324～325頁
19 ピョートル・ウラジミロフ著／高橋正訳『延安日記』上　10頁
20 同右　21頁
21 戴晴著／田畑佐和子訳『毛沢東と中国知識人』47、85～88頁。高華『紅太陽是怎様升起的　延安整風運動的来龍去脈』335頁
22 フランク・ディケーター著／中川治子訳『毛沢東の大飢饉』（草思社、2011年）466頁。楊継縄著／伊藤正、田口佐紀子、多田麻美訳『毛沢東　大躍進秘録』（文藝春秋、2012年）25頁。楊継縄氏は、元新華社通信高級記者
23 楊継縄著／伊藤正、田口佐紀子、多田麻美訳『毛沢東　大躍進秘録』26頁
24 中共中央文献研究室編『周恩来伝1949－1976』下（中央文献出版社、1998年）597～600頁
25 林蘊暉『烏托邦運動　従大躍進到大饑荒』中華人民共和国史第4巻（1958－1961）（中文大学出版社、2008年）549～550頁
26 同右555頁。中共中央文献研究室『毛沢東伝1949－1976』下（中央文献出版社、2003年）1073頁
27 林蘊暉『烏托邦運動　従大躍進到大饑荒』中華人民共和国史第4巻（1958－1961）553頁
28 韶山毛沢東同志紀念館編『毛沢東遺物事典』（紅旗出版社、1996年）95頁。楊継縄著／伊藤正、田口佐紀子、多田麻美訳『毛沢東　大躍進秘録』489頁
29 同右
30 王光美、劉源他著／吉田富夫、萩野脩二訳『消された国家主席　劉少奇』（日本放送出版協会、2002年）229頁
31 中共中央文献研究室編『周恩来年譜　1949－1976　下巻』（中央文献出版社、1997年）50頁
32 王志明、張北根『中華人民共和国歴史紀実　内乱驟起（1965－1969）』（紅旗出版社、1994年）

32頁。卜偉華『砸爛舊世界』中華人民共和国史第6巻（1966－1968）（中文大学出版社、2008年）234頁

33 卜偉華『砸爛舊世界』中華人民共和国史第6巻（1966－1968）234頁

34 同右246頁

35 王年一『大動乱的年代（1949年－1989年的中国3）』（河南人民出版社、1988年）73頁

36 卜偉華『砸爛舊世界』中華人民共和国史第6巻（1966－1968）249頁

37 同右754頁。顧洪章主編／馬克森副主編『中国知識青年上山下郷大事記』（中国検察出版社、1997年）83頁

38 金春明『〝文化大革命〟史稿』（四川人民出版社、1995年）321頁

39 志水速雄『フルシチョフ秘密報告　スターリン批判』（講談社、1977年）133～134頁

40 同右136頁

41 李鋭「関於〝毛主席万歳〟這個口号」『炎黄春秋』（2010年第8期）（炎黄春秋雑誌社）64頁。李鋭氏は、毛沢東の元秘書。中共中央組織部副部長も務めた。楊継縄著／伊藤正、田口佐紀子、多田麻美訳『毛沢東大躍進秘録』31頁

第一章

原点

韶山の風景

毛沢東は1893年12月26日、湖南省《こなんしょう》長沙府《ちょうさふ》湘潭県《しょうたんけん》七都《しちと》七甲《しちこう》南岸《なんがん》土地《とち》冲《ちゅう》上屋場《じょうおくじょう》に生まれた。現在の地名は、湖南省湘潭市韶山《しょうざん》市韶山郷《ごう》韶山村土地冲組《そ》上屋場である。韶山市の市街地から五キロほど離れたところにある村だ。

毛沢東が生まれた清《しん》の時代、韶山は〝七都〟と呼ばれていた。韶山という地名になったのは、中華人民共和国になってからのことである。〝七都七甲〟は〝韶山冲《しょうざんちゅう》〟のことであり、現在の韶山郷のあたりだ。[1]同地の住民は、毛という姓が約八割を占め、残りは、李、鍾、周、鄒《すう》、彭《ほう》、龐《ほう》である。

湖南方言で〝冲〟は「谷間の平地、盆地」を表し、〝南岸〟は、雲湖河（現在の韶河）の南岸に位置することを示す。雲湖河は、韶山山脈から流れ出る韶山最大の川で、漣水《れんすい》を経由して湘江《しょうこう》に合流する。[2]〝土地冲〟の由来は、土地の神様をまつる廟があったからだという。毛の実家の近くに神棚サイズの〝土地菩薩〟が祭られているので、そこにあったという説もある。[3]

〝屋場〟は「農村の家屋」という意味である。〝上〟がついているのは、南岸の上手に位置するからである。〝土地冲組〟の〝組〟は、〝村民小組〟のことである。現在の中国の農村では、数戸から数十戸が一組となっている。

現在の地名で、「湘潭市韶山市」と市が二つ続いているのは、日本では奇異に映るが、中国では普通である。中国の市には〝直轄市（北京、上海、天津、重慶）〟〝地級市〟〝県級市〟の三つのランクの市があるからだ。

湘潭市は〝地級市〟で、韶山市は〝県級市〟である。湘潭市のランクが上なので、原則上は、韶山市を管轄する立場にある。〝原則上は〟と但し書きしたのは、韶山は毛沢東の故郷ということもあり、特別扱いされているからだ。湘潭市は、韶山市を管轄するが、湖南省の〝代理〟で管轄することになっている。[4]

毛沢東時代、韶山は〝革命の聖地〟と呼ばれ、いまでも「革命記念地」「愛国主義教育基地」に指定されている。毛沢東が出世したおかげで、最高ランクの5Aの観光地に指定されており、北京の故宮博物院、万里の長城と同じレベルだ。まさに「毛沢東さまさま」である。

毛沢東が生まれ育った家は、典型的な湖南の農家である。真ん中の〝堂屋〟をはさみ、左右に家屋がある凹型をしている。家の前には、毛沢東が子供の頃泳いだ池と水田が広がり、周囲は木々がうっそうと生い茂っている。

毛沢東の家は、父親がやり手だったこともあり、かなり裕福な方だったが、韶山冲は、山が多く土地が狭い貧しい農村だった。その貧しさを示すこんな民謡が歌い継がれている。

韶山冲、冲連冲、十戸人家九戸窮

（韶山冲、冲また冲〔冲は山あいの平地〕、十戸のうち九戸は貧しい）

有女莫嫁韶山冲、紅薯柴棍度一生

（娘は韶山冲に嫁がせるな。サツマイモとたき木で一生暮らす）[5]

韶山冲が貧しかったのは、辺鄙な場所にあったからである。なかなか嫁が来ないので、通常は、地元で嫁を探すしかなかった。[6]

清朝崩壊の足音

毛沢東が生まれた１８９３年12月26日は、当時の中国の暦で言えば、光緒19年11月19日である。ちょうど清朝の第十一代皇帝・光緒帝（在位１８７５〜１９０８）の治世に当たり、中国が激動の真っただ中にあった頃だ。２５０年以上も中国を統治し、隆盛を極めた清朝は当時、崩壊の危機に直面していた。

清朝の弱体化が始まったのは、それより半世紀前のアヘン戦争（１８４０〜42）の時だった。この戦争で英国に負け、香港島の割譲、５港（広州、厦門《アモイ》、福州、寧波、上海）の開港と賠償金を強いられ、不平等条約を押しつけられる屈辱を受けたのだ。その後、英仏との第二次アヘン戦争（１８５６〜60）、清仏戦争（１８８４〜85）でも相次いで敗戦を喫《きっ》すると、列強の中国支配が加速し、大帝国は揺らぐ。

西洋列強の外圧にさらされた清朝は、民衆の反乱という〝内なる脅威〟にも怯《おび》えていた。第二次アヘン戦争のさなか、太平天国《たいへいてんごく》の乱（１８５１～64）が勃発し、大規模な反乱軍が、清朝の統治を根底から揺さぶったのである。列強の手を借りてなんとか鎮圧したが、反乱軍は一時、南京を攻略し、そこを首都〝天京〟に定めるほどの勢いだった。

そして極めつけは、日清戦争（１８９４～95）だった。ちょうど毛沢東が生まれた翌年に起きた日本との戦争である。この戦いにも負け、遼東半島、台湾、澎湖島の割譲と歳入総額の２年分もの賠償金を支払うはめになり、朝鮮半島に対する宗主権も失った。

小国と見下していた日本に敗北した衝撃は、あまりにも大きかった。清朝の威信は地に落ちたのだ。それからわずか16年後の１９１１年10月、毛沢東が間もなく18歳の誕生日を迎えようとしていた矢先に「辛亥革命」が勃発し、翌年２月、清朝はついに消滅した。

こうした変化の波は、毛沢東が生まれ育った湖南にも、じわじわと押し寄せていた。

省都・長沙を流れる長江の支流・湘江には、日本、アメリカ、イギリスの国旗を掲げた軍艦が停泊し、河岸には、日本の日清《にっしん》汽船、イギリスの太古《たいこ》（バターフィールド＆スワイヤー）や怡和《いわ》（ジャーディン・マセソン）などの外国企業のビルが立ち並び、鉱山は、英・米・独・日など外国企業が採掘権を握っていたのである。[7]

もっとも、これは、毛沢東が暮らす谷間の山村にとっては、別世界の話だった。いまなら約70キロ離れた都会の長沙まで車で約１時間半、高速鉄道を使えば、わずか20分ほどで着くが、その頃は、鉄道も自動車道もない。

金持ちは「滑竿《ファガン》（2本の長い竿に椅子をくくりつけた担架に似た乗り物。江南の山間部で使われる。竹製なので弾力性がある）」か「轎子《ジアオズ》（御輿に似た乗り物）」に乗り、14キロ先の銀田寺で小舟に乗って雲湖河水道を下り、漣水を経由して湘江沿いの湘潭の町で客船に乗って長沙に行くことができたが、湘潭にたどり着くのに丸一日の旅程だった。[8] 金がなければ、歩くしかなかったが、それなら湘潭まで10時間かかった。

毛沢東のルーツ

『韶山毛氏族譜』によれば、韶山の毛家のルーツは、江西出身の毛太華にさかのぼる。毛太華は元朝の至正年間（1341～70年）に、朱元璋の蜂起軍に入り、勇敢な戦いぶりが認められて官職を授けられた。1368年、朱元璋が明朝を打ち立てると、雲南遠征に加わり、雲南が明に帰属した後も、現地に残り、少数民族の女性と結婚し、八人の子供をもうけた。

1380年（明洪武十三年）、年老いた毛太華は、軍功が認められ、朝廷から湖南の湘郷県に土地を授かり、妻と長男の清一と四男の清四とともに移り住んだ。毛太華の死後、清一と清四は、湘潭県三十九都（後の七都七甲）に引っ越したが、そこが韶山冲だった。それ以来、毛一族は、韶山に根を張り、農業を生業とし、数百年の歴史を刻んできた。毛沢東は、始祖毛太華から数えて二十代目の子孫だ。[9]

毛沢東の曽祖父・毛祖人は、もともと韶山冲東茅塘に住んでいたが、光緒元年（1875年）に上屋場の家を購入し、息子の毛恩普に分け与えた。しかし、毛恩普は、同時に借金も受け継ぎ、借金のかたに一部の田畑を差し押さえられてしまった。当然ながら一人息子も、借金に喘ぐことになった。それが毛沢東の父・毛貽昌《もういしょう》（1870～1920。字《あざな》は順生）である。

富農になった父

毛貽昌は、当時の農村の習慣にしたがい、10歳の時に親が決めた相手と婚約し、15歳で結婚した。そして翌年には、親の借金を返済するため、湘軍《しょうぐん》（1853年、太平天国軍を鎮圧すべく、清朝の命を受け、湖南省湘郷県出身の官僚・曽国藩《そうこくはん》が設立した地方軍。主な将官は湘郷人で、兵隊は湘郷一帯の農民から募った）に志願する。入隊すれば、給与がもらえたからだ。数年後、退役して韶山にもどり、親の借金を完済した。[10]

毛貽昌が一家の主になると、毛家はどんどん豊かになっていった。彼の口ぐせは「人は計算ができなければ一生貧しい」だった。商売のセンスもあり、余った自家製の米を10キロ離れた銀田寺前の市場まで運び、売りさばいたり、近所の木こりや職人に売ったりした。こうしてかせいだ金を元手にし、父親が質にとられた土地を買いもどすことができた。

その後、毛貽昌は、輸送業にも手を広げ、米や家畜の運搬を行った。最初は小規模な商売だったが、妻の実家から金を借り、大量に籾《もみ》を買い入れ、それを精米して販売するようになった。最初は担いで運んでいたが、やがて荷車を使うようになり、最後には、銀田寺の市場から船で川を下り、はるか湘潭の易俗河まで白米を運んで販売するまでになった。

これだけ商売が大きくなれば、いっぱしの〝富農〟である。ついには、作男を雇い、銀田寺前の「長慶和」という米穀店の出資者になり、「祥順和」「彭厚錫堂」といった店とも取引を始めるまでになった。毛貽昌は、必死に努力したかいがあって、韶山冲きっての金持ちになったのだ。[11]

母の面影

毛沢東の母・文素勤（１８６７〜１９１９）は、韶山冲の西北に位置する湘郷県四都唐家坨（現在の湘潭市韶山市大坪郷棠佳閣《とうかかく》）の農家出身である。
彼女の名前は長年、〝文七妹〟だとされていたが、それは呼び名に過ぎず、本名ではなかったことが、いまではわかっている。毛沢東の弟・毛沢民（１８９６〜１９４３）がソ連滞在中に書いた履歴書に〝文素勤〟と書かれていることがロシアの資料で判明したのである。[12]
当時の農村女性は呼び名だけの場合が多かったが、清朝末期になると、伝統に対する見直しの風潮が強まり、娘に正式な名前をつける親も出始めていた。文家は学問的な雰囲気があり、文素勤の兄の文玉欽が塾を開いていたほどなので、正式な名前をつけたのかもしれない。ちなみに、呼び名の〝七妹〟は、同族の中で七番目に生まれた女の子という意味である。当時、湖南の農村では、女の子を〝妹《メイ》〟あるいは〝嫚《マン》〟と呼ぶことが一般的だった。[13]
文素勤の実家がある唐家坨は、１９６０年に建てられた毛沢東の別荘〝滴水洞一号楼〟の南側にある龍頭山（毛沢東の曽祖父と曽祖母の墓がある）を越えたところにある。毛沢東の生家から山道を10キロほど行ったところだ。

当時、この山を越えるのは一苦労だった。なぜなら滴水洞一帯には、虎が生息していたからである。遠くから鳴き声が聞こえたし、虎に出くわすこともあった。虎は1950年代になってやっと絶滅した[14]。

〝滴水洞一号楼〟とは、毛沢東の指示で建てられた別荘のことだ。1959年に帰省した時、韶山貯水池で泳いだ後、同伴した湖南省党書記の周小舟に、「この山の中にいくつか家を建ててくれ。定年になったらここに来て住む」と言ったことがきっかけである。

建物は、1962年に完成した。毛は1966年に訪れ、11日間滞在したことがある。1970年には、地震や化学兵器、核爆弾にも耐えられる防空壕がつくられ、司令室まで設けられた。この別荘は、当時は秘密にされており、毛沢東は「西の洞窟」と呼んだが、1986年に公開され、いまでは観光スポットになっている。

文素勤は、18歳の時、3歳年下の毛貽昌と結婚した。当時の風習で親同士が決めた結婚である。当時、韶山では早婚が一般的で、妻が年上のパターンが多かった。毛沢東も同じで、14歳の時、親が選んだ4歳年上の羅氏（後述）と結婚している。

文素勤にとって毛沢東は、待ちに待った男の子だった。農民にとって男の子は、必要不可欠な労働力だが、最初に生んだ二人の男の子は、いずれも夭折していた。

文素勤の母も、娘がやっとのことで生んだ男の子なので、毛沢東が9歳になるまで面倒を見た。

娘が生んだ子供が相次いで死んだのは、毛家の〝風水〟が悪いからだと思い、そばに置くと言って聞かなかったという。[15]

文素勤は、その後、二人の男の子をさずかったが、結局、長生きしたのは、毛沢東だけだった。沢民、沢覃《たくたん》は、毛沢東につき従って革命活動に加わり、若くして非業の死を遂げた。

文素勤は敬虔な仏教徒で、肉食を絶って念仏を唱えた。この影響を受け、息子の毛沢東も子供の頃は、神仏を拝んでいた。母が病気になると、回復を祈願するため、はるか南岳衡山《なんがくこうざん》まで参拝に行ったという言い伝えがある。

毛沢東は、表の顔は〝マルクス主義者〟だったが、晩年になっても、仏典を読んでいた。元秘書の林克は、「仏教の各宗派の教典を読んでいます。……『金剛経』『六祖壇経』『華厳経』など中国の幾つかの仏教の宗派の教典を読み、これらの教典についての研究の著作なども読んでいます」と証言している。[16]

地方に視察に行く時も、仏典を携行したことが、いまでは明らかになっている。長年、毛沢東の図書を管理していた逄先知によれば、1959年10月23日に毛沢東が指定した図書リストには、『六祖壇経』『般若波羅蜜多心経』『法華経』『大涅槃経』が含まれていた。[17]

しかしその後、毛沢東が発動した「文化大革命」では、「破四旧」（旧思想、旧文化、旧風俗、旧習慣）の名の下に無数の仏教寺院が破壊され、仏典が焼かれたが、彼は制止しようとしなかった。毛に忠誠を誓った〝紅衛兵〟たちは、彼が仏典を愛読していたことを知る由もなかっただろう。

厳父慈母

中国には昔から〝厳父慈母〟という言葉がある。父は厳しく母は優しくあるべきだという伝統的な考えだ。毛沢東の両親は、まさにこのタイプだったといえるが、父親については、いまでも否定的なイメージが定着している。これは、毛沢東が１９３６年にアメリカのジャーナリスト、エドガー・スノーに語った以下の話を根拠にしたものである。

「彼は厳しい現場監督でした。私が休んでいるのが嫌で、帳簿をつける必要がないときは農作業をやらせました。怒りっぽい性格で、いつも私と二人の弟を殴りました[18]」

中国には、〝棍棒之下出孝子（厳しくしつければ子供は親孝行になる）〟ということわざがある。この伝統にしたがい、毛貽昌も毛沢東を育てたのだろうが、最初に生まれた二人の男の子を相次いで亡くし、やっとのことで生まれたのだから、その喜びは尋常ではなかったはずである。毛沢東が生まれた3日後、夫婦は地元の習慣に従い、〝三朝酒〟という催しをとり行った。宴席を設けて友人や親戚を招待し、飲み食いをして誕生を祝う習わしである。

この日、普段は全く仏神を信じない毛貽昌が、珍しく線香に火をつけ、爆竹を鳴らし、男の子の誕生を喜んだという。待ちに待った後継ぎだ。よほどうれしかったのだろう。

毛沢東は、スノーとのインタビューで、「彼（父）の態度は、おそらく私にとっていい面もあったでしょう。とてもきびきび仕事をするようになり、細かく帳簿をつけるようになったからです」と言っている。後継ぎの長男を仕込むつもりだったのかもしれない。

だが、公式版『毛沢東伝』が、父は「息子が将来、自分と同じようにしっかりと金儲けができる賢い人間になることを期待し、息子の行動が自分の基準に合わないと、高圧的な手段でしつけた」と指摘しているように、〝高圧的な手段〟は、おのずから反逆精神を呼び起こした[19]。

とりわけ毛沢東の場合、それが一層際立っていた。父親譲りの〝怒りっぽい性格〟で、頑固なところも瓜二つである。おまけに私塾に通い、本を読むようになると、知恵もついてきた。さらに、当時は、旧秩序を破壊する革命思想が渦巻く時代である。後述するように、毛沢東は、山奥の韶山にいながらにして、都会から帰ってきた〝過激派〟と交流したり、革命派の文章を読んだりしていたのだから、伝統的秩序の権化のような父に歯向かうのは目に見えていた。

もっとも、皮肉なことに、息子を塾に通わせたのは、毛貽昌だった。自分に学力がなかったので、柴山をめぐる訴訟で負け、悔しい思いをしたことがあったからだ。訴えた相手が、経書を引用して反論したため、柴山をみすみす奪われてしまった。だからこそ、息子には、自分のような屈辱を味わってほしくなかったのである。

父との確執

しかし、訴訟で負けないような知恵をつけるということは、まさに諸刃の剣である。１９０６年冬、毛沢東が13歳の時、父子は、激しくぶつかり合うことになる。毛沢東によれば、それは、次のような出来事だった。

「私が13歳の頃、父が客をたくさん家に呼んできた時です。私と父が口論になりました。父はみんなの前で、私を怠け者の役立たずだと罵ったので、私は激怒しました。私は彼を罵り、そのまま家を飛び出しました。母が追いかけて来て引き止め、父も追いかけて来ました。彼は私を怒鳴りつけ、もどって来いと命じました[20]」

毛沢東は、なぜ父親が〝怠け者の役立たず〟と罵ったのかには触れていないが、それには経緯があった。毛貽昌はその日、自宅で宴席を設け、商売仲間を招くことになっていたので、息子に手伝えと言ったが、嫌がってやろうとしない。そこで、怠け者の役立たず、親不孝と怒鳴ったのだ[21]。毛沢東はこの時、客の前で父親に歯向かい、「父慈子孝」と言い返した。これは『礼記《らいき》・礼運』に出て来る言葉で、「父は慈悲深く、子供は親孝行」という意味である。子供だけに親孝行を要求するのはおかしいというわけだ。

人前で子供からやり込められては立つ瀬がない。毛貽昌はかんかんに怒って、毛沢東に殴りかかって来た。毛は、家の前の池まで走って逃げ、これ以上近づけば、池に飛び込むと叫んだ。この時、母親が間に入り、父は頭を地面につけて謝れと言ったが、毛が殴らなければ片足だけひざまずいてもいいと答えたので、何とか折り合いがついたという。[22]

毛沢東が、こうした父親との確執から学んだのは、「公然と反抗することで自分の権利を守れば、父は軟化するが、従順な態度をとると、もっと怒鳴られる」という教訓だったと言っている。[23]

毛沢東の〝造反〟は、その後も終わることはなかった。2年後の1908年、親の手配で4歳年上の羅という苗字の女性と結婚させられたが、一度たりとも妻として認めなかったのだ。これは当時においては、最大の親不孝だった。

羅氏に関する資料は、きわめて少ないが、一説では、実家は、湘潭県楊林郷赤衛村（現在の韶山市楊林郷楊林村）で、羅家は毛家と親戚関係にあり、母の姓は「毛」だったという。

羅は、懸命に家事をこなし、姑に気に入られていたが、毛沢東は、彼女の存在を徹底的に無視した。哀れな新妻は病気がちで、嫁いでわずか2年でこの世を去ったが、息子がどうであれ、父母は、最後まで毛家の嫁として処遇し、一族も毛沢東の最初の妻として〝羅氏〟の名を族譜に記載した。[24]

慈悲と造反

親にあてがわれた嫁には、冷たかった毛沢東だが、「弱者に同情し、喜んで人助けをした」といわれている。韶山では、数多くの逸話が語り継がれている。[25]

有名なエピソードは、毛菊生の土地をめぐる一件である。毛菊生（毛貽盛）は、毛貽昌の〝堂弟（父方のいとこ）〟だった。

毛菊生は、毛貽昌とは違い、貧しい農民で一家の生活は苦しかった。族譜を見ると、子宝に恵まれず、弟の毛蔚生（貽経）の次男・毛沢連を養子にしたことがわかる。[26] 農村では、子供が多ければ多いほどよい。労働力になる。

食うに困り果てた毛菊生は、ついに先祖伝来の水田を売りに出さなければならなくなってしまうが、この時、話を持ちかけたのが、順調に事業を拡大していた貽昌である。

水田を手放せば、ますます貧乏になるのは必至だ。文素勤と毛沢東は猛反対し、水田を買うのではなく、資金援助すべきだと説得したが、貽昌は聞く耳をもたない。結局、「兄弟も何もない。俺は金で買うんだ」と言い張り、水田を買い上げてしまった。

申し訳ないと思った文素勤は、夫の貽昌に内緒で、毎年暮れになると、息子の毛沢東と一緒に菊生一家に米や干し肉を送り届けていたという。

この出来事は、毛沢東にとってよほど衝撃的だったようだ。それから数十年たっても鮮明に覚えており、毛菊生の息子の毛沢連に会った際、次のように述懐したほどである。

「旧社会のあのような私有制は、兄弟の間でさえも、義理も人情も持たせなかった。私の父と叔父さんはいとこだったのに、叔父さんの7畝（約46・7アール）の田を買うとなると、自分が金持ちになることしか考えず、兄弟の情も全くなく、何を言っても聞き入れない。その後、私はこの事について考え、この社会を徹底的に改造してこそ、このような事が根絶できると分かり、貧しく苦しい農民を解放し、救済する道を探すことを決心した[27]」

これは毛沢東が11歳の時の出来事だが、当時の毛沢東に「私有制」や「社会の改造」といった意識があったかは疑わしい。むしろ親戚に償いをしようと思った母に従って行動したのだろうが、この出来事は、厳格な父への反感と相まって〝造反者〟への共感を育《はぐく》んでいくことになる。

米騒動

それが露わになったのが、それから6年後の1910年、湖南で大規模な〝米騒動〟が勃発した時だった。後に毛沢東が「私の一生に影響を与えた」と振り返った事件だ。彼はこの事件を振り返り、スノーに次のように語っている。

「この出来事について学校（塾のこと）で何日も話し合った。私に深い印象を与えた。大多数の生徒は、〝反乱分子〟に同情していたが、傍観者の立場から問題を見ていただけだ。彼らは、これが自分の生活とどんな関係があるのか分かっていなかった。ただ単に騒動に興味があっただけだが、私はこの事件を心に刻んだ。〝暴徒〟と一緒に行動した人々は、私の家族のような普通の人間だと思ったからであり、彼らに対する不当な扱いが不公平だと強く感じた[28]」

毛沢東に衝撃を与えた〝米騒動〟の発端は、湖南を襲った食糧危機だった。1909年、同地の穀倉地帯・洞庭湖周辺が大洪水に襲われた後、長沙、衡陽、宝慶一帯が干ばつに見舞われ、数百万人が被災する未曽有の事態となったが、被害は〝人災〟でさらに拡大した。地主や投機商人たちが米の買い占めに走り、米価が急騰したのだ。

1910年4月11日、長沙に住む水汲み人夫の妻が、米を買いに行ったが、流通していない通貨が混じっていると言われ、米を売ってもらえなかった。そこで、近所から金を借り、夕方もう一度買いに行ったが、値段はさらに跳ね上がっており、米を買うことができなかった。

妻は途方にくれ、長沙南門外の老龍潭に身を投げた。これを聞いて駆けつけた夫も、飢えた二人の子供を抱きかかえ、水に飛び込み、妻の後を追って自尽した。この話は、すぐに長沙の町中に広まり、人々は不満を強めた。

翌日にも、米屋に米を買いに行った老婆が、金が足りないと言われ、金を取りに行ってもどると、値段が上がっていて米が買えないという事態が発生した。これが引き金となり、民衆の不満が一気に爆発し、大工の劉永福が先頭に立って蜂起し、米屋を襲撃する事態となった。

その後、劉永福が逮捕されたため、民衆は巡警局（警察署）を取り囲み、劉の釈放を要求したが、無視された。そこで、巡撫衙門《じゅんぶがもん》（最高長官の役所）を包囲し、「劉永福を釈放しろ！」「巡撫、飯を食わせろ！」と叫び、役所の中に押し入ると、14名がその場で銃殺され、事態はエスカレートした。その時、一人の大工が屋根によじ登り、火を放ち、役所の建物は燃え上がった。長沙のあちこちで民衆が蜂起し、〝米騒動〟は大暴動になった。

暴徒は、米屋を襲撃し、米を奪い尽くし、領事館、教会、商社、銀行、税関など外国と関連のある施設も数十カ所が破壊され、外交問題にまで発展した。清朝政府は、湖北から軍隊を送り込んで鎮圧し、米、英、日、仏、独の5カ国に頼み、十数隻の軍艦を長沙に派遣してもらうほどの慌てぶりだった。

暴動参加者は捕えられ、瀏陽《りゅうよう》門外の識字嶺（20年後に毛沢東の妻・楊開慧《ようかいけい》が処刑されたところである）で処刑された。その首は、さらされ、見せしめにされた。[29]

ちなみに、役所に火を放った大工は、清朝打倒を目指す秘密結社のメンバーだったという説がある。当時、「太平天国の乱」を鎮圧するために組織された湘軍に入隊した数十万の兵士は、鎮圧が終わると仕事を失い、路頭に迷っていた。その結果、湖南は、哥老会《かろうかい》などの秘密結社が最も多い地域となっており、やがて清朝打倒を叫ぶ巨大な政治勢力に結集していくのだった。[30]

長沙の暴動の話は、すぐに韶山に伝わった。湘郷出身のそら豆売りが、長沙から慌てて逃げ帰る途中、韶山に立ち寄り、話したのだ。ちょうどその頃、毛沢東は東茅塘の毛麓鐘（1866〜1921）の家で学んでいたので、そこで〝米騒動〟が話題になったのだろう。

孔子より水滸伝

東茅塘の塾は、毛沢東が最後に通った塾だが、塾長の毛麓鐘は、只者ではなかった。〝秀才（科挙の最初の試験に合格した者）〟であるとともに、蔡鍔《さいがく》（1882〜1916。湖南省邵陽《しょうよう》出身。湖南時務学堂で梁啓超に学び、日本の陸軍士官学校に留学。帰国後、雲南で新軍を養成し、辛亥革命に参加し、雲南都督《ととく》（軍政長官）に就任。その後、袁世凱の帝制復活運動に反対。日本で客死）の下で働いたこともあり、幅広い視野をそなえた人物だった。毛沢東は、この塾で『史記』や『漢書』など本格的な歴史書を学びながら、時局を論じた書物や新刊書も読む機会を得たと言っている。

　毛沢東の塾通いは、トータルで6年におよぶ。1902年の春、母の実家から韶山にもどって以来、1910年秋まで、南岸、関公橋、橋頭湾、鐘家湾、井湾里、烏亀頸（烏亀井）、東茅塘の塾で学んだ。

　この間、1907年から1909年秋まで、自宅で農作業に従事した以外は、ずっと塾通いを続けており、井湾里の場合は、家から遠かったので、塾に寄宿したほどである。後に毛沢東は、この体験を振り返り、〝六年の孔子〟と呼んだ。[31]

　湖南の山奥の塾だからといって、決して馬鹿にすることはできない。この塾通いで、毛沢東は、中国古典の素養を身につけることができたからだ。

　最初は『三字経』『論語』『孟子』『詩経』等の経書を読み、徐々にレベルアップして、1906年秋から学んだ井湾里の塾では、『公羊《くよう》春秋』『左伝』等の歴史書まで読みこなせるようになった。[32]

　書道の基礎も塾で身につけている。最初は、欧陽詢《おうようじゅん》、銭南園の書法から入り、後に蘭亭体を学んだ。その後も様々な手本を参考にし、著名な書家の書法を取り入れた。特に唐代の湖南出身の僧・懐素《かいそ》の〝狂草〟と呼ばれる奔放な草書体の影響を色濃く受けているという。[33]懐素は、日本では良寛（江戸後期の曹洞宗の僧侶）が好んだと言われる書家である。

　塾では『論語』等の経書を学んだ毛沢東だが、我を忘れて読んだのは、塾の教師に禁じられていた『西遊記』『三国演義』等の〝雑書〟である。しばしば、教師や父親の眼を盗んでこれらの書物に読みふけった。毛は後に「経書を読みましたが、決して好きになれませんでした。愛読したのは、中国古代の伝奇小説で、とくに造反に関する物語が好きでした。これらの本が私に与えた影響は多分大きいと思います」と述懐している。[34]

なかでも『水滸伝』は一番のお気に入りで、梁山泊の造反者たちは、永遠のヒーローとなった。よほど好きだったと見えて、どんなに苦しいことがあっても、常に手元において読み返した。「長征（国民党軍に包囲された紅軍が、江西省の根拠地を放棄し、陝西《せんせい》省までの1万数千キロを1934～36年にかけて大移動した）」の時でさえも、手放さなかったほどである。[35]

『水滸伝』に心酔すれば、暴動を起こした民衆は、英雄に見えてくる。毛沢東は、長沙の〝米騒動〟をみて民衆が「不当な扱いを受けており、不公平だと強く感じた」と言っているが、その思いは、暴動の余波が、韶山冲に押し寄せると、一気に爆発した。〝祠堂騒動〟という事件を引き起こし、人生の転機を迎えることになる。

祠堂騒動

事の起こりは、〝吃大戸《チーダーフー》（飢饉などの時、大勢で金持ちの家に押しかけ、食糧などを分けて食べること）〟だった。

韶山冲では、毛承文という豪傑が先頭に立ち、農民を引き連れ、地主の家に押し入った。彼は10

年も作男として働いたが、貧しいままで、食べるのにも困っていた。嫁の来手もなく、いらいらしていた。

農民たちは、毛承文を支持した。毛一族の取り決めでは、凶作の時は、困った毛家の農民に一族の余剰米を安値で提供すると決められていたが、毛一族の族長・毛鴻賓は、余剰米を安値で売ろうとせず、ひそかに湘潭に運んで高値で売りさばき、ひと儲けしていると疑われていたからだ。

これを聞いた毛承文は、毛鴻賓に会いに行き、倉を開けて米を安値で売るよう求めたが、逆に縛り上げられ、毛一族の祠堂に監禁された。

毛承文が監禁された〝毛一族の祠堂〟とは、「毛氏宗祠」のことである。これは、毛震公、毛鑑公、毛深公、毛石祥公等の〝支祠堂〟を統括する韶山・毛一族の〝総祠堂〟である。毛沢東の祖先の祠堂は、〝支祠堂〟の「毛震公祠」である。「毛震公」は、四代目の毛震のことだ。

当時、「祠堂」が果たした役割は、多岐にわたっていた。祖先や先賢の位牌を祭る場所であるだけでなく、冠婚葬祭や社交の場としても使われ、子弟のために学校も付設した。

一つの姓に一つの祠堂と決められ、一族の規律は厳しく、中国では、妻の姓は異なるので、勝手に祠堂に入ることは禁じられていた。未成年の子供も、通常は入れなかった。

また、祠堂には、〝厳粛〟な役割があり、族長が一族の規律を犯した者を厳しく処罰する〝法廷〟でもあった。だからこそ、毛承文は、祠堂で裁かれたのだ。

言い伝えによれば、毛沢東はこの時、驚くべき行動に出たと言われている。貧しい農民を引き連れ、祠堂に乗り込み、抗議したという。族長の毛鴻賓は激怒したが、毛沢東はひるまず、「一族の余剰米を売りさばいたのは、あなただ！」と言い返したと言われている。

これに農民たちは勇気づけられ、「売った米を毛鴻賓に取り返してこさせろ！」「金持ちの家に飯を食いに行くぞ！」と声を上げ、族長は、仕方なくその場を立ち去ったという[36]。

これが毛沢東の〝武勇談〟だが、あくまでも言い伝えである。会話の部分は、脚色された感があるが、この事件自体は、実際にあったようだ。毛沢東が農民と祠堂に押しかけた話は、共産党の公式出版物（『青年毛沢東』中共党史資料出版社）に出てくる[37]。

ただ、騒ぎの背景については、不明であり、毛鴻賓は余剰米を勝手に売りさばいていなかったという説もある。毛一族の族譜の三回目の改訂作業という一大事をひかえ、資金が必要なため、米を拠出できなかったという。日々、社会不安がつのるなか、族譜を改訂し、一族の団結を強めようとしたというのだ。

もともと毛鴻賓は温厚な人柄で、一族から慕われていた人物であり、自分の60歳の誕生祝いを行うことを断り、その金で橋頭湾の韶河にかかる石橋（寿星橋）を修理するよう提案したといわれている[38]。

この騒動の詳細は不明だが、これがきっかけで、毛沢東は、韶山冲から出て行かざるを得なくなったという説がある[39]。息子が族長に平然と反抗をするのを見て、恐くなった毛貽昌は、息子を湘潭の米屋で丁稚奉公させ、商売を学ばせることにしたというのだ（後述）。

本との出会い――『盛世危言』

毛沢東は、１９０７年夏から１９０９年秋までの約2年間、塾通いをやめた。その理由はわからないが、その後、「農作業に飽き飽きした」ため、塾にもどりたいと言うと、父は反対したと言っているので、父がやめさせたのかもしれない[40]。

毛沢東はこの間、塾に行けなかったが、その分、好きな本が読めた。日中は農作業に励み、夜は父の帳簿付けを手伝うという日々だったが、「経書以外なら見つけられる本はすべてむさぼり読んだ」という[41]。

毛沢東が借りてきた本は〝経書〟ではなかったので、父は大いに不満だった。特に裁判に負けてからは、息子に経書をしっかりと学んでほしいと思っていた。なぜなら、訴訟相手に経書を巧みに引用され、敗訴したからである。そこで毛沢東は、本を読む時は、見つからないように、「夜中に部屋の窓をさえぎって、父に明かりが見えないようにした」と言っている[42]。

もっとも、父親は気に入らなくても、毛沢東にとっては、〝独学〟の収穫は極めて大きかった。この頃めぐり会った書物や人に導かれ、韶山の外に目が向いていく。親が気づかないうちに、息子の視野は、はるか天下国家へと広がっていったのだ。

この時期、毛沢東が読んだ本の中で最も衝撃を受けたのが、鄭観応《ていかんおう》（１８４２～１９２２）の『盛世危言《せいせいきげん》』である。これは、母方の従兄・文運昌《ぶんうんしょう》（１８８４～１９６１）から借りた本だ。よほど気に入ったようで、それから約30年たっても、「大好きだった。……もう一度学業をやりたいという願望を呼び起こした」と言っている。[43]

文運昌は、毛沢東が母の実家にいた頃、最も仲の良かった従兄である。毛が湘郷東山高等小学堂（後述）に進学する際、毛の父親を説得し、保証人になって手続きしてくれたのも彼である。

そんな間柄だったが、戦後、毛沢東が出世して国家指導者になると、文運昌は文家を代表してあれこれと頼みごとをし、毛を困らせるようになった。一族14名の名を連ねた名簿を毛の秘書の田家英に送り付け、仕事と進学の世話をしてくれ、と要求した。毛沢東としては、親戚だけを特別扱いできないので、「仕事が見つからない者は多い。人は文句を言うだろう」と突っぱねたという。[44]

さて、そんな文運昌から借りた『盛世危言』だが、この本に出会わなければ、毛沢東は、韶山で生涯を終えていたかもしれない。一冊の本が、運命を変えたともいえる。

では、『盛世危言』とは、どんな本だったのか？

毛沢東を突き動かしたのは、この本の「中国が弱いのは、西洋の装備――鉄道、電話、電報、汽船が足りないからである」という言葉だった。[45]〝中国が弱い〟と聞き、驚いたに違いない。この本で列強の強さを思い知らされ、〝西学（洋学）〟の存在を知ったのである。初めて外の世界に目を開かれたのだ。

『盛世危言』の著者・鄭観応は、広東省香山県（現在の中山市）出身の実業家だった。彼は、イギリスのデント商会やバターフィールド＆スワイヤーで「買弁《ばいべん》（外国企業に雇われ、対中ビジネスの仲介を行った者。貯めた資金を事業に投資し、富豪になった者も多い）」として勤め、西洋事情に精通していた。そのキャリアを買われ、「洋務運動《ようむうんどう》」を推進する直隷総督《ちょくれいそうとく》（現在の北京、天津、河北、河南、山東、山西、遼寧、内モンゴルの一部を含む直隷省を統括した最高位の地方長官）の李鴻章《りこうしょう》（１８２３～１９０１）から上海電報局など複数の国営企業の総裁に招請された経歴を有していた。

「洋務運動」とは、アヘン戦争以後、西洋の軍事的優位を痛感した曽国藩や李鴻章等の清朝の高級官僚が、１８６０年代から軍事、造船、鉄道、教育等の西洋化を推進することで、国力の増強をはかった運動である。

鄭観応は、『盛世危言』を世に問い、西洋の制度を積極的に採用して、「学校で才能を育て、議会で政治を議論し、君民一体となり、心を一つにする」ことこそが、弱体化した中国にとって「混乱を治める源であり、富強の本」だと呼びかけた。

毛沢東はこの時、『盛世危言』だけでなく、馮桂芬《ふうけいふん》（１８０９～74）の『校邠廬抗議《こうひんろこうぎ》』も文運昌から借りて読んだが、この作者も「洋務運動」と関係していた。馮は李鴻章の下で太平天国軍と戦った幕僚であり、その経験に基づき、「西学」の重要性を主張したのである。

「洋務運動」は、運動の成果ともいうべき北洋水師（艦隊）が、日清戦争で全滅したことにより、破綻したが、『盛世危言』と『校邠廬抗議』は、光緒帝に重視され、１８９８年の「戊戌《ぼじゅつ》変法（百日維新とも呼ばれる政治改革運動）」にも多大な影響を与えた。

毛沢東がこの2冊の本を読んだ時、すでに「洋務運動」と「戊戌変法」は失敗に終わっていた。清朝の支配体制は温存したまま、西洋の技術だけを取り入れるという〝改良路線〟は行き詰まり、清朝打倒を叫ぶ〝革命〟の呼び声が日増しに強まっていたのである。

毛沢東はこの時期、革命派の〝小冊子〟も読んで、愛国心をかきたてられている。列強によって中国が分割されつつある事実を知り、「国家の興亡、匹夫も責あり」と痛感する。この時、「ある程度、政治的に目覚めた」とスノーに語っている。[46]

毛沢東は、その〝小冊子〟の冒頭に「嗚呼！ 中国其将亡矣！（ああ！ 中国はやがて亡《ほろ》びる！）」と書かれていたことを記憶しているが、それは誰の文章だったのか？

それについては触れていないが、陳天華《ちんてんか》（1875〜1905。湖南省新化出身。日本に留学し、華興会、中国同盟会に参加。『猛回頭』『警世鐘』などの小冊子で革命思想を説き、大きな影響を及ぼした。日本政府の中国人留学生取締規則事件に抗議し、大森海岸で入水自殺した）の可能性が高い。なぜなら、陳が1903年に発表した「中国学生同盟会の発起を論ず」の出だしが、「吾中国其真亡矣（ああ！ 我が中国はやがて本当に亡びる！）」だからである。

毛沢東は、その〝小冊子〟には、「日本が台湾を占領した経緯、朝鮮、ベトナム、ビルマ（現在のミャンマー）等の国が外国に侵略されている状況が書かれていた」ことも覚えているが、それは陳天華の代表作『警世鐘』の可能性が高い。それには、こんな一節があり、ほぼ同じ内容だからだ。

「フランスはベトナムを占領し、一年後にイギリスがビルマを占領した。中国の勢力はどんどん弱くなっている。日本は高麗国を占領しようとした。中国は派兵して助けようとしたが、連戦連敗だった。遼東半島と台湾省が分割された[47]」

革命派は当時、陳天華の文章を広めようとしていた。特に湖南は、秘密結社・華興会の拠点であり、陳もその創設者の一人だったので、なおさらである。

華興会の会長だった黄興《こうこう》（１８７４〜１９１６）は、陳天華の文章を長沙の各学校に大量に配布し、革命思想を宣伝した。それを恐れた清朝政府は、出版に関わった者を相次いで逮捕したが、それでもかなりの部数が出回っていたといわれている。[48]

では、山奥の韶山にいた毛沢東が、なぜ禁書を読むことができたのか？

前述の『盛世危言』と『校邠廬抗議』は、従兄の文運昌から借りたが、〝小冊子〟の入手経路はわからない。そこで浮かび上がってくるのが、毛沢東の回想に登場する〝過激派〟の教師である。

「地元の小学校に〝過激派〟の教師がやってきました。なぜ〝過激〟だったかというと、仏教に反対し、神仏をなくしてしまおうとしたからです。廟や寺院を学校に変えるよう勧めました。物議をかもしましたが、私は敬服し、彼の意見に賛成でした[49]」

この〝過激派〟の教師とは、李漱清《りそうせい》（１８７４〜１９５７）のことである。毛沢東が彼と出会ったのは、１９０９年秋のことである。間もなく16歳になろうとしていた頃だ。

李漱清は、湘潭師範学校と長沙の政法専門学校を卒業した都会帰りのインテリで、毛沢東の実家から１・５キロほど離れた韶山冲陳家橋李家屋場に住んでいた。

李漱清は、李一族の塾で教えていたが、神仏や孔子を拝むことに反対し、村人のひんしゅくを買っていた。寺院や祠堂を〝洋学堂〟に変えて地理、生物、算術等の新学を教えるべきだと主張したため、族長や有力者たちから一斉に非難を浴び、〝過激派〟の烙印を押されていたのである。閉鎖的な農村社会で悶々《もんもん》としていた毛沢東にとっては、都会帰りの急進派は、あこがれの人だったはずである。農作業が終わると、一目散に李漱清の家にかけつけ、読んだ本の話を聞いてもらったり、あれこれ質問したりした。李が持っていた新刊本も夢中で読んだというので、〝小冊子〟も、その時に読んだ可能性はある。[50]

塾にもどる

李漱清と出会った1909年の秋、毛沢東は、塾にもどって勉強を再開した。『盛世危言』を読んで復学したくなったと本人は言っている。農作業に飽きたことも原因だったが、父親が反対したため、「喧嘩になった」という。

そこで家を飛び出し、「法律を学んで失業した人の家に行って半年間勉強した。その後、もう一人の高齢の先生とさらに多くの経書や歴史の本を読み、多くの現代の文章や数冊の新書を読んだ」とスノーに言っているが、これについては、父親が心変わりし、塾に行ってほしいと思うようになったという話もある。[51]

父の考えが変わったのは、柴山をめぐる裁判で負けたからだったという。もともとは原告だったのに、被告のような立場に追い込まれ、敗訴したのだ。その結果、柴山を取られただけでなく、賠償までさせられた。そこで息子にもう一度勉強させようと決め、韶山冲烏亀頸（烏亀井）に住む毛簡臣（1848〜1925）の塾で学ばせたといわれている。

毛簡臣は、毛沢東の親戚である。彼の父・毛祖南は、毛沢東の曽祖父・毛祖人と従兄弟同士だった。毛祖南は名の知れた儒医《じゅい》（学者兼医者）であり、その薫陶の下、毛簡臣も早くから勉学に励み、秀才（科挙の童試に合格した者）の資格を取得していた。

〝童試〟とは、科挙の前段階の地方試験のことである。この試験に合格して初めて、正式な科挙の試験である「郷試（首都北京と各省の貢院で受験。合格者は挙人となる）」の受験資格が得られ、さらに上の試験には、「会試（首都北京の貢院で受験。合格者は貢士となる）」、「殿試（皇宮で受験。合格者は進士となる）」があった。

科挙の試験の前段階とはいえ、秀才の合格率は、数パーセントだったといわれており、毛簡臣は、毛一族の誇りだったのである。

毛簡臣は、社会経験も豊富だった。若い頃、左宗棠《さそうとう》（1812〜85。湖南省湘陰出身。曽国藩を補佐して太平天国の乱を鎮圧し、後に「洋務運動」に携わる。捻《ねん》軍や新疆のイスラム教徒の反乱を鎮圧）の部隊に入り、租税担当の役職についていたことがあり、新疆まで従軍したことがあった。[52]

ただ、毛簡臣がいくら偉大でも、毛沢東にとっては、退屈だったようだ。この塾も半年足らずでやめ、次に通ったのは、毛麓鐘の塾だった。これが毛沢東にとって最後の塾通いである。毛麓鐘も毛沢東の親戚で、父・毛貽昌の高祖父《こうそふ》（祖父母の祖父）・毛際耀（1770〜1849）は、毛麓鐘の高祖父でもあった。

毛麓鐘の塾は、祖父の毛蘭芳が開いたものだ。「面山楼」と呼ばれ、毛沢東の父親も通ったことがある有名な塾だった。毛麓鐘は、秀才の資格を獲得したが、その頃一家は貧しくなっていたため、湘軍に入り、軍務を補佐した[53]。

しかし、日清戦争で清朝の堕落ぶりを目の当たりにし、憤然と職を辞し、故郷にもどり、祖父の塾を受け継いだ。毛麓鐘は当初、清朝の改革に期待をかけていたが、「戊戌変法」が失敗すると絶望し、西洋の先進的な技術を学び、富国強兵を図るべきだと考えるようになった。そこで、塾では『史記』や『漢書』等の歴史書を教えただけでなく、西洋の事情も教えたので、毛沢東は、前述のように、「多くの現代の文章や数冊の新書を読んだ」と述懐したのである。

旅立ち

こうして、外の世界に目を開かれた毛沢東は、狭い韶山が鬱陶《うっとう》しくなっていったはずだが、ここで、思わぬチャンスが飛び込んで来る。

父が自分を丁稚奉公に出すと言い始めたのである。湘潭の米屋で商売の基本を仕込んでもらおうと思ったのだ。毛沢東は、「最初は反対しなかった。もしかしたら面白いかもしれないと感じた」と振り返っている[54]。

丁稚奉公だとしても、農作業から解放され、開けた湘潭に行けるのだから「面白いかもしれない」。毛沢東は、そう思っただろうが、その後、従兄の文運昌から〝新式学校〟のことを聞くと、いてもたってもいられなくなる。
結局、毛は丁稚奉公には行かず、進学したと言われているが、父の従兄・毛槐林が湘潭で開いた「寛裕枯糧行《クアンユイクーリャンハン》（行＝商店）」で働いたという説もある。そこは、大豆や枯餅《クービン》（豆、落花生等の油を搾って作った餅状のかすで飼料や肥料に用いた）等を取り扱う地元では有名な卸売の店で、父の取引先でもあった。[55]
毛槐林の孫・毛信華の回想によれば、毛沢東は、商売に興味がなかったという。不機嫌で全くやる気がなく、ダラダラしていた。ちょっと接客をしたかと思うと、すぐに２階に引っ込み、本を読んでいたようだ。そこで、毛槐林が父と話をし、途中でやめさせたと言われている。[56]
これで、進学したいという気持ちは、なおさら強まったはずだが、父は反対である。〝新学〟が家業に役立つとは思っていなかったからだ。だが、それでみすみす引き下がる毛沢東ではない。さっそく親戚や塾の恩師を総動員し、父親の説得に当たった。その時、真っ先に動員されたのは、文玉瑞、文玉欽、文運昌、王季範、毛宇居（毛沢東の従兄。毛沢東は１９０６年、彼の塾で学んだ）、毛麓鐘、李漱清である。
このうち、文玉瑞、文玉欽、文運昌、王季範は、母の実家の人間だ。文玉瑞と文玉欽は、それぞれ文家の長男と次男で、母・文素勤の兄である。毛貽昌にとっては、義理の兄であり、年長者でもある。おまけに、毛沢東が妻の実家で暮らしていた時、息子の面倒を見てくれ、世話になっているので、彼らの意見は無視できない。
文運昌は文玉欽の次男で、王季範は母の姉の次男である。いずれも毛沢東の従兄に当たる。文運昌を呼んだのは、彼がその〝新式学校〟に通っていたからだ。父親を説得するには、うってつけの〝証人〟である。
王季範は、のちに国家指導者になった毛沢東が、「この人がいなければ、いまの自分はなかった」と断言するほど恩義を感じていた人物だ。当時は長沙の優級師範（湖南大学の前身）の学生だった。王は、重要な節目で支援の手を差し伸べている。1911年春、毛が長沙の湘郷駐省中学堂（現在の湘郷市第一中学）に進学すると、同地の第一師範学校（毛は3年後にここに進学）で教えていた王は、経済的な援助をしただけでなく、あらゆる面でサポートした。
1915年、毛沢東が第一師範学校で「校長追放運動」に参加し、危うく除籍になりそうになった時、王は教職員に呼びかけ、処分を取り下げさせた。その後、長沙で革命活動を始めた毛が、警察に追われた時にも、かくまって助けている。
息子が世話になった親戚や恩師が束になってかかれば、いくら頑固者でも、折れないわけにはいかない。父は、ついに説得を受け入れ、息子の進学を許すことにした。[57]
もっとも、こうしたやりとりは、不確かな部分があることは避けられない。たとえば、毛沢東の弟・毛沢民の妻・王淑蘭（1896～1964）は、毛沢東の父だけでなく、母も進学させたくなかったと証言しており、「父親は金がもったいない。母親は息子と離れたくない。どちらも毛沢東同志に進学してほしくなかった」と言っている。[58]
その時、決め手になったのは、王季範の言葉だった。彼が「勉強しないと役に立たない」と説得すると、父母はやっと同意したという。[59]

月性の詩

やっとのことで親の許しを得た毛沢東は、きっと天にも昇る気持ちだったことだろう。スノーとの談話で、「普通とは異なる新式の学校があると聞いたので、父親の反対を顧みず、絶対にそこに行こうと決心した」と述懐したように、『盛世危言』を読んで知った西洋の学問を学んでみたいという向学心に燃えていたに違いない。

古い農村のしきたりや父の束縛から逃れたいという気持ちもあったはずである。これで農作業を強いられることもなく、どなられることもなくなる。好きな読書に没頭できる。

まもなく17歳になろうとしていた毛沢東にとって、これ以上の喜びはない。当時、故郷を離れるに当たり、毛沢東が、父母に宛てて書いたといわれる詩を見れば、その意気込みがひしひしと伝わってくる。

孩児立志出郷関（息子、志を立てて郷関《きょうかん》を出《い》ず）
学不成名誓不還（学もし名を成さざれば誓って帰らず）
埋骨何須桑梓地（骨を埋むるに何んぞ桑梓《そうし》の地待つあらん）
人生無処不青山（人生、青山ならざる処なし）[60]

これは、当時中国ではやっていた日本の僧侶・月性《げっしょう》（1817〜58。周防国妙円寺の住職。幕末の勤王派の僧。吉田松陰らと交流があり、攘夷と海防の重要性を主張した）の詩を改作したものであり、もともとの原文はこうである。

男児立志出郷関（男児、志を立てて郷関を出ず）
学若無成死不還（学若《も》し成る無くんば死すとも還《かえ》らず）
埋骨何期墳墓地（骨を埋むるに何ぞ墳墓の地を期せんや）
人間到処有青山（人間《じんかん》到る処青山有り）

内容はよく似ているが、自分の情況に合わせ、「男児」を「孩児」に変えているのがわかる。「死」を「誓」に変え、「墳墓」を「桑梓（故郷のこと）」に書き換えたのは、親を心配させないよう気遣ったからかもしれない。

いずれにしても、当時、日本人が作った漢詩が、中国で読まれていたという事実は、興味深い。これは、明治維新以後、日清・日露戦争に相次いで勝利し、急速に台頭しつつあった日本が、中国社会に与えていたインパクトの大きさを示すものだ。

ただ、毛沢東が詩を贈った時期については、諸説ある。公式文献の『毛沢東年譜』は、1910年秋、東山高等小学堂に出発する前としているが、翌年春、長沙の湘郷駐省中学堂に進学する前だという説もある。月性の詩が掲載された『青年雑誌』第1巻第5号が発行されたのは、それから6

年後の1916年1月なので、それ以後だという説もある。[61]

広がる世界――高等小学堂

湘郷県県立東山高等小学堂――。これが1910年秋、毛沢東が晴れて入学した学校の名前である。それから45年たった1955年、当時の同級生と再会した毛が、「東山学校に入れなかったら、長沙に行けなかった。韶山冲から出られなかっただろうな！」と感慨深げに語った小学校だ。[62]

「高等小学堂」とは、初等小学堂5年、高等小学堂4年からなる9年間の初等教育の後半の段階であり、日本の明治政府の政策にならったものである。

この学校に入学したことが、毛沢東にとって重大な転換点になったことは間違いない。そのまま韶山にとどまっていれば、家業を継ぎ、〝富農〟であっても一介の農民で終わっただろう。そうなれば、その後の中国の歴史も変わっていたかもしれない。

東山高等小学堂は、毛沢東の実家から30キロほど南に下ったところにあった。

小学堂の施設は、韶山の私塾とは比べ物にならないほど充実していたが、ここでの学生生活は、毛沢東にとって必ずしも愉快なものではなかったようだ。農民の子の毛沢東は、地主の子供たちに囲まれ、あからさまに「馬鹿にされた」からである。[63]

地元の人間でなかったことも差別された原因である。母は湘郷出身だったが、毛沢東は違う。なまりが違っていたので、よそ者扱いされた。場違いの学校に来てしまったのだ。

この学校は当時、〝新式学堂〟として有名であり、ほとんどの学生は、金持ちの子供だった。毛の実家は、地元では豊かな方だったが、ここに来れば、貧乏な方だったのだ。[64]

このように、決して楽しい学生生活だったようには見えないが、毛沢東自身は、「この学校で大いに進歩した」と断言している。[65]それは、彼の才能を高く評価し、可愛がってくれた教師がいたからだ。

そもそも当初、毛沢東の入学は保証されていなかった。他の学生より、ずいぶんと年を取っており、間もなく17歳になろうとしていたので、学内では、入学に反対する声が多く、門前払いを食らいそうになった。[66]

だが、こうした声を一瞬でかき消したのが、李元甫校長の「我が学堂に建国の有能な人材が入学した」の一言だった。[67]

そのきっかけを作ったのは、入試の主任試験官の潭咏春だった。毛沢東の作文が気に入り、破格の満点をつけ、反対派の教師たちに「外国に留学できるのに、なぜ湘潭から勉強に来ちゃいけないんだ？」と詰め寄った。[68]もともとは、経書が嫌いで「新学」を学びに来たのに、経書の勉強が役立ったのだから、なんとも皮肉なものである。

毛沢東の作文を絶賛した潭咏春は、〝秀才〟の資格を持つ伝統的な知識人だった。毛を気に入り、長沙の中学校（後述）に推薦してくれた賀嵐崗もそうだった。〝新学〟が流行りになったとは言っても、科挙は5年前の1905年に廃止になったばかりであり、いまだ経書を重んじる伝統が根強かったのである。

読書三昧

では、なぜ「この学校で大いに進歩した」と感じたのだろうか？

それは、きつい農作業から解放され、誰にも邪魔されず、思う存分に読書を楽しむことができたからだ。「中国古代の帝王、堯《ぎょう》、舜《しゅん》、秦の始皇帝、漢の武帝に関する記述に夢中になった。彼らに関する本をたくさん読んだ」という。

蕭子昇《しょうししょう》（毛沢東の湖南第一師範時代の上級生かつ友人）の弟で、小学堂で毛の同級生だった蕭三《しょうさん》（1896～1983）も、毛は「自分で本を探してきて読んでいる時が多かった」と言っている。なかでも「中国の歴史をもっとも好んで読んでいた」という。[69]

懸命に読書に励む毛沢東を見て、教員たちは、積極的に支援した。たとえば、賀嵐崗は、毛沢東が私塾で『綱鑑易知録』を読んで好きになったが、金がないので買えなかったと知り、買い与えた。[70]『綱鑑易知録』は、神話時代から明朝の滅亡までを簡略にまとめた中国史の入門書で、平易で読みやすいので〝易知〟と名付けられ、私塾でよく教材として使われた本である。

校長も、読書の便宜をはかってくれ、教員専用の〝蔵書楼（書庫）〟に出入りすることが特別に許可された。

毛沢東が〝新学〟の中で特に関心を持ったのは、外国の歴史と地理だったが、外国の歴史については、スノーの取材を受けた際、「私は初めてアメリカという国のことを聞いた。8年間の苦戦をへて、ワシントンは勝利し、彼の国を打ち立てた」と話している。[71]
ワシントンについては、蕭三から借りた『世界英雄豪傑伝』を読んで知ったのだろう。この本を夢中になって読み、ワシントン、ナポレオン、ピョートル大帝（初代ロシア皇帝、ピョートル一世。西欧の技術を導入し、富国強兵路線をとった）のところには、ふんだんに筆で印をつけた。

本を貸した蕭にしてみれば、迷惑な話だが、毛は本を返すとき、「ごめん、本を汚してしまった」と謝ったという。これは毛沢東の〝癖〟だったようで、文運昌に本を借りた時も、『盛世危言』が入った布製の箱と『新民叢報《しんみんそうほう》』（後述）の最初のページを紛失してしまい、「まことに申し訳ありません。お許しください」と書いたメモが残っている。[72]

『世界英雄豪傑伝』については、大いに感じるところがあったようで、本を返すとき、「中国にもこういう人物が必要だ。我々は富国強兵の道を追求すべきだ。そうすれば、安南（ベトナム）、高麗（朝鮮）、インドの轍を踏まずにすむ」と感想を述べている。特にアメリカ独立戦争に感銘を受けたようで、本を開いて指さし、「ワシントンは8年間の苦しい戦争の後、やっと勝利をつかみ、アメリカを建国したんだ」と言った。[73]

これほど〝英雄〟や〝建国〟の物語に熱中していたのは、読書の影響だけではなく、学校教育に感化された部分も大きかったようである。

この学校では毎朝、学生を集め、点呼を取るのが日課だったが、校長はその機会を利用し、祖国が日増しに衰退し、列強に侮られていると訓話した。それを聞いた学生たちは「みな憤激した」と蕭三は言っている。[74]

日本帰りの教員たちも、日本が明治維新で強国になり、他の列強と同じく中国に対して野心を抱いていると言い聞かせたりした。蕭三によれば、「沢東同志はこれを聞いて、もっと中国を憂えるようになった」という。[75]

「変法思想」に触れる

こうした環境に置かれれば、関心が政治に向かうのは、自然のなりゆきである。毛沢東は、中国の内政を論じた文章も読み始めた。とりわけ熱心に読んだのが、『新民叢報』の合本と『戊戌政変記』である。[76] いずれも、従兄の文運昌が貸してくれたものだ。よほど気に入ったようで、「何度も読んだ。暗記するまで読んだ」と言っている。[77]

『新民叢報』は1898年、梁啓超《りょうけいちょう》（1873～1929）が「戊戌変法（百日維新）」に失敗し、日本に亡命した後、1902年に横浜で創刊した「保皇会（1899年、変法派のリーダー・康有為《こうゆうい》が華僑の支持を得てカナダで立ち上げた政治団体。光緒帝擁護と西太后ら保守派の排除を趣旨とした。本部はマカオに置かれ、世界170カ所以上に支部を設け、会員は数十万人に上った）」の機関紙である。一方、『戊戌政変記』は、戊戌変法の当事者である梁啓超が書いた本だ。

『新民叢報』は当時、中国で大変な人気だった。清朝は発禁処分にしていたが、防ぎようがなく、人々は争って買い求めた。[78]

そもそも湖南で変法思想が広まったのは、日清戦争で日本に敗北した衝撃波が、はるかこの地にまで及んでいたからである。湖南は、維新運動の重要な拠点だった。梁啓超が長沙の「時務学堂」に招かれ、変法思想を広めた経緯もあり、その影響力は特に大きかった。[79]

1895年、湖南巡撫（地方長官）に着任した陳宝箴《ちんほうしん》（1831～1900）は、変法思想に基づく大胆な新政を推し進め、郷紳《きょうしん》（明代と清代の現職または退職官吏で、郷里に住み、豊富な財力で影響力を持った者）による汽船、電報、鉱山等の企業の立ち上げを積極的に支援した。

時務学堂もそうした新政の一環だった。陳は、維新派の譚嗣同《たんしどう》（1865～1898）等が新学を広めるために発起した「南学会」の設立も支持した。

こうして開明的な指導者のもとで、湖南は全国で最も維新派の影響力が強い省となったのである。日本の明治維新に似ていることから、〝小日本〟と賛美されていたほどである。[80]

だが、それも長くは続かなかった。1898年に西太后が発動した戊戌政変により、変法派が一掃されてしまうと、変法を支持した光緒帝は幽閉され、譚嗣同らは処刑された。康有為と梁啓超は、日本に亡命。陳宝箴は巡撫を解任され、時務学堂は閉鎖されてしまった。

康有為と梁啓超が日本に亡命したのは、変法派が日本と緊密な関係にあったからだ。清朝内部は当時、ロシアと組んで日本と対抗しようとする李鴻章の勢力と、日本やイギリスと連合し、ロシアに対抗しようとする勢力に分かれていた。

康有為ら変法派は、後者であり、光緒帝の支持を得ていた。彼らは、中・米・英・日4カ国の「合邦」を呼びかけ、伊藤博文を顧問に迎えようとしていたが、それに気づいた西太后が、列強による中国併合のたくらみだと判断し、変法派を粛清したと言う説もある。[81]

康有為はこの時、イギリス領事に保護され、イギリスの軍艦に乗り、香港経由で日本に着き、命拾いした。梁啓超は、北京の日本公使館に駆け込み、同地を訪れていた伊藤博文の随行員に伴われて日本に逃れ、難を逃れたのだった。[82]

日本に着いた後、二人は清朝の追手から身を隠すため、日本名を名乗った。康有為は榎木森之、梁啓超は吉田晋である。吉田晋という名前にしたのは、吉田松陰の本を読み、敬慕の念を抱いたからである。

梁啓超は、日本語を意欲的に学び、1年後には、「ちょっと日本語が読めるようになり、思想が一変した」という。当時、「我が国民で新学を志す者は、日本語を学べばよい」と言っている。邦訳を通して西洋の思想を取り入れ、それを中国に盛んに発信した。[83]

康有為と梁啓超らが推し進めた戊戌変法は、西太后の手につぶされてしまったが、いったん放たれた改革の火が容易に消え去ることはなかった。

それから12年たった1910年になっても、毛沢東が進学した小学堂は〝新学〟を教えていたし、『新民叢報』は1907年に停刊になったにもかかわらず、湖南の奥地で読み継がれていたのである。

康と梁の文章は、白話（口語）を交えた斬新な文体で「康梁体」と呼ばれていた。難解な文語体ではなかったため、変法思想を普及させる上で絶大な効果を発揮した。毛沢東も熱心な読者の一人であり、康有為と梁啓超を「崇拝していた」と言っている。[84] 当時、梁啓超の人気は大変なもので、後に論壇で活躍した陳独秀《ちんどくしゅう》、胡適、魯迅など多くの知識人がその魅力にとりつかれていた。[85]

毛沢東が読んだ『新民叢報』には、多くの書き込みが残されているが、なかでも梁啓超の「新民説」に書き込んだコメントが際立っている。
「新民説」とは、梁啓超が〝中国の新民〟のペンネームで、『新民叢報』に連載した20本の論文である。その骨子は、「我が国の維新を欲するならば、まず我が民の維新が必要だ」というものだった。[86]中国を変えるには、まず国民性を改造しなければならないということだ。
「新民説」に関する毛沢東のコメントのなかで、特筆に値するのが、『新民叢報』第4号に掲載された「国家思想を論じる」に書き込んだものである。それを読むと、毛が当時、梁啓超の影響を色濃く受けていたことが見てとれる。
毛沢東はここで、日本とイギリスの「立憲君主制」を支持し、中国は「数千年来、国家を盗み取って来た歴代王朝」のごとき〝専制国家〟だと批判している。「立憲国家は、憲法は人民が制定し、君主は人民によって推戴されている」が、「専制国家は、法令は君主が制定し、君主は人民が喜んで従っている者ではない」からだ。[87]
こうして、読書に没頭し、それなりに充実した学校生活を送っていたにもかかわらず、毛沢東は結局、小学堂に半年しか在籍しなかった。推薦で長沙の中学校に進学するチャンスが転がり込んできたからである。
毛沢東は当時、「私は長沙に行きたくてたまらなくなった。長沙は大都市で、湖南の省都である。要するに、そこは繁栄した所だ」という気持ちだった。[88]
この時、願いをかなえてくれたのは、『綱鑑易知録』をプレゼントしてくれた前述の賀嵐岡である。彼は、長沙にある湘郷駐省中学堂から招聘《しょうへい》されたので、毛沢東を推薦することにしたのだ。校長も推薦状を書いてくれたので、話は早かった。[89]

長沙へ

湘郷駐省中学堂は1905年、湘郷（現在の双峰県）出身の実業家・禹之謨《うしぼ》（1866〜1907）が寄付した資金をもとに湘郷人が設立した学校だが、他の地域の学生も受け入れたので、毛沢東も入学できた。父は反対したが、再び親戚を動員し、なんとか説得することができた。

1911年春、毛沢東は、同校に入学した。東山高等小学堂に入学する時には一悶着あったせいか、「入学が拒絶されるかもしれないと心配した」が、「驚くべきことに何の苦労もせずに入学できた」と言っている。[90] きっと学校推薦が効いたのだろう。

ところが、毛沢東は知らなかったようだが、湘郷駐省中学堂は、普通の学校ではなかった。それは、革命家によって設立された学校だったのだ。創設者の禹之謨は、表向きは実業家だったが、清朝打倒を目指す筋金入りの革命家だったのだ。

禹之謨は、戊戌政変をきっかけに清朝による改革は無理だと悟り、清朝打倒の革命運動に参加した。上海で唐才常が指導する自立会に参加して蜂起したが、事前に計画が漏れてしまい、唐才常は殺害され、禹は日本に逃避した。日本滞在中、工場で働きながら、紡織と応用化学の知識を学び、孫文、黄興、陳天華等の革命家と知り合った。

帰国後、安徽《あんき》省でタオル工場を開き、翌年、湘潭に工場を移し、その後、長沙に移る。革命運動にも参加し、華興会に参加したが、1906年、湘郷で政府が塩に課した寄付金に対する抗議運動を組織し、翌年、絞首刑に処された[91]。

こうした背景を持つ革命家が設けた学校なのだから、湘郷駐省中学堂の校風は、推して知るべしだが、毛沢東は、その授業内容に触れていない。禹之謨が設けたもう一つの学校である惟一《いいつ》学堂についてはわかっている。

惟一学堂は、中国同盟会会員が教員になっており、校内には秘密の閲覧室があり、学生が『孫逸仙』『新湖南』『警世鐘』等の革命宣伝資料を読めるようになっていた。学生たちは政治運動に動員され、陳天華の葬儀の際、長沙各地から集まった学生の先頭に立って行進したのは、この学校の学生だった。

毛沢東が入学する前の事だが、湘郷駐省中学堂の学生も、政治運動に動員されたことがあった。前述の塩の寄付金に対する反対運動が巻き起こった時、禹之謨みずから学生200名を引き連れ、湘郷県政府に押しかけて抗議している。

毛沢東が長沙にやって来た時、禹之謨の処刑から4年たっていたが、革命の機運は、ますます盛り上がりつつあった。清朝崩壊のカウントダウンが始まっていたのだ。のちに毛は当時を振り返り、「革命前夜だった。興奮した」と語っている[92]。

戊戌政変で維新派を一掃し、体制維持に成功したかに見えた清朝だったが、立憲君主制という穏健な「体制内改革」の動きを弾圧すれば、体制転覆で活路を見出そうとする革命派が台頭するのは目に見えている。決定的な転機は、戊戌政変から2年後の1900年、「義和団事件《ぎわだん》」が勃発した時に訪れた。

「義和団事件」とは、列強やキリスト教に敵意を抱く秘密結社「義和団」が起こした外国人排斥運動である。彼らは各地で外国人、鉄道、教会等を襲撃し、北京の外国公使館区域を包囲したが、清朝は、これを鎮圧するどころか、逆に支持する立場をとり、諸外国に対して宣戦布告したのである。

これを受け、日本、ロシア、イギリス、アメリカ、フランス、ドイツ、イタリア、オーストリア＝ハンガリーの8カ国は連合軍を派兵し、天津を占領。その後、北京に入城し、公使館区域を制圧した。清朝は惨敗し、西太后はひそかに光緒帝を連れて北京を脱出し、西安に逃れる有様だった。

1901年、講和条約が結ばれ、清朝は巨額の賠償金を課された。これはそのまま増税となって民衆の肩に重くのしかかることになる。同時に、公使館地区や天津等に外国の軍隊が駐屯することになり、列強の支配がさらに強化された。

これで清朝の権威はとことん地に落ちた。焦った西太后は、あわてて〝新政〟に着手し、日本を模範にした立憲君主制の確立を目指すが、もはや手遅れである。しびれを切らした革命派は、各地で武装蜂起を組織し、清朝打倒の動きに出る。

なかでも湖南は、革命派の一大拠点になっており、革命的な雰囲気に満ち溢れていたが、それは皮肉にも〝新政〟がもたらした結果だった。改革を遂行するための人材不足を補うため、清朝は留学生の派遣を決断したが、彼らが海外で学んだ民主主義思想を持ち帰り、世論に影響を与え、体制に風穴を開けるきっかけを作ったのである。

とりわけ、留学先として当時、もっとも重視されていたのが、日本だった。同じアジアの国で、小国でありながら、短期間で急速な近代化を成し遂げ、日清戦争で自国を打ち負かすまで国力をつけた日本から学ぶべきものは多いと考えていたからである。地理的に近いことや漢字を使う日本語で西洋の知識を手っ取り早く学べることも、メリットがあった。

湖南は、特に日本留学が人気で、1904年の時点で、中国から日本に留学した約3000人のうち約800人は、湖南出身者だった。全体のほぼ4分の1を占めていたのである。6年後の1910年になっても、湖南の公費留学生211名のうち200名が日本に派遣されていた[93]。

そもそも、東山小学堂にも日本帰りの教員がいた。毛沢東は、日本帰りの教師から日本の話を聞くのが好きで、日本の歌まで教わり、「日本の美しさ」を知り、日露戦争でロシアに勝った「誇りと強大さ」を感じたと言っているほどである。

革命前夜

湖南の日本留学生は、革命家になった者が少なくない。たとえば、1905年に東京で設立された「中国革命同盟会（後に中国同盟会に改名）」には、数多くの湖南人が参加していた。同会は、黄興、陳天華、宋教仁ら日本留学生が湖南で立ち上げた「華興会」と孫文の「興中会」そして章《しょう》炳《へい》麟《りん》らの「光復会」等が結集して組織された清朝打倒を目指す政治結社だ。

黄興は、長沙府善化県（現在の長沙市長沙県）出身の革命家である。孫文と同じく「辛亥革命」の指導者であり、中華民国の創建者の一人だ。孫文に次ぐ地位にあり、当時、〝孫黄〟と並び称されたほどだ。

黄興は、１９０２年、日本に派遣する留学生に選ばれ、東京の弘文学院速成師範科で学んだが、これがきっかけで革命家の道を進むことになる。

帰国後、黄興が最初に画策したのが、１９０４年の長沙蜂起である。これは、長沙で開催される西太后の70歳の誕生日の式典に出席した官吏を爆殺し、武装蜂起するという計画だった。黄興は着々と準備を進め、明徳学堂の理科の日本人教師・堀井覚太郎には、実験室で爆弾を製造するのを手伝ってもらっている。[94]

しかし、この計画は、当局に察知されてしまい、失敗に終わった。黄興は、日本に逃れ、宮崎滔《みやざきとう》天《てん》の紹介で孫文と会い、同盟会を結成し、武装蜂起を画策することになる。

黄興は、その後も、各地で武装蜂起をくわだてるが、ことごとく失敗する。１９１１年には、「黄花崗蜂起《こうかこうほうき》」をしかけ、黄興は１００人余りの〝決死隊〟を率いて両広総督署を襲撃するが、鎮圧され、多数の犠牲者を出した。彼自身も負傷し、香港に逃れた。[95]

毛沢東が革命の震源地・長沙にやって来たのは、ちょうどこの頃である。学校生活は〝革命〟一色だった。前述のように、彼はのちに「興奮した」と述懐している。[96]

スノーに語った話に、当時の授業のことは出てこない。いきなり、「黄花崗蜂起」の記事を読んだ時の衝撃について語っている。

「長沙で生まれて初めて新聞というものを読んだ――『民立報』である。それは民族革命の新聞で、広州の反清朝蜂起と72人の烈士が殉死したニュースを載せていた。この蜂起は、黄興という湖南人が指導したものだ。この話に大いに感動した。……『民立報』は人の心を奮い立たせる材料で満ち溢れていた[97]」

〝心が奮い立つ〟のは当然だろう。なぜなら、『民立報』は、中国同盟会の機関紙だったからだ。『民立報』を読んで奮い立ち、孫文と同盟会の綱領（韃虜《だつりょ》――異民族である満州族を指す――を追い払い、中華を回復し、民国を建国し、地権を平均にする）を耳にした毛沢東は、いてもたってもいられなくなり、さっそく文章を書いて学校の壁に貼りつけた。

「孫中山を日本から呼びもどし、新政府の総統に就任させ、康有為が総理になり、梁啓超が外務大臣になるべきだ！[98]」

毛沢東は、この主張は「混乱している」と後に語っている。当時は、康有為と梁啓超を尊敬しており、「孫中山と彼らの区別が分からなかった」からだ[99]。孫文は、〝革命派〟であり、康有為と梁啓超は、〝保皇派〟である。前者は清朝を打倒する立場であり、後者は守る立場だったが、それがわかっていなかったのだ。

辛亥革命

あいつぐ武装蜂起に危機感を強めた清朝は、必死に革命派を抑え込みにかかったが、もはや手遅れだった。毛沢東が衝撃を受けた「黄花崗蜂起」は、革命の始まりだったのだ。この蜂起が鎮圧された翌月の1911年5月、「保路《ほろ》運動」が巻き起こると、急転直下、ついに清朝崩壊のカウントダウンが始まった。

事の起こりは、広州と武昌をつなぐ粤漢《えつかん》鉄路（鉄道）の建設をめぐるいさかいだった。もともと清朝は、この鉄道をアメリカの企業に建設させるつもりだったが、アメリカ側はなかなか工事に着手しなかったので、清朝が権利を買いもどし、沿線三省（広東、湖南、湖北）の有力者たちが資金を集め、民間で代わりに建設することになった。

ところが、列強のような資本力はないし、技術力もない。結局、資金は増税や寄付金でかき集めようとしたので、民衆の負担が増すことになった。そこで清朝は、鉄道を国有化すべきだと考え、外国の銀行から資金を借り入れ、国有化を断行した。

もちろん、利権を失う地方の有力者たちが黙っているはずがない。雲南、貴州、広西など貧しい内陸の省は、政府に鉄道を建設してほしかったので国有化を歓迎したが、湖南、湖北、広東、四川は、反対の立場をとった。

とりわけ激しく反発したのが四川である。なぜなら、清朝は、他省については政府が発行する株式と全額交換したが、川漢鉄路公司については、株価が半減しており、集めた資金の半分だけしか交換しようとしなかったからである。

これは、四川だけを差別した措置ではなかった。実は、川漢鉄路公司の社長が資金を流用し、上海で株式投機をして大穴を開けていたのである。清朝は、民間会社が投機行為でもたらした損失を血税で補塡することはできないと突っぱねた[100]。

これに対し、川漢鉄路公司は、清朝が結んだ借款契約は「売国契約」だと非難し、1911年6月には「四川保路同志会」が結成され、「保路運動」を発動する。授業ボイコット、商店の一斉閉店、食糧の上納拒否運動が始まり、清朝は窮地に立たされた。

業を煮やした清朝は、保路同志会の指導者を拘束し、同会と川漢鉄路公司を閉鎖に追い込んだ。指導者の釈放を求めた数万の群衆が、成都の総督府に押し寄せると、兵士が発砲し、三十数名を銃殺するという流血の惨事を招いた。

こうした清朝の高圧的態度は、火に油を注ぐようなものだった。民衆の怒りは頂点に達した。武装蜂起のタイミングを虎視眈々と探っていた同盟会は、さっそく行動に出る。同盟会と哥老会は、とっくに「保路同志軍」を組織している。四川西南部で一斉に蜂起し、成都に攻め込んだ。

1911年10月10日、ついにその日はやって来た。湖北の新軍が四川の「保路運動」の鎮圧のために派兵され、防備が手薄になった隙をつき、武昌で新軍の兵士が武装蜂起したのだ。新たに樹立された中華民国湖北軍政府は、清朝からの独立を宣言した。「辛亥革命（旧暦の辛亥の年に起きたのでこう呼ぶ）」の勃発である。

このように、辛亥革命の引き金となったのは、成都の流血事件だったが、そもそも「保路運動」が最初に燃え上がったのは湖南である。

1911年5月、長沙では、鉄道労働者がデモ行進し、商店の一斉閉店、学生の授業ボイコット、食糧の上納拒否を呼びかけ、「国有化反対」の声を上げた。その後、「保路運動」は、湖北、広東、四川にも広がって行った。

毛沢東が長沙に来たのは、ちょうどこの頃だった。街中がざわめき立ち、勉強どころではなかったはずだ。彼によれば、「我々の学校は毎日、門を閉めて演説をしていた。多くの学生が激昂し、革命を主張していた。演説していた学生が「すぐに軍事教練だ！　戦争の準備だ！」と言ったのを覚えている」[101]。都会に出てきて、いきなり革命の渦に投げ込まれたのである。

毛沢東は、「ある友達と私は、辮髪を切った。しかし、辮髪を切ると約束した者が、約束を守らなかった。そこで友達と私は、彼らに突然襲撃をしかけ、無理やり辮髪を切り落とした。全部で十数本あった。我々のハサミの生贄《いけにえ》になったのだ」と言っている[102]。

辮髪は、中国を支配した満（州）族が強制した髪型であり、清朝に対する服従を示す意味合いがあった。それを切ることは、清朝に反対する意思の表れだったが、もはや歯止めが利かなくなっていたのである。旧来の秩序が破壊され、清朝崩壊の日が確実に近づいていることを物語っていた。

武昌蜂起の翌日、湖北軍政府は、さっそく長沙に人を派遣し、蜂起を呼びかけた。10月中旬、湖北軍政府の代表が湘郷駐省中学堂を訪れ、革命を呼びかける演説をした。

この演説を聞いた毛沢東は、よほど強烈な印象を受けたのか、それから二十数年たっても、「人の心を奮い立たせる演説」だったと言っている。それは、他の学生たちも同じだった。演説を聞いて興奮し、「会場にいた学生が7、8人立ち上がって清朝を激しく非難し、演説に対する支持を表明し、行動を起こして民国を建国しようと呼びかけた」のである[103]。

ここで毛沢東が発言した形跡はないが、学生たちの呼びかけに共鳴し、革命軍に入隊すべく、数人の仲間と湖北に行くことにした。しかし、勇ましく立ち上がったのはよかったが、入隊に間に合わず、革命に出遅れてしまう。

その理由は、なんと〝雨靴〟だった。漢口は道が湿っているので、雨靴が必要だと聞いたが、持っていない。そこで、郊外に駐屯していた新軍の第50標（連隊に相当）にいた知り合いに借りに行ったのだが、兵営の入口で警備兵に止められてしまったのだ。

実は、その部隊こそが、長沙攻略に出撃しようとしていた蜂起軍だったのである。もともと新軍第49標と第50標の内部には、同盟会のメンバーが潜入していた。同会の焦達峰と陳作新の裏工作が功を奏し、武昌蜂起に呼応し、蜂起したのである。

焦達峰（1886〜1911）は、湖南省瀏陽の出身である。清朝の堕落ぶりを見て清朝打倒を志すようになり、1902年、16歳で会党《かいとう》（民間の秘密結社）の洪福会に入会した。その後、日本の明治維新にあこがれ、日本に留学するため、黄興が設けた東文講習所で日本語を学んだ。同校は表向きは補習学校だったが、実際は革命家養成の秘密活動拠点だった[104]。

1904年、焦は自費で日本に留学し、東京鉄道学校で鉄道管理を学び、翌年には同盟会に入会した。1906年、黄興の命を受け、帰国して蜂起に参加するが、失敗し、日本に逃げ帰る。

１９０９年、帰国し、「共進会」を組織し、新軍兵士に働きかけ、武昌蜂起が勃発すると、陳作新とともに新軍を率いて長沙の制圧に成功。湖南省軍政府が成立し、清朝からの離脱を宣言すると、焦は都督に推挙された。

陳作新（１８７０〜１９１１）も、焦達峰と同じく湖南省瀏陽の出身である。彼は、譚嗣同らが長沙で設立した南学会の講演会を聞きに行くなど、早くから変法思想に傾倒していた。戊戌政変で譚嗣同らが処刑されると、改良主義を捨て去り、唐才常の自立軍に参加するが、失敗に終わったため、故郷に逃げ帰った。後に同盟会に入会し、湖南新軍に潜入を画策。優秀な兵士数十名を同盟会に勧誘することに成功し、反乱軍の幹部を養成することができた。

１９１１年10月10日、武昌蜂起が勃発すると、同月22日、焦達峰率いる49標第二大隊後方部隊は、50標の部隊と合流し、軍装局を制圧し、陳作新は、同大隊前方部隊等を率い、諮議局（立憲君主制に移行するため、清朝が地方に設けた省議会の準備機関。１９０９年に発足した）を占拠した[105]。両部隊は、難なく長沙の占領に成功したのである。巡撫の余誠格は、巡撫院を包囲されると、衛兵が戦う気がないのをみて、脱出し、上海に逃げ去ったのだった[106]。

その夜、新政府が樹立され、中華民国軍政府湖南都督府の都督には焦達峰、副都督には陳作新が就任した。

その時、毛沢東は、部隊が長沙に向かうのを見て、急いで城内に舞いもどった。高台を見つけ、〝観戦〟を決め込み、〝漢〟の文字が書かれた旗が巡撫院に掲げられるのを目撃したという[107]。革命軍に参加しようと立ち上がったが、結局は傍観者で終わったのである。

消されたゴロツキの〝革命軍〟

学校にもどると、校門には白旗が掲げられ、数人の兵士が立っていた。学校のみならず、政府機関、商店なども大小の白旗を立てていた。しかし、革命が終わったわけではなかった。清朝はまだ打倒されていなかったからである。

そこで焦達峰は、武漢に援軍を送るべく新兵を募ったが、〝革命軍〟とは名ばかりで、「ごろつき、乞食、車夫」が志願して来た。

清朝を倒すのはいいが、彼らが新政府を支配すればいったいどうなるか？

諮議局を取り仕切る地主や実業家などのエリート層は、会党の台頭を恐れていた。新軍の幹部も、革命に功績があった自分たちを差し置いて会党を重用する焦達峰に不満をつのらせていた。地元で人望を集めていたのは、むしろ立憲派のリーダーで諮議局議長の譚延闓《たんえんがい》（１８８０〜１９３０）の方であり、革命勝利の告示を出したのも彼だった。

こうなれば、焦達峰が追い落とされるのは、時間の問題だった。すぐにクーデターが発動された。仕かけたのは、日本留学帰りの新軍士官、元新軍第50標（連隊）第2営（大隊）管帯（大隊長）の梅《ばい》馨《けい》（１８７８〜１９２８）である。彼が立ち上がった理由は、革命後の処遇に不満で、焦達峰を恨んでいたからである。旅団長になれると期待していたが、なれなかったからだ。

焦達峰の問題はほかにもあった。彼は共進会にも属していたので、同盟会との摩擦もあったのでである。同盟会湖南支部は、会員の譚心休（1860〜1917）を都督にするつもりだったが、焦達峰にお株を奪われてしまい、苦々しく思っていた。

最初に消されたのは、焦の相棒の陳作新である。10月31日、町で起きた騒ぎを鎮めるため、馬で駆けつける途中、梅馨が差し向けた兵士によって殺害された。その後、梅馨は、みずから兵を率いて都督府に押し入り、焦達峰を斬殺した。

当時、毛沢東が、こうした指導層の血なまぐさい内紛を知る由もなかっただろうが、焦達峰と陳作新が殺害されたことは鮮明に覚えていた。スノーに対して、「友達を訪ねに行く時、彼らの死体が街頭に横たわっているのを見た」と語っている。[108]

そして、これは、「湖南の地主と軍閥を代表する人物」である譚延闓が仕組んだ反乱と批判し、「彼ら（焦達峰と陳作新）は、貧しくて抑圧された者たちの利益を代表していた。地主と商人は、彼らに不満だった」と同情を寄せたが、これは事件当時の見方ではないはずだ。なぜなら、毛沢東は、二人を殺害した新軍に入隊しているからである。[109]

焦達峰と陳作新が、〝貧しくて抑圧された者たちの利益を代表〟していたかどうかも疑わしい。彼らは、自分を頼って都督府に押しかけてきた会党を優遇し、酒と女にうつつを抜かし、同盟会員からも嫌われていたという話すらあるからだ。[110]

「新軍」に入隊

毛沢東はこの頃、新軍に志願し、入隊を果たしている。当初は、保証人がいなかったので入隊を断られたが、先輩の兵士の朱其昇が保証人を買って出てくれたため、なんとか入隊することができたという[111]。

配属されたのは、長沙に駐留する「湖南新軍25混成協50標第一営左隊（協、標、営は、新軍の編成単位であり、協は旅団、標は連隊、営は大隊に相当）」である。与えられた階級は最下位の「列兵（二等兵）」だったが、待遇は悪くなかったようだ。毎月給料が支給され、食費を差し引いても、水を購入したり、新聞を購読したりするだけの余裕があったのだ。

それにもまして、学生の身分で特別視されたことが大きかったようである。読み書きができない兵士が多かったので、手紙を代筆してやり、「（文章が）書けるし、書物の知識があるので、〃博学〃だと尊敬」されたのだ。「炭鉱夫と鍛冶職人（前述の朱其昇のこと）がいて、彼らの事が大好きだった」と語ったのは、先生のように崇《あが》められ、気分がよかったからだろう[112]。

当初、学生軍に入る選択肢もあったが、「雑」だという理由で正規軍を選んだのが正解だったようである。学生軍に入っていれば、ここまで優越感に浸ることはできなかったはずだ。

軍の決まりでは、下っ端の兵士は上官の食事を作るために郊外の白沙井まで湧水を汲みに行かなければならなかったが、毛沢東は自分で行かず金で解決した。「私は学生であり、水を汲みに行くのを潔しとしなかったので、水汲みの人夫から買うしかなかった」と言っている[113]。銃を分解して手入れするのも嫌がったので、朱其昇が代わりにやったという。

ところで、毛沢東の軍隊時代の思い出に、戦闘シーンが出てこないのは、なぜなのか？

朱其昇によれば、1911年12月末、部隊が移動中に山あいの平地で敵に出くわし、彼と毛沢東は、林に逃げ込んで穴の中に身を伏せ、爆弾が飛んできたが、被弾することはなかったという。「革命の成功のために尽力する」と意気込んで入隊した毛沢東だったが、本格的な戦闘に駆り出されることはなかったのだ。

その理由は、土壇場で清朝軍を率いる袁世凱と革命派の孫文（中山）が話をつけたからである（南北和議）。毛沢東によれば、「湖南人が行動を起こそうと準備していたまさにその時、孫中山と袁世凱が協議に達し、予定されていた戦争が取り消され、南北が〝統一〟され、南京政府が解散になった」のだ[114]。

中国は当時、北京の清朝政府と南京の革命政府に分裂していた。南京には、アメリカからイギリス経由で帰国した孫文を臨時大総統に選んだ十七省が中華民国臨時政府を打ち立てたが、北京の清朝政府は、北洋軍に影響力を有する袁世凱を内閣総理大臣に起用し、革命軍を鎮圧する構えを見せていた。

南京の臨時政府は、苦しい立場に置かれていた。なぜなら、列強は、引き続き清朝の方を承認していたからだ。イギリスは、むしろ袁世凱の手腕に期待をかけており、南北和議のあっせんを行っていたほどである。

こうしたなか、孫文は、袁世凱に対し、清朝の皇帝の退位、共和制の支持、憲法の遵守などの諸条件と引き換えに臨時大総統の地位を明け渡す意向を示し、南北の和議が成立した。そして1912年2月12日、宣統帝溥儀《ふぎ》は退位し、ついに清朝は268年の歴史に幕を閉じたのである。

清朝が打倒されれば、革命も終わりである。軍は解散され、兵士は3カ月分の給与をもらって帰郷することになった。3カ月後に再入隊することも可能で、上官は「出世して金持ちになれるぞ」と引き留めたが、毛沢東は「革命は終わったので、軍から離脱し、もどって勉強することに決めた」。もともと紀律に縛られるのが嫌な性格である。親に仕送りをしていたわけでもない。兵隊を続ける理由はなかったのである。[115]

定まらぬ進路

軍を辞めた毛沢東は、中学堂には帰らなかった。その理由はわからないが、もしかしたら軍隊で給料を稼いだことがきっかけで、仕事に直結した学校に行きたかったのかもしれない。

辛亥革命後の湖南では、実業学校が相次いで新設され、新聞に学生募集の広告が掲載されていた。それに影響された毛沢東は、片っ端から応募していくが、なかなかやりたいことが決まらず、右往左往する。ある学校に応募したら、すぐ他の学校が気になり、申込料を無駄にするという動揺ぶりだった。毛は後に当時を振り返り、「自分がいったい何をしたいのか、はっきりしていなかった」と語っている。[116]

毛沢東が応募した学校は、警察学堂、石けん製造学校、法政学堂、商業学校、省立高級商業学校と多種多様である。たとえば、警察学堂の場合、入試の直前に石けん製造学校の「学費はなし、食事と住居を提供、手当ても支給」という広告が目に入り、結局、受験しなかった。その広告には、「石けんの製造は、社会に大いなる幸福をもたらし、国を豊かにし、民衆に利益をもたらす」とも書かれていたので、〝石けん製造家〟になることにしたからである。

だが、その決心もすぐに揺らぐ。法政学堂の「3年間で法律課程を修了した学生には、即刻仕官することを保証する」という広告を読み、気が変わったのだ。

そこで、親に手紙を書き、「将来、法律家や役人になれるという美しい光景」を描き、学費を送ってくれるよう頼み、申込料を支払った矢先に、今度は友人から「いま、もっと必要な人材は、国家経済を建設できる経済学者だ」と言われて気が変わり、商業中学に申し込み、入学を許可された。[117]

それでも、まだ決めかねていたようで、省立の高級商業学校の広告が目に入ると、またしても方向転換する。「商業の専門家になるのがベストだ」と思ったのである。そこで申込料を払い、父親に手紙を書いた。

このように、ふらふらと腰が定まらない息子を見て、父親はいらいらしていたはずだが、この決定を聞いて「喜んだ」という。[118] 毛沢東によれば、「父は、商売をするメリットをすぐに理解できた」からである。ところが、これも長続きせず、わずか1カ月でやめてしまう。原因は〝英語〟だった。その学校は、英語で授業をする科目が多く、教科書も英語の原書を使っていたのだ。[119]

父親は、腹を立てただろうが、とにかく毛は、実家にもどって農民になることだけは避けたかったに違いない。大急ぎで次の学校を探しにかかった。

法家の伝統

その時、見つけたのが、湖南全省高等中学校（高等中学校は、高校に相当。2年後に省立第一中学と改名。現在の湖南省長沙市第一中学の前身）の広告である。同校は、その年（1912年）に開校された新設校だった。毛沢東は、その学校にトップで合格した。数学と理科が大の苦手だったが、トップで合格できたのは、作文が重視されたからだと言われている。

作文のテーマは、「民国が建国され、復興の時である。教育と実業のどちらが重要か？」だった。それならお手の物だ。梁啓超の説を論拠にしながら、教育が主であると滔々《とうとう》と自説を書き連ね、校長や教師をうならせたという。

しかし、毛はこの学校も気に入らず、すぐにやめてしまう。よほどいやだったのか、後に「第一中学は、嫌いだった」と言っている。限られた科目しかなく、内容が浅いのが気に入らなかっただけでなく、校則もいやだった。[120] その学校は、軍隊式管理であり、朝は号令で起こされ、10分で顔を洗って片付けをすませ、振鈴で点呼と朝の体操が始まる。校長が校則を破った学生を全校の前で批判することもあったという。

ただ、いいこともあった。「国文の教師によくしてもらった」のだ。毛沢東の作文を読んだ教師が、「才気はずば抜けており、前途は計り知れない」「偉大なる器だ」とほめちぎったという。戦後、作文が見つかり、署名からその教師は、柳潜（１８７８〜１９３０）だとわかった。[121]

その作文は、１９１２年６月に書かれたもので、タイトルは、「商鞅《しょうおう》の徙木立信《しぼくりっしん》を論ず」である。司馬遷が著した『史記』の「商君列伝」に出てくるエピソードを選び、中国の現状を論じたものである。

商鞅（紀元前３９０？〜前３３８）は、「法家《ほうか》（厳格な法を用いて、国民を統制し、君主に権力を集中し、富国強兵を図る思想。申不害《しんふがい》、商鞅等をへて韓非子《かんぴし》が集大成）」の思想を用いて改革を断行し、秦を強国にのし上げた人物だ。商鞅が秦を強国にするために用いた〝法〟とは、以下のようなものだった。

「民五戸あるいは十戸を保にし、互いに監視させ［だれかが罪を犯せば保のものみな］連座させる。［同じ保のなかで］悪事［があっても、それ］を訴えない者は腰斬《ようざん》の刑に処し、悪事を訴え出た者は、敵の首を取ったのと同じ賞を与え、とが人をかくまえば、敵に降参したのと同じ罰を課する。……大証の家みな力をあわせ、本業の農耕機織《はたおり》にいそしませ、食糧や織物をたくさん供出した者には課税を免除し、［商業など］末の利をつとめまたは怠慢で貧しくなった者は、すべて奴隷とする」[122]

司馬遷は、商鞅には「温情が欠けていた」ため、「最後に秦において悪名をこうむったのは、ゆえあることだったのだ」と指摘した。それは、あまりに法律が厳しすぎて、後ろ盾の孝公が死ぬと、商鞅は車ざきにして引きまわされ、一族は皆殺しにされる憂き目をみることになったからだ。

では、毛沢東は、商鞅をどうみていたのか？

彼は、「商鞅之《の》法、良法也《なり》。我が国の四千年余りの（歴史の）記載を紐解いてみれば、国を利し、民を幸福にすることを求めた偉大なる政治家の中で、商鞅は一番に挙げられるのではないか？」と絶賛した。そして、問題はむしろ国民の方にあるとして、「我が国の国民の愚かさを嘆き、執政者の苦心惨憺を嘆き、数千年来、民智が開かれず、国が幾度も滅亡の惨状を繰り返したことを嘆く」と論じたのである。[123]

毛沢東はこの時、18歳だったが、厳しい法律で国民を統制し、富国強兵を図る法家思想に魅力を感じていたようである。彼も結局は、骨の髄まで「皇帝政治」が染みついていたのだ。

その認識は、生涯変わることなく、晩年に至っても、秦の始皇帝を称賛し、外国の賓客に対し、「秦の始皇帝は孔子よりもずっと偉大です。孔子の話は空論だが、秦の始皇帝は、最初に中国を統一した人物です」と公言してはばからなかった。[124]

アダム・スミス、モンテスキュー、進化論

1912年の秋、湖南全省高等中学校を6カ月で退学し、学校生活から解放された毛沢東は、「自習計画を立て、毎日、湖南省立図書館に行って勉強」することにした。「むさぼり読んだ。必死に読んだ。まるで牛が人の野菜畑に入ったような感じだった。野菜を味わい、必死に食べたようなもんだった」と言っている。当時の彼の一日は、次のようなものだった。[125]

「毎朝、図書館の門が開くと同時に入館した。昼はちょっと休み、米糕《ミーガオ》（米で作ったもち）を二個買って食べた。これが毎日の昼食だった。毎日図書館で閉館になるまで本を読んだ」[126]

これこそ毛が求めていた生活だった。誰にも邪魔されず、腹いっぱい本が読めるのである。後に、「こうして過ごした半年間は、極めて価値あるものだった」と振り返った。[127]

毛が通った湖南省立図書館（現在の湖南図書館）は、湖南巡撫の趙爾巽《ちょうじそん》（１８４４～１９２７）が提案し、１９０４年、「文明の輸入、知識の一新」を趣旨として建てられたものである。設立に当たっては、日本留学帰りの実業家・梁煥奎《りょうかんけい》（１８６８～１９３１）らが各界の名士に発起人になってもらい、民間から資金を募った。

この図書館は、「文明の輸入、知識の一新」を銘打っただけあって、国内外の書籍を買い揃えていた。書架は2階にあり、１階のホールで閲覧できるようになっており、庭には花が咲き、金魚池もあった。当時は、まだ利用者は少なく、毛は読書三昧の日々を送ることができた。

毛沢東にとって最大の収穫だったのは、様々な海外の書籍を読んだことで、視野が大きく広がったことである。彼はここで、「アダム・スミスの『原富（国富論）』、ダーウィンの『物種起源（種の起源）』、ジョン・スチュアート・ミルの倫理学に関する本を読んだ。ルソーの著作、スペンサーの『邏輯（ロジック）』、モンテスキューが書いた法律に関する本を読んだ」と言っている。[128] 18世紀から19世紀にかけての西洋の主要な社会科学の著作に触れたのである。

ただ、スノーに思い出を語ったのは、それから24年も後だったので、記憶違いもあったようだ。
アダム・スミス（１７２３～90）の『国富論』は正しいが、チャールズ・ダーウィン（１８０９～82）の『物種起源（種の起源）』の中国語訳は、まだ出版されておらず、８年後の１９２０年にやっと出版されたので、読んでいなかったはずである。その時読んだ「進化論」の本といえば、中国で流行っていたトーマス・ヘンリー・ハックスリー（１８２５～95）の『天演論（進化と倫理）』の可能性が高い。

ミルの「倫理学」については、「論理学」の誤りで、正しくは『穆勒名学《ぼくろくめいがく》（論理学体系）』である。ハーバート・スペンサー（１８２０～１９０３）の著作は、『群学肄言《いげん》（社会学原理）』だといわれているが、これは、第一師範に入学した後、教師の黎錦熙《れいきんき》に勧められて読んだという説もある。[129]

ルソーの著作については、書名を挙げていないが、『民約通義（社会契約論）』（１８９９年に上海訳書局が題名を変えて出版した中江兆民の漢文訳『民約訳解』）かもしれない。[130]

「モンテスキューが書いた法律に関する本」は、『法意（法の精神）』のことだろう。[131]

もちろん、英語が苦手だった毛沢東が、こうした書籍を原書で読むはずがない。蕭三によれば、毛は「外国語から中国語に翻訳された名著は、ほとんど読みつくした」というので、読んだのは中国語訳だったはずだ。[132]

『天演論』は１８９８年、『原富』は１９０１年から分冊で出版され、１９０２年に全冊完結した。『群学肄言（社会学原理）』と『穆勒名学（論理学体系）』は１９０３年、『法意』全７冊は１９０４年から１９０９年にかけて出版されたので、だいぶ古くなっていたが、毛にとっては、初めて目にする西洋の本格的な社会科学の著作だった。24年たっても、覚えていたほどだから、よほど刺激的だったのだろう。
この時、毛沢東が読んだ数々の訳書の大半は、厳復《げんぷく》（1854〜1921）が翻訳したものだった。[133]
厳復は、一世を風靡《ふうび》した啓蒙思想家兼翻訳家である。彼は、福建省侯官県（現在の福州市）の著名な医師の家に生まれたが、14歳の時に父が病死したため、科挙の受験を断念し、学費が免除され、手当が支給される「福州船政学堂」を受験し、トップの成績で合格した。[134]
厳復は卒業後、軍艦で実習した後、1877年から79年までの2年間、英国の王立海軍大学（The Royal Naval College）に留学する機会を与えられ、帰国後は、船政学堂にもどって教員となった。その後、李鴻章（直隷総督兼北洋大臣）に招かれ、天津の北洋水師学堂（中国北方初の海軍学校）で教鞭をとるが、日清戦争（1894〜95）の敗北をきっかけに、活発な言論活動を行うようになる。[135]
まさかの敗戦に強い危機感を抱いた厳は、天津の『直報（1895年、李鴻章のドイツ人顧問コンスタンティン・フォン・ハネケンが創刊した中国語紙）』に一連の論評を寄稿し、痛烈に体制を批判し、こう言い放った。
「秦以後の君主は、いわゆる国を盗み取った大強盗だ。……（西洋では）国は民の共有財産であり、王、諸侯、将軍、宰相は、みな公僕である。西洋の民は、王、諸侯、将軍、宰相よりも尊貴な存在だが、中国の民は、卑賤で、奴婢の子供だ[136]」

厳復は、中国が弱体化しているのは、歴代王朝の愚民化政策が原因であり、民の体力を増強し、科挙を廃止して洋学に切り換え、立憲君主制を樹立すべきだと主張し、改革を呼びかけた。

彼の訳書のなかで、とりわけ大きな影響を与えたのが、『天演論』だった。この訳本は、ハックスリーの原著の全訳ではなく、スペンサーや厳復の見解も含まれた「意訳」だったが、読み手にとっては、さほど大きな問題ではなかった。列強の脅威にさらされ、国家存亡の危機に立たされた中国人は、同書が描き出す「適者生存」の世界に惹《ひ》きつけられたからである。

当時、『天演論』の影響の大きさは、計り知れないものがあった。梁啓超は、出版前に厳復から訳稿を受け取り、『時務報』で紹介し、彼自身も進化論に基づいた評論を書いた。梁から訳稿を見せられた康有為も、「中国における西洋の学問の第一人者だ」と絶賛した。若き日の魯迅（1881〜1936）は、年長者の反対を無視し、暇さえあれば、『天演論』を読みふけったという。

『天演論』は、難解な「桐城派」の古文で書かれていたにもかかわらず、その影響は、知識人のみならず、広く社会の各層に広がって行き、新聞には、「天演（進化）」「物競（生存競争）」「天択（自然淘汰）」「適者生存」といった文字が満ち溢れた。

なかには、名前まで変えてしまうほど心酔した者もおり、たとえば、胡適（1891〜1962）の名は嗣糜で、字は希彊だったが、「適者生存」の〝適〟をとって胡適と改名し、字を適之としたほどである。[137]

それから5年後の1917年、第一師範学校で学んでいた毛沢東は、修身の教材『倫理学原理』（後述）に、「国家に変化があるのは、国家に日新のチャンスがあるということである。それは、社会進化の必要とする所である」と書きこんだ。彼の脳裏にも『天演論』はしっかりと刻み込まれていたのである。[138]

毛沢東が湖南省立図書館で読んだのは、西洋の思想書だけではなかった。ロシア、アメリカ、イギリス、フランス等の「世界の地理と世界の歴史」も読んだと言っている。そして、生まれて初めて世界地図を見て、世界の広さを知った。図書館の壁にかけられていた巨大な世界地図の前に立ち尽くし、ずっと見入っていたという。[139]

独学の終わり

だが、こうした読書三昧の気ままな暮らしが永遠に続くはずもなかった。一つには、居場所がなくなってしまったのである。宿泊していた「湘郷会館」にいられなくなったのだ。

当時の〝会館〟とは、他郷で暮らす者が困ったときに駆け込む同郷会のことである。学校を中途退学し、学生寮に滞在できなくなった毛沢東にとって、会館の存在はありがたかった。彼は、母親が湘郷出身なので、それを頼りに同会館に身を寄せたのだろう。

毛沢東が湘郷会館にいられなくなったのは、湘郷出身の元兵士が大挙してやって来たからである。革命が終わって軍をお払い箱になったのだ。彼らは、仕事もなく金もなかった。これら元兵士と学生のいざこざは絶えず、ある晩、暴力沙汰にまで発展し、元兵士が学生を襲撃し、殺そうとする事件まで起きた。これ以上、会館にいるのは、危険だった。

尻に火がついた毛は、ふたたび広告で学校探しを始めた。そして、「真剣に自分の〝将来〟を考え、自分は教師にもっとも適していると決めた」時、ちょうど「湖南師範学校（第四師範学校のこと。後に第一師範学校に吸収合併された）の魅力的な広告」が目に入った[140]。

それには、「学費がいらず、食事代と宿泊費が安い」と書かれていたので、親には何とか申し開きが立つ。広告には、卒業後、すぐに教師になれるとも書いていたので、仕事にも困らない。実家に手紙で伝えると、同意を得ることができた[141]。

この学校が学費をとらなかったのは、小学校の教員を養成する公立の学校だったからである。中流以上の家庭の子弟は、大学進学を目指し、普通の高校に入ったので、師範学校を受験しなかった。貧しい家庭の子弟や親から仕送りをしてもらえない者が、何とかしてこの学校に入ろうとしたため、倍率は高かったという[142]。

【注】

1　高菊村、陳峰、唐振南、田余糧『青年毛沢東』（中共党史資料出版社、１９９０年）２頁。高菊村氏は、毛沢東同志紀念館館長、韶山管理局副局長を歴任。高菊村、龍剣宇、陳高挙、劉建国、蒲蘆『毛沢東故土家族探秘』（西苑出版社、１９９３年）９頁。龍剣宇『毛沢東青春啓示録』（中央文献出版社、２０１３年）17頁。龍剣宇氏は、韶山毛沢東同志紀念館副館長兼湘潭大学毛沢東思想研究中心教授を務めた。

2　龍剣宇『毛沢東家居』（中共党史出版社、２０１３年）30頁

3 龍剣宇『毛沢東従這裏走来』（人民出版社、２０１３年）133頁。龍剣宇『毛沢東青春啓示録』31頁

4 蔣国平『毛沢東与韶山』（中国青年出版社、１９９２年）３、22頁。著者は韶山出身で、同書出版当時、韶山市党副書記。

5 李湘文編著『毛沢東家世（増訂本）』（人民出版社、１９９３年）８頁

6 龍剣宇『毛沢東的家世淵源』（中央文献出版社、２０１１年）199頁

7 李鋭著／玉川信明、松井博光訳『毛沢東　その青年時代』（至誠堂、１９６６年）108頁

8 龍剣宇『毛沢東的家世淵源』389頁

9 高菊村、陳峰、唐振南、田余糧『青年毛沢東』２頁。蔣国平『毛沢東与韶山』28～29頁。李湘文編著『毛沢東家世（増訂本）』１～２、429頁。李湘文編著『毛沢東家世』（南粤出版社、１９９０年）１頁。中共中央文献研究室編／金冲及主編『毛沢東伝（１８９３－１９４９）』（中共中央文献研究室、２００４年）１頁

10 中共中央文献研究室編／金冲及主編『毛沢東伝（１８９３－１９４９）』２頁。『毛沢東家世（増訂本）』10～11頁

11 李湘文編著『毛沢東家世（増訂本）』11頁。蔣国平『毛沢東与韶山』24頁

12 「毛沢東与父親毛貽昌、母親文素勤」中共中央党史和文献研究院、中央档案館『党的文献』（２００９年第２期総第１２８期）、耘山、周燕『革命与愛：共産国際檔案最新解密毛沢東毛沢民兄弟関係』（中国青年出版社、２０１１年）298頁。この発見を受け、中共中央文献研究室編／逄先知主編『毛沢東年譜（１８９３－１９４９）修訂本　上巻』（中央文献出版社、２０１３年）１頁では、旧版（１９９３年）の記述を文素勤と改めた。

13 李湘文編著『毛沢東家世』（南粤出版社、１９９０年）24頁

14 龍剣宇『毛沢東的家世淵源』199頁

15 柯延主編『毛沢東生平全記録上巻』（中央文献出版社、２００９年）９頁

16 林克、凌星光著／凌星光訳『毛沢東の人間像：虎気質と猿気質の矛盾』（サイマル出版会、１９９４年）262～263頁

17 龔育之、逢先知、石仲泉『毛沢東的読書生活』19頁

18 『毛沢東1936年同斯諾的談話：関於自己的革命経歴和紅軍長征等問題』（人民出版社、1979年）6頁。同書は、エドガー・スノーが『中国の赤い星』（中国語版は『西行漫記』）執筆に当たり、1936年に毛沢東に取材した時の通訳・呉黎平氏が後に訂正や注釈を加えたもの。同氏によれば、スノーの取材は、孫文夫人・宋慶齢と中国共産党の地下組織が手配し、国民党の封鎖を突破し、当時、中共中央があった陝西省保安に到達して可能になった。『中国の赤い星』は、呉氏が通訳時にとったメモを中国語に訳し、毛沢東がチェックした上で、スノーに渡したものを元に書かれた。毛沢東は、『中国の赤い星』が「我が党の政策を紹介した本」であり、外国人による中国革命に関する報道で成功した例だと称賛した。この背景については、呉氏による『毛沢東1936年同斯諾的談話』の序文1～9頁に詳しい。

19 中共中央文献研究室編／金冲及主編『毛沢東伝（1893－1949）』2～3頁

20 『毛沢東1936年同斯諾的談話』7～8頁

21 中共中央文献研究室編／金冲及主編『毛沢東伝（1893－1949）』3頁

22 同右 3頁。『毛沢東1936年同斯諾的談話』7～8頁

23 『毛沢東1936年同斯諾的談話』6頁

24 龍剣宇『毛沢東青春啓示録』43～44頁。『毛沢東1936年同斯諾的談話』28頁。李湘文編著『毛沢東家世（増訂本）』34、134、434頁。中共中央文献研究室編／金冲及主編『毛沢東伝（1893－1949）』3頁。

中共中央文献研究室編／逢先知主編『毛沢東年譜（1893－1949）修訂本 上巻』6頁

25 中共中央文献研究室編／金冲及主編『毛沢東伝（1893－1949）』4頁

26 李湘文編著『毛沢東家世（増訂本）』445頁

27 高菊村、陳峰、唐振南、田余糧『青年毛沢東』8～9頁。中共中央文献研究室編／金冲及主編『毛沢東伝（1893－1949）』4頁。李湘文編著『毛沢東家世（増訂本）』19頁

28 『毛沢東1936年同斯諾的談話』12頁

29 中共中央文献研究室編／金冲及主編『毛沢東伝（1893－1949）』8～9頁。汪澍白『毛沢東早年心

路歴程』（中央文献出版社、１９９３年）36〜37頁。汪氏は、湘潭大学教授、湖南社会科学院院長等を歴任。

高菊村、陳峰、唐振南、田余糧『青年毛沢東』14〜15頁。黄波「一百年前的一次群体性事件」政協広東省委員会『同舟共進』（２００９年第４期）、李細珠「長沙搶米風潮与清政府的応対」国家清史編纂委員会『清史参考』（２０１２年第21期）『中華文史網』http://www.qinghistory.cn/qsjj/qsjj_zz/387623.shtml

30 汪澍白『毛沢東早年心路歴程』34〜35頁

31 高菊村、陳峰、唐振南、田余糧『青年毛沢東』10頁。中共中央文献研究室編／金冲及主編『毛沢東伝（１８９３－１９４９）』６頁。中共中央文献研究室編／逄先知主編『毛沢東年譜（１８９３－１９４９）修訂本上巻』２〜８、26〜37頁。汪澍白『毛沢東早年心路歴程』36〜37頁。「烏亀頸」と別名「烏亀井」の由来については、趙志超『毛沢東和他的父老郷親』（湖南文芸出版社、１９９２年）120頁を参照

32 高菊村、陳峰、唐振南、田余糧『青年毛沢東』11頁。汪澍白『毛沢東早年心路歴程』27頁

33 汪澍白『毛沢東早年心路歴程』27頁

34 『毛沢東１９３６年同斯諾的談話』８〜９頁

35 中共中央文献研究室編／金冲及主編『毛沢東伝（１８９３－１９４９）』７頁。胡長水、李瑗『毛沢東之路①横空出世』（中国青年出版社、１９９３年）16頁。李鋭『毛澤東早年讀書生活』（遼寧人民出版社、１９９２年）14〜21頁

36 蔣国平『毛沢東与韶山』86〜88頁。黄露生編著『毛沢東尊師風範』（中央文献出版社、２０１１年）56〜61頁

37 高菊村、陳峰、唐振南、田余糧『青年毛沢東』14頁

38 劉剣宇『毛沢東的家世淵源』171〜174頁

39 李湘文編著『毛沢東家世（増訂本）』19頁。劉剣宇『毛沢東的家世淵源』234頁

40 中共中央文献研究室編／逄先知主編『毛沢東年譜（１８９３－１９４９）修訂本　上巻』６頁。『毛沢東１９３６年同斯諾的談話』11頁

41 『毛沢東１９３６年同斯諾的談話』９頁

42　同右
43　同右9、11頁
44　李湘文編著『毛沢東家世（増訂本）』159〜160頁
45　『毛沢東1936年同斯諾的談話』9頁
46　同右13頁
47　汪澍白『毛沢東早年心路歴程』33頁
48　蕭致治『黄興評伝（上）』（南京大学出版社、2011年）72、76頁。毛注青編著『黄興年譜長編』（中華書局、1991年）51、58頁。雷建軍「長沙明徳学堂対辛亥革命的貢献」『書屋』（2009年第7期）（中南出版伝媒集団股份有限公司）
49　『毛沢東1936年同斯諾的談話』13頁
50　汪澍白『毛沢東早年心路歴程』34頁。黄露生編著『毛沢東尊師風範』30〜31頁。趙晋「毛沢東与郷隣李漱清父子」中共中央党史和文献研究院『百年潮』（2004年第11期）
51　『毛沢東1936年同斯諾的談話』11頁
52　劉剣宇『毛沢東的家世淵源』178〜179頁
53　同右174〜176頁。中共中央文献研究室編／逄先知主編『毛沢東年譜（1893―1949）修訂本　上巻』8頁
54　『毛沢東1936年同斯諾的談話』13頁
55　龍剣宇『毛沢東青春啓示録』55、59〜60頁
56　同右58頁
57　高菊村、龍剣宇、陳高挙、劉建国、蒲蘆『毛沢東故土家族探秘』178頁。劉剣宇『毛沢東的家世淵源』234〜235頁。『毛沢東1936年同斯諾的談話』14頁。『毛沢東1936年同斯諾的談話』16〜17頁。龍剣宇『毛沢東青春啓示録』59〜60頁。趙志超『毛沢東和他的父老郷親』（湖南文芸出版社、1992年）126頁
58　劉剣宇『毛沢東的家世淵源』239頁

59 同右

60 金冲及主編／村田忠禧、黄幸監訳『毛沢東伝（上）１８９３―１９４９』（みすず書房、１９９９年）８～９頁

61 中共中央文献研究室編／逄先知主編『毛沢東年譜（１８９３―１９４９）修訂本　上巻』８頁。劉剣宇『毛沢東的家世淵源』236頁

62 唐春元、肖鵠、石海平、王瑩莎「東山学校是所好学校」中共湖南省委員会『新湘評論』（２０１６年第５期）「新湘在線」https://web.archive.org/web/20160304232129/http://www.xxplzx.com/xxplml/frgl2007/jdhn2008/t20100119_279936.htm. 黄露生編著『毛沢東尊師風範』97頁

63 『毛沢東１９３６年同斯諾的談話』14～15頁

64 蕭三『毛沢東的青少年時代』（湖南大学出版社、１９８８年）20～21頁

65 『毛沢東１９３６年同斯諾的談話』15頁

66 黄露生編著『毛沢東尊師風範』77頁

67 同右 68頁

68 同右 78頁

69 蕭三『毛沢東的青少年時代』21頁

70 黄露生編著『毛沢東尊師風範』88頁

71 『毛沢東１９３６年同斯諾的談話』16頁

72 李湘文編著『毛沢東家世（増訂本）』167～168頁

73 蕭三『毛沢東的青少年時代』22～23頁

74 同右 21頁

75 同右

76 汪澍白『毛沢東早年心路歴程』43頁

77 『毛沢東１９３６年同斯諾的談話』15頁

78 梁啓超『清代学術概論』（東方出版社、１９９６年）77頁。段慧群「朱光潜読書不打〝消耗戦〟」『人民政協報』２０１５－07－30期11版）http://politics.people.com.cn/n/2015/0730/c70731-27383789.html

79 汪澍白『毛沢東早年心路歴程』43～44頁。中共中央文献研究室編／金冲及主編『毛沢東伝（１８９３－１９４９）』９頁。李鋭『毛澤東早年讀書生活』55頁

80 蕭三『毛沢東的青少年時代』29頁、88頁注⑭

81 雷家聖『力挽狂瀾　戊戌政變新探』（萬卷樓圖書股份有限公司、２００４年）133、142頁

82 茅海建『戊戌変法史事考』（生活・読書・新知三聯書店、２００５年）490、496～503頁

83 丁文江、趙豊田編　欧陽哲生整理『梁任公先生年譜長編』（中華書局、２０１０年）79、81頁

84 『毛沢東１９３６年同斯諾的談話』15頁

85 汪澍白『毛沢東早年心路歴程』50頁

86 夏暁虹編『梁啓超文選上集』（中国広播電視出版社、１９９２年）102～152頁

87 中共中央文献研究室編／逄先知主編『毛沢東年譜（１８９３－１９４９）修訂本　上巻』９頁

88 『毛沢東１９３６年同斯諾的談話』17頁

89 黄露生編著『毛沢東尊師風範』88頁。龍剣宇『毛沢東青春啓示録』72頁。中共中央文献研究室編／金冲及主編『毛沢東伝（１８９３－１９４９）』11頁

90 『毛沢東１９３６年同斯諾的談話』17頁

91 三石「禹之謨為革命興学育才」湖南省文史研究館『文史拾遺』（２０１１年３期総85）http://www.changsha0731.cn/wssy/index.php?m=content&c=index&a=show&catid=3&id=201

92 『毛沢東１９３６年同斯諾的談話』18頁

93 范忠程主編『青年毛沢東与湖南思想界』（湖南出版社、１９９３年）71頁

94 黄興著／文明国編『黄興自述（下）』（深圳報業集団出版社、２０１１年）443頁

95 蕭致治『黄興評伝（上）』170頁。毛注青編著『黄興年譜長編』184頁

96 『毛沢東１９３６年同斯諾的談話』18頁

97　同右17頁
98　同右18頁
99　同右
100　蕭功秦「清末〝保路運動〟的再反思」『戦略与管理』1996年6（第19期）
101　「本会総記」中共中央文献研究室、中共湖南省委『毛沢東早期文稿』編輯組編『毛沢東早期文稿（内部発行）』（湖南出版社、1990年）647頁。同書の2013年版は、一般公開されている。
102　『毛沢東1936年同斯諾的談話』18頁
103　同右19頁
104　毛注青編著『黄興年譜長編』60頁
105　汪澍白『毛沢東早年心路歴程』58頁
106　蕭三『毛沢東的青少年時代』31頁
107　『毛沢東1936年同斯諾的談話』19頁
108　同右20頁
109　同右
110　汪樹白『毛沢東早年心路歴程』59頁。楊鵬程「辛亥革命焦達峰、陳作新被戕案所証所説―従『平齋五十自述』等史料看焦、陳事変」『近代史研究』（1995年第2期）（中国社会科学院近代史研究所）、程訴「湖南：湘軍支援武昌力戦清軍」人民日報社『文史参考』（2011年第19期総第43期）
111　龍剣宇『毛沢東青春啓示録』74頁
112　『毛沢東1936年同斯諾的談話』21頁
113　同右20～21頁。蕭三『毛沢東的青少年時代』32頁
114　龍剣宇『毛沢東青春啓示録』76頁。『毛沢東1936年同斯諾的談話』21頁
115　『毛沢東1936年同斯諾的談話』21頁。蕭三『毛沢東的青少年時代』36頁。龍剣宇『毛沢東青春啓示録』76頁

116 『毛沢東1936年同斯諾的談話』22頁。
117 『毛沢東1936年同斯諾的談話』22頁。龍剣宇『毛沢東青春啓示録』77頁
118 『毛沢東1936年同斯諾的談話』22頁。蕭三『毛沢東的青少年時代』39頁
119 『毛沢東1936年同斯諾的談話』23頁。蕭三『毛沢東的青少年時代』39頁
120 『毛沢東1936年同斯諾的談話』24頁。蕭三『毛沢東的青少年時代』40頁
121 『毛沢東1936年同斯諾的談話』23頁。龍剣宇『毛沢東青春啓示録』79頁。『毛沢東1936年同斯諾的談話』103～104頁。暁樺「現存毛沢東最早的中学的作文手稿」中国共産党湖南省委員会『新湘評論』(2012年第23期)
122 小川環樹、今鷹真、福島吉彦訳『史記列伝(一)』(岩波書店、1975年)107～108頁
123 「商鞅徙木立信論」中共中央文献研究室、中共湖南省委『毛沢東早期文稿』編輯組編『毛沢東早期文稿』1～2頁
124 中共中央文献研究室編/逄先知、馮蕙主編『毛沢東年譜(1949―1976)第5巻』(中央文献出版社、2013年)366頁。1964年6月24日、アフリカのマリ共和国代表団と会見した時の発言。
125 『毛沢東1936年同斯諾的談話』24頁。高菊村、陳峰、唐振南、田余糧『青年毛沢東』24頁
126 『毛沢東1936年同斯諾的談話』24頁
127 同右
128 『毛沢東1936年同斯諾的談話』24頁
129 龔育之、逄先知、石仲泉『毛沢東的読書生活』89頁。李鋭『毛澤東早年讀書生活』71～83、79頁。蕭三『毛沢東的青少年時代』41頁
130 李鋭『毛澤東早年讀書生活』24頁。高菊村、陳峰、唐振南、田余糧『青年毛沢東』24頁。王憲明、舒文「近代中国人対盧梭的解釈」『近代史研究』(1995年第2期)
131 李鋭『毛澤東早年讀書生活』24頁。高菊村、陳峰、唐振南、田余糧『青年毛沢東』24頁。蕭三『毛沢東的青少年時代』41頁

132 蕭三『毛沢東的青少年時代』41頁
133 李鋭『毛澤東早年讀書生活』71頁
134 孫応祥『厳復年譜』（福建人民出版社、2014年）15～16頁
135 同右33、47頁
136 同右76頁
137 朱修春主編『厳復学術档案』（武漢大学出版社、2015年）60～65頁。李鋭『毛澤東早年讀書生活』74頁。B・シュウォルツ著／平野健一郎訳『中国の近代化と知識人　厳復と西洋』（東京大学出版会、1978年）93頁
138 「『倫理学原理』批注」中共中央文献研究室、中共湖南省委『毛沢東早期文稿』編輯組編『毛沢東早期文稿』200頁。李鋭『毛澤東早年讀書生活』75頁。中共中央文献研究室編／金冲及主編『毛沢東伝（1893－1949）』30頁
139 蕭三『毛沢東的青少年時代』41頁。『毛沢東1936年同斯諾的談話』24頁
140 『毛沢東1936年同斯諾的談話』25頁
141 『毛沢東1936年同斯諾的談話』25頁。中共中央文献研究室編／金冲及主編『毛沢東伝（1893－1949）』16頁。
142 李鋭『早年毛澤東』（遼寧人民出版社、1993年）34頁

第二章

湖南第一師範

師範学校入学

1913年春、毛沢東は、「湖南省立第四師範学校予科」に入学した。トップの成績で合格したという説もあるが、決定的な証拠はない。彼の作文を見た校長が「このような文章を書けるものが、我の同僚に何人いるだろうか？」と驚嘆したという逸話もある。これが事実なら、またしても得意の作文が威力を発揮したわけだ。[1]

第四師範学校の校長は、湖南省教育局長も務めた陳潤霖《ちんじゅんりん》（1879～1946）だった。東京の弘文学院師範科に留学し、陳天華等とも交流があった人物である。

1914年3月、第四師範生は、第一師範に編入となり、毛沢東は、予科に振り分けられた。第四師範にいれば、本科に進級できるはずだったが、第一師範の新学期は、秋からだったため、予科に半年余分に在籍する羽目となった。[2]

それでも居心地が良かったのか、毛沢東は、第一師範を中途退学することはなかった。「その後、あらゆる広告の誘惑に抵抗した。最後には、意外にも卒業証書を手にした」と言っているので、5年以上も在籍したことが、自分でも信じられなかったのだろう。[3]

実際、合併は、悪い話ではなかった。第一師範は、毛沢東がそれまで通った学校とは比べ物にならないくらい優れていたからだ。[4] 校舎は、長沙唯一の近代建築で、人々は〝洋館〟と呼んだ。同校は長沙随一の〝金持ち学校〟であり、文房具や制服もただで支給された。

教員も有能で、著名人が多かったが、それは、待遇がよかったからだ。空きができると、上海など遠方から応募してきたほどである。毛沢東の恩師で後に北京大学の教授に招かれた楊昌済《ようしょうさい》のような逸材が集まったのは、そのためだった。[5]

運命の出会い

第一師範が、毛沢東に与えた影響は計り知れず、彼は後年、こう振り返っている。

「私は大学に入学したことはなく、外国に留学したこともない。私の知識と学問は、第一師範で基礎を築いたのである。第一師範はいい学校だった[6]」

「私はここで多くの事を経験した。私の政治思想は、この時期に形成され始めた。最も早い社会経験もここで手にした[7]」

当初は、長沙に残るための苦肉の策だったが、第一師範が毛の運命を決めたと言っても過言ではない。この学校に入っていなければ、恩師・楊昌済に出会うこともなく、彼を介して中国共産党創設者の陳独秀や李大釗《りたいしょう》（後述）と知り合うこともなかったはずだ。ともに「新民学会」を組織し、後に共産党の同志となった友人たちに出会うこともなかっただろう。

第一師範は当時、「辛亥革命」後の教育改革に即した先進的な学校だった。１９１２年、南京臨時政府教育総長（文部大臣に相当）に就任した蔡元培《さいげんばい》（１８６８〜１９４０）が、「忠君」と「尊孔（孔子を敬う）」を基礎とした旧来の教育を改め、「実利教育、軍国民教育、美感教育」という方針を打ち出すと、第一師範の校長に着任した孔昭綬《こうしょうじゅ》は、大胆な改革を行った。「主体性、啓発型教育」をモットーに、技能会（後に学友会と改名）を設け、学生の自治能力を高め、開明的な教員を招聘するなど、民主的な学校運営を行った。学友会は、学内の活動にとどまらず、労働者夜学を開いたり、農場や工場の実習を行ったりした。

孔昭綬は１８７６年、湖南省長沙府瀏陽県（現在の瀏陽市）の生まれで、孔子の第七十一代の子孫である。彼も厳復の『天演論』に感化され、号は「競存（物競天択＝生存競争、自然淘汰に由来）」を名乗っていた。「秀才」の資格を持っていたが、科挙が廃止され、仕官の道が絶たれたため、湖南省優級師範学堂に進学し、日本の法政大学に留学した。

帰国後、第一師範の校長を務めたが、１９１３年の「第二革命（孫文ら国民党が決起し、袁世凱打倒を目指したが、鎮圧された）」で反袁世凱の檄文を発表したため、革命失敗後、北洋軍閥の湯薌銘《とうきょうめい》（１８８５〜１９７５）に捕まりそうになる。そこで日本に逃れ、再び法政大学で学んだ。その後、袁世凱が死ぬと、第一師範の校長に返り咲いたが、北洋軍閥の張敬堯《ちょうけいぎょう》（１８８１〜１９３３）が湖南に乗り込み、またしても辞任に追い込まれた。

これでは、とても学生が学業に集中できるような環境ではない。辛亥革命以後、情勢は落ち着くどころか、むしろ悪化した。軍閥が南北に分かれて対立し、湖南は南北に移動する〝通り道〟に当たるので、兵禍に巻き込まれたのだ。

第一師範は、鉄道に近い交通の要所にあり、校舎も広いため、軍隊にとっては格好の駐屯地だった。おまけに同校には、孔昭綬のように当局に歯向かう者がおり、駐屯を口実にして鎮圧できるため、好都合だったのである。

軍閥の粛清は凄まじく、湯薌銘は、財政局長の楊徳麟《ようとくりん》（毛沢東の恩師・楊昌済の従兄）や内務局長の蕭仲祁《しょうちゅうき》等を一斉に逮捕し、袁世凱の命令にしたがい、数人を銃殺刑に処した。[8]

このように、毛沢東の第一師範時代は、軍閥が跋扈《ばっこ》する劣悪な環境にあったにもかかわらず、「私の学問は、第一師範で基礎を築いた」と断言できたのは、同校の教職員の奮闘によるところが大きい。

張敬堯の時代は、軍に学校が占拠され、経費の支給が半年間も停止され、食費にも事欠く状況だったが、教職員は、なんとか頑張って授業を続行した。

その頃書かれた学校の日誌（1918年5月付『一師校誌』）には、「三、四、五月の経費は悉《ことごと》く未支給。極めて困難。各教職員は、枵腹《きょうふく》従公（空腹で公務に従事する）。通常通り、授業は行う。弦歌不輟《ふてつ》（出所は荘子・秋水など。教育は止めないという意味）」とある。[9]

恩師・楊昌済

毛沢東は、第一師範で生涯の恩師ともいうべき教師に出会っている。日本留学帰りの楊昌済である。のちに毛沢東は、「私に最も深い印象を与えた先生は楊昌済だった」と語ったが、毛の同級生だった蕭三は、楊昌済についてこう書いている。

「楊先生は決して弁が立つ方ではなく、もったいぶった様子もなかったが、講義を聞く者を引きつけ、尊敬させ、みな彼の道徳と学問に敬服した。彼の講学精神により、その周りには、真剣に思索し、学ぼうとする学生たちの集団が形成された。……楊先生はこう言われた。「人は理想がなければならない」「哲学思想の無い人間は低俗だ」……彼は中国と西洋の哲学を語り、青年の前途を語り、人が持つべき人生観、世界観、宇宙観を我々に語った。……当時、毛沢東同志に与えた影響は頗《すこぶ》る大きかった[10]」

蕭三の兄であり、毛沢東の上級生かつ友人でもあった蕭子昇も、「楊先生は大変な博学で人格者、志操堅固な人だった。その行いには一点の非の打ちどころもなく、孔子に精通していたので、先生の友人や学生たちは「孔子」と崇めていた」と言っている。毛沢東も「道徳的に高尚な人だった」と称賛した[11]。

ただ、着任当初は、学生に不人気だった。蕭子昇によれば、「凄い優秀な教師が来るという噂でもちきりだった」が、「おずおずした調子で、初めから終わりまで講義のノートを読みあげるだけ。説明もしなければ、質問も受けつけないで授業をすませてしまうので、みながっかりしてしまった」。

それで、学生たちが、「くびにしろ、さもなければストライキをやる」と騒いだが、他の教師とは異なり、自作のテキストを用い、「能弁ではなかったが、その一語一語は極めて含蓄に富んでいた」ので、「みなその講義に感心し、先生を尊敬するようになった」。そしてやがて、「第一師範の孔子」と称えられるようになったという。[12]

楊昌済は、1871年、長沙県清泰郷板倉冲に生まれた。清泰郷は現在、「開慧鎮開慧村」と改名されているが、これは、楊昌済の娘で、毛沢東の妻となった楊開慧にちなんだものだ。

楊昌済は、7歳から父の塾で学び、19歳で科挙の童試に合格し、「秀才」になったが、郷試は合格できなかった。その後、「戊戌変法」に感化され、譚嗣同（後述）に傾倒するが、「戊戌変法」が失敗し、譚が処刑されると、故郷にもどり、塾で教えながら王船山《おうせんざん》（後述）等の著作を読みふけった。この頃、留学を考えていたのか、日記に「毎日、英語を十文字書く」と書き留めている。[13]

楊昌済に転機が訪れたのは、1902年である。公費留学生に選ばれ、日本留学が決まったのだ。留学生派遣は、清朝の教育改革の一環であり、新式の学校の教員養成のためだった。

東京に着いた楊昌済は、弘文学院に入学し、同学院卒業後、学院長の嘉納治五郎から優秀と認められ、嘉納が校長を務めていた東京高等師範学校に入学したが、ここで英国留学のチャンスが回ってくる。[14]

清朝の欧州留学生総監の秘書として英国に行くことになった従弟の楊毓麟《よういくりん》（1872〜1911。楊徳麟の弟）が、総監に推薦し、英国に留学できることになったのである。[15]当時、日本留学は「銀メッキ」、欧米留学は「金メッキ」と言われていたので、願ってもないことだった。[16]

楊昌済は1909年、高等師範を退学し、スコットランドのアバディーン大学に留学し、1912年に同大学を卒業した。その後、ドイツで教育事情を視察し、翌年春、10年にわたる留学生活に終止符を打ち、帰国の途についた。

〝金メッキ〟の西洋留学で学位を取得して帰国したのだから、引く手あまたである。時の湖南督軍（軍政長官）譚延闓から教育局長のポストに招かれたが、楊昌済はそれを固辞し、湖南高等師範学校（当時の湖南の最高学府）の教師となり、第四師範でも授業を兼担した。

これは、賢明な選択だった。というのも、間もなく孫文の「第二革命」は失敗し、袁世凱が反撃に出て、湖南で粛清の嵐が吹き荒れたからだ。その時、湖南省財政局長だった従兄の楊徳麟は、湖南都督（軍政長官）の湯薌銘に捕えられ、銃殺刑に処された。

楊昌済はその後も学問に専念し、西洋の教育事情を紹介し、教育改革を呼びかけた。夜学を設けて社会人の教育レベルを上げ、学生に衛生習慣を養わせ、生産技術を習得させるべきだと主張した。授業時間数が多すぎ、学生の負担が重すぎると指摘し、改善を呼びかけた。

旧来の秩序が崩壊の危機にさらされ、出口が見えない若者にとって、これ以上の教師はいなかっただろう。毛沢東ら学生たちは、「哲学グループ」を立ち上げ、楊に顧問になってもらい、授業以外の日にも指導を受けた。

毛沢東は、楊昌済に心服し、友人に宛てた手紙に、「楊先生の涵養の宏さと深さには、とても及ぶものではない」と書いている。[17] 夏休みには、韶山に帰省せず、長沙郊外の自宅にいた楊昌済に会うため、60キロの道のりを歩いて訪ねたほどである。[18]

「講堂録」

楊昌済は当時、どのような授業をしていたのだろうか？

それを伝える史料が一つだけある。毛沢東の「講堂録（講堂は教室という意味）」である。このノートを見ると、「いかに生きるべきか」が、授業のテーマだったとわかる。「講堂録」から垣間見えるのは、〃独立心〃〃奮闘〃〃勤勉〃〃品徳〃〃細心〃〃持続〃〃積み重ね〃〃理想〃〃実行〃といった価値の大切さを繰り返し説く楊昌済の姿である。

「理想を高尚にせよ（理想を立て、一言一動がその理想に合致するようにする）」

「怠惰は、万悪の巣窟である。国家が怠惰になれば、進歩せず、後退する。衰退し、ついには、滅亡する。恐るべきことだ！」

「利益を好まない。早起きをする。読書を好む。謙虚。これを良い習慣と言う[19]」

もっとも、〝修養〟の道を教えることだけが、楊昌済の目的ではなかった。彼のまなざしは、中国の惨状に向けられていたのだ。

中国は、「辛亥革命」を成し遂げたが、国情はいまだ混迷を極めている。楊昌済は、「文弱な者が多ければ、国力は振るわない。我が国がそうだ」と指摘し、学生たちに「日本の学校は運動を最も重視している。西洋もまた然り。これこそが、文弱さを治す道だ」と教えた。[20]

〝湖湘学派〟の伝統

楊昌済は、留学帰りだったが、単なる〝欧化主義者〟ではなく、「過去と現在を貫き、中国と西洋を融合する」ことを目指していた。[21]

たとえば、帰国後、雑誌に寄稿した論文には、「国家は一有機体」であり、「取り外せば、死んでしまう」ので、「一国の文明を丸ごと他国に移植することはできない」と書いている。[22]

他の論文でも〝欧化主義〟を批判し、「外国語を重視し、国文を軽視することが学生の通弊となっている」と懸念を露わにした。[23]

彼がこれらの文章を発表したのは、毛沢東たちに「修身」を教えていた頃だった。倫理学を教えた時も同じで、日記には、「西洋の倫理学説に加え、中国の先儒、たとえば、孔子、孟子、周（周《しゅう》敦頤《とんい》）、程（程顥《ていこう》と程頤《ていい》）、張（張載《ちょうさい》）、朱（朱熹《しゅき》＝朱子《しゅし》）、陸（陸九淵《りくきゅうえん》）、王（王守仁《おうしゅじん》＝王陽明《おうようめい》）、船山（王夫之《おうふうし》＝王船山）の学説も取り入れる」と記されている。[24]

〝国学〟を重んじたのは当然である。なぜなら、子供の頃から父に私塾で仕込まれたからだ。楊昌済は、宋明《そうみん》の理学《りがく》だけでなく、湖南の思想家である王船山、曽国藩、譚嗣同にも精通していた。

宋明の理学とは、儒教、仏教、道教を融合した新儒学のことであり、北宋の周敦頤（１０１７〜73。現在の湖南省永州市道県出身）が開祖だが、「湖湘学派（湖南の儒学の学派）」の基礎を固めたのは、胡安国（１０７４〜１１３８）と息子の胡宏（１１０５〜61）である。

胡安国は、建寧崇安（現在の福建省武夷山市）出身だが、戦火を避けて湖南に逃れ、湘潭にある隠山（別名「龍王山」）にこもって著作に没頭し、息子の胡宏の門下から多くの人材が輩出した。なかでも張栻《ちょうしょく》（１１３３〜80）は有名で、彼によって「湖湘学派」の存在が世に知られるようになった。

楊昌済も「湖湘学派」の流れを受け継いでおり、毛沢東の「講堂録」には、宋明理学の思想家の格言があちこちに記されている。

程子《ていし》（程顥・程頤。二程子とも言う）曰《いわ》く「小人合《まさ》に小とすべからず。他《かれ》本是《こ》れ悪ならず（小人も同じ人間であり、悪ではない。軽んじてはならない）[25]」

張載曰く「天地のために志を立て、生民のために道を立て、往聖のために絶学を継ぎ、万世のために太平を開く（天地のために志を立て、民のために道を立て、昔の聖人のために途絶えた学問を継承し、万世のために太平の基を開く）[26]」

日本でも馴染みの「朱子学」は、朱熹が周敦頤・程顥・程頤らの学説を体系化したものである。楊昌済は、特に朱熹を信奉していたので、毛沢東も触発されて朱熹の著作を読んだ。

毛沢東がその頃書いた手紙に、朱熹の文章が出て来るのはそのためである。たとえば、蕭子昇に宛てた手紙の冒頭には、「凡《およ》そ天下の物に即きて、その已《すで》に知るの理によって益々これを窮め」という朱熹の言葉が出てくる。[27]

毛沢東は、この手紙の中で、ハーバート・スペンサーの『群学肄言（社会学原理）』（厳復訳）に触れ、「学問の道はここにあり」と絶賛しているが、「やはりその要となるのは、国学である」と締めくくっている。[28]

毛沢東が国学に夢中だったのは、理系がダメだったこともあるだろう。関心がない授業の時には、教科書の下に自分の好きな本を隠して読んでいたし、授業をさぼる時さえあった。大の苦手の数学の試験は、解答用紙を白紙のまま提出したこともある。[29]

当時、毛沢東が友人や教師に宛てた手紙には、「科学がとくに煩雑で嫌だ」「ここは勉強する場所ではない」「不自由だ」「レベルが低い」と不平不満を書き連ねているが、彼には、学校をやめられない事情があった。[30]

やめれば、実家にもどって農業をやる羽目になるので、それだけは絶対に避けたかったはずである。友人の湘生に「夏休みは住むところも定まっていない。省城（長沙のこと）にいたいが金がない。家に帰るしかない」と愚痴を言っている。[31]

運よく、第一師範の教育方針は、毛沢東に有利だった。苦手な科目が零点でも、得意科目で点数をかせぎ、平均点を6割にすれば、進級することができたからである。[32]

校長追放運動

学校側は、毛沢東の扱いに手を焼いていたようである。

蕭三によれば、毛が「校規に従わない」ことを問題視し、三度も退学させようとしたが、楊昌済らが反対し、なんとか処分をまぬがれたという。[33]

第一師範の「校規」といえば、毛沢東はスノーとの談話で、「この学校は規則が大変多く、私は極めてわずかの規則しか同意できませんでした」と語っている。[34]

友人の蕭子昇も、「規則ずくめで、なにをするにも、きちんと時間が決まっていた。軍隊式でいちいちラッパで合図するようになっていた。こうした規則ずくめの生活に反感を抱いていた毛沢東と私は、しばしば合図のラッパをすっぽかした」と言っている。[35]

毛沢東には当時、二つの顔があったといわれている。一つは、礼儀正しく、寡黙な男という普段の顔。そしてもう一つは、反逆者の顔である。[36]

当時、教員と起こしたトラブルが、いまでも語り草になっているが、中でも際立っているのが「校長追放運動」である。毛沢東はこの時、危うく退学させられそうになっている。

事の発端は、1915年、第一師範の校長・張幹が、省議会の決定にしたがい通知した雑費十元の徴収である。これに学生たちが猛反発し、「張幹が政府の機嫌をとるために自分から言い出した」という噂が流れ、校内は騒然とした。もともと毛沢東ら第四師範出身の学生は、合併で半年間多めに学ぶ羽目になり、不満がたまっていた。

そうした噂が流れたのは、各学校の校長は当時、ほとんどが袁世凱を支持していたからだ。張幹は、袁世凱政権の下で始まった孔子崇拝運動（尊孔読経）を推し進め、学生や教員の反発を買っていた。

当時、各学校の講堂には、袁世凱の「大総統訓令」が掲げられ、思想統制が強化されていた。「訓令」には、教師を敬え、学生運動をするなと書かれており、教員がそれを学生の前で物々しく読み上げた。学生の自由な活動は禁止され、圧政下に置かれていた[37]。

「校長追放運動」が起きたのは、袁世凱が日本の「対華二十一カ条」要求を受け入れた直後である。その頃、校内で反袁世凱の機運が高まっており、学生の不満は、爆発寸前だった。

「対華二十一カ条」とは、第一次世界大戦を機にドイツに宣戦布告し、山東省を占領した日本が、同省のドイツ権益の譲渡や南満州などの利権確保を図り、袁世凱政権に突きつけた要求である。日本政府が受諾するよう迫った最後通牒を発し、袁世凱が屈すると国民の怒りは頂点に達した。

毛沢東はこの時、校長追放を呼びかけるビラを書き、運動の火付け役になっている。当初、他の学生がビラを書いたが、張幹の不徳（不忠、不孝、不仁等）を責める内容だったので、毛沢東は、的外れだと思った。そこで、駱賓王《らくひんのう》が書いた「則天《そくてん》武后《ぶこう》討伐」の檄文をイメージして追放宣言を書き上げた[38]。

袁世凱とからめれば、学生を動員できると考えたのだろう。毛沢東は、張幹が袁世凱にこびへつらい、その威光を笠に着て威張り散らし、学校を運営できず、若者を誤った方向に導いていると非難した。その思惑は見事に的中し、これを読んだ学生が奮い立ち、全校で授業ボイコットが巻き起こった。

だが、匿名で書いたにもかかわらず、ビラの作者が毛沢東であることは、ばれてしまった。怒った校長は、毛沢東を含む17名の学生を除籍処分にしようとしたが、楊昌済らが教職員会議を開いて反対したため、難を逃れることができた[39]。

この時、むしろ割を食ったのは、張幹の方だった。この事件のせいで校長の座を追われ、学生運動を鎮圧した〝殺し屋〟という悪評が立ち、湖南にいられなくなり、北京に行って美術専門学校の教員になるしかなかった。

戦後、毛沢東が国家指導者になった後も、張幹の災難は続いた。毛沢東を迫害した〝反動的な校長〟という烙印を押され、「文化大革命」では、紅衛兵が家に押し入り、大事な書物や貯金を持ち去ってしまったのである。

毛沢東はこの時、陳情に駆けつけた張幹の息子に、「張幹先生は、毛主席が尊敬する教師である」という手紙を持たせた。そのおかげで、没収された書物と貯金は返却され、二度と紅衛兵の襲撃を受けることはなかったという[40]。

王船山

学校の授業には不満だった毛沢東だったが、「船山学社」には、足しげく通った。「船山学社」とは、譚嗣同の師・劉人熙《りゅうじんき》（1844～1919）が1914年、王船山（1619～92。王夫之）の思想を普及させる目的で開設した書院である。

毛沢東が船山学社に通ったのは、楊昌済が勧めたからだ。楊は劉人熙と旧知の仲で、学生が彼の講義を聞けば、「きっと役に立つ」と考えていた[41]。楊に勧められて、毛沢東はクラスメートと講義を聞きに行った。そのため、第一師範では当時、学生の間で船山の著作を読むことがはやった[42]。

当時、湖南の知識人がこぞって敬った王船山とは、「湖湘学派」を再興させた人物である。かつて隆盛を極めた同学派は、南宋が元に滅ぼされると息が途絶えてしまったが、明末・清初に王船山が出現すると、輝きを取り戻した。

王船山は、生前、山中に隠棲していたので世に知られていなかったが、曽国藩（後述）らが著作を広め、顧炎武《こえんぶ》、黄宗羲《こうそうぎ》とともに「明末・清初の三大思想家」と並び称されるようになった。

王船山は、湖広承宣布政使司（現在の湖北省と湖南省全域を含む地域）衡州府衡陽県（現在の湖南省衡陽市）の生まれである。〝船山〟と呼ばれているのは、晩年、衡陽郊外の石船山に湘西草堂を建てて住んだからだ。

王船山は13歳で秀才の資格を得た後、23歳で挙人に合格するなど、順風満帆の日々を送っていたが、1644年、明が滅亡し、清軍が故郷に攻め込んでくると、人生の歯車が大きく狂い始めた。一家は戦火を避けるため、南岳（別名衡山。湖南省衡陽県にある）の潜聖峰に潜伏し、船山は、友人と蜂起を計画したが、行動に移す間もなく鎮圧された。[43]

その後、清軍が湖南に攻め込んでくると、耶《や》薑《きょう》山（現在の大雲山。湖南省邵《しょう》東《とう》県の最高峰）に隠れ住み、清の追手から逃れるために、名前を変えて少数民族になりすまし、各地を放浪した。故郷にもどったのは1656年、37歳の時である。それから73歳で没するまで、山中に隠れ住み、ひたすら著作の執筆に没頭した。[44]

王船山の著作は、生前は、知られていなかったが、死後に息子の王敔《おうぎょ》が働きかけ、清朝の官僚の知るところとなり、著作の一部（清朝を批判した著作を除く）が「四庫全書」に収められた。その後、徹底した考証学的なアプローチが評価され、国史館が「儒林伝」に列挙するまでになったが、一般に知られることはなかった。

王船山の著作を世に知らしめたのは、同じ湖南人の鄧顕鶴や曽国藩である。前者が1842年に『船山遺書』150巻を刊行し、後者が1865年に同288巻を刊行（清朝を夷狄《いてき》と罵った部分などは削除するか空白にした）したことで、広く知られることになった。[45]

楊昌済が船山の著作を読み始めたのは、日清戦争がきっかけである。異民族支配に抵抗した船山の強烈な民族意識と国家存亡の危機を憂える自分の気持ちが共鳴したからだ。[46]

それだけ師の思い入れが強ければ、学生も影響を受ける。蕭三は、毛沢東が船山学社で学んだのは、船山の「民族意識」だったと言っているが、まさにそれこそが楊昌済が伝えたかったものなのだ。楊は当時、船山学社について日記にこう書いている。

「船山の一生で卓絶した所は、民族主義を主張したことにある。漢族が外来民族に支配されたことを深く恥じ入り、痛恨の極みだと感じていた。これが船山の大節だったのである。我々はそれを知るべきだ[47]」

毛沢東は、第一師範卒業後も、王船山の著作を読み続けていた。1937年、抗日軍政大学で哲学の講義をする際、『船山遺書』を読み返し、足りない巻があったので、長沙の八路軍事務所にそろえるよう依頼している。

戦後も愛読し、地方視察に出かける時に「王夫之の哲学と歴史に関する本」を携行するよう指示した記録が残されている[48]。

曽国藩に学ぶ

王船山の著作を広めた曽国藩は、楊昌済が人生の模範とした人物である。

楊昌済は、9歳から父の塾で曽の著作を読み始め、生涯にわたって読み続けた。たとえば、1914年、この時すでに留学を終えて帰国し、第一師範の教師となっていたが、日記に「昨日、曽文正（文正は、曽国藩の諡号《しごう》）公の家書《かしょ》（家族との手紙）を写し終えた。とてもうれしい」と書き留めている。[49]

これだけほれ込んでいるのだから、授業で触れないはずはない。毛沢東の「講堂録」には、曽国藩の著作から引用した言葉がちりばめられている。

たとえば、「ほらを吹かない、虚名を好まない、非現実的なことをしない、高すぎる理念を語らない」という記述があるが、これは、楊昌済が愛読した曽国藩の日記(『曽文正公手書日記』)からの抜粋である。

ここで、楊昌済は、「非現実的なことはしない」実例として、福沢諭吉を挙げている。「慶應大学を有し、教育を天職とし、利益を追求しなかった。福沢氏は学問に優れ、人に教えて倦まない志があった」と称賛し、福沢に見倣うよう学生を励ましている。[50]

尊敬する師が崇拝している人物となれば、学生も感化されるのは必至だ。毛沢東も曽国藩を手本と仰ぐようになり、「近現代の人物において、小生が敬服するのは曽文正だけです」と言い切るまでになった。[51]

曽国藩は当時、〝聖哲〟と尊ばれ、李鴻章、張之洞、袁世凱、蔣介石《しょうかいせき》、梁啓超、陳独秀など、世代や政治的立場を超え、多くの中国人の尊敬を一身に集めていた人物である。

楊昌済は当時、毛沢東の才能を高く評価し、「これだけ優秀な資質があるのは、殊《こと》のほか得難いことだ」と称賛したが、曽国藩を例に挙げ、「農家から多くの異才が出ている」と毛沢東を励ましている。[52]曽国藩は、農民の子でありながら、直隷総督等の要職を歴任し、李鴻章、左宗棠《さそうとう》、張之《ちょうし》洞《どう》とともに「清末の四大名臣」と並び称せられるまでになったからだ。

曽国藩は1811年、湖南省長沙府湘郷県（現在の湖南省婁底《ろうてい》市双峰県）の農家に生まれた。彼は、6歳から父の塾で学び始めると、破竹の勢いで科挙の試験をクリアし、ついには最難関の殿試に合格し、最高峰の進士の資格を手にした。[53]

官界に入ってからも、順調にキャリアを積み上げたが、曽国藩の名を一躍天下に轟《とどろ》かせたのは、故郷で湘軍（湘勇）を組織し、「太平天国の乱」を鎮圧した時だった。湘軍とは、湖南で組織した〝郷勇《きょうゆう》〟と呼ばれる義勇軍のことである。

毛沢東が曽国藩から学んだのは、兵法の極意であり、のちに人民解放軍の指揮に活用した。

曽国藩は、湘軍を民兵の寄せ集めではなく、組織・訓練・主義を備えた軍隊にした。彼が定めた兵士の選出基準は、「郷民壮健朴実者（農民で壮健朴訥実直な者）」だった。農民なら、腐敗した正規軍の兵士と異なり、訓練しやすいからだ。[54]

しかし、農民の自警団レベルでは、太平天国軍には太刀打ちできない。そこで曽国藩は、明朝の名将・戚継光《せきけいこう》（1528〜88。倭寇の平定で名を挙げた武将。農民らを訓練して戚家軍《せきかぐん》と呼ばれる新軍に組織し、倭寇を討伐した。実戦的な兵法書の『紀效《きこう》新書』は日本でも読まれた）の兵法を参考にし、湘軍を営、哨、隊（各営は四哨、各哨は八隊からなる）に分けて戦闘訓練をほどこし、精鋭部隊を作り上げた。

指揮官の選抜に際しては、「忠義血性（忠義に厚く勇気があり正直）」の気質を有していることを重視した。[55]

もちろん、いくら精鋭部隊を組織しようとしても、メリットがなければ、兵士になりたい者などいない。そこで曽国藩は、緑営《りょくえい》（旧明軍を改編した漢族主体の軍。旗を緑にしたので八旗と区別して緑旗ともいう）の給料が少ないことを知っていたので、それよりも待遇をよくした。

そしてなんといっても、湘軍の強みは、地縁や血縁等に裏づけられた〝団結力〟だった。曽国藩は、家族、儒者仲間、弟子、友人等を指揮官にすえ、その指揮官が部下を選び、部下が兵卒を集めるという仕組みをつくったため、正規軍よりはるかに士気が高かった。[56]

毛沢東が１９４７年に制定した人民解放軍の軍紀「三大紀律・八項注意」は、曽国藩の「愛民歌」にそっくりである。「愛民歌」は、「行軍する時は、まず民を愛せ」「人の家の戸板（兵士がベッド代わりにした）を持って行くな」「民家を取り壊し、レンガを持って行くな」「苗を踏みつけ、田畑を荒らすな」と注意しているが、これは、「三大紀律・八項注意」の中の「穏やかに話せ」「人を殴ったり、罵ったりするな」「物を壊したら弁償しろ」「農作物を損なうな」を彷彿させる。

「人の家の戸板を持って行くな」は、「三大紀律・八項注意」には入っていないが、それ以前の「三大紀律・六項注意」（１９２８年）には、「戸板をつけろ」が含まれていた。[57]

曽国藩は、「民を愛することは、兵を治める上での第一の要義である」という原則に基づき、「兵士には、民の邪魔をさせてはならない」と戒めたが、毛沢東は、第一師範在学中にこれを知っていた。[58]

「講堂録」には、「曽文正八本（曽国藩の家訓）」を書き留めた部分があり、それには、「行軍は、民の邪魔をしないことを本とする」と書かれている。[59]

「愛民歌」には、「兵士と民は一家の如く」というくだりもあるが、これはまさに、毛沢東が語った「軍民団結如一人、試看天下誰能敵（軍と民衆が一人の人間になったかのように団結すれば、向かうところ天下敵なし）」と相通じるものがある。[60]

譚嗣同

ここまで、毛沢東に思想的影響を与えた王船山、曽国藩について述べてきたが、もう一人忘れてはならない人物がいる。戊戌政変で処刑台の露と消えた譚嗣同だ。楊昌済が、〝仁の人〟だと崇めた維新派の烈士である。その傾倒ぶりは、楊が書いた文章を見れば明らかだ。

「人は哲学がなければならない。ソクラテス、プラトン、アリストテレスは皆、黙想の生活を以て人類最高の幸福とした。……人類が他の動物と異なるのは、理性があるからだ。……私は篤生（楊毓麟の字）の家で初めて譚瀏陽（譚嗣同のこと。原籍の湖南省瀏陽にちなみ、こう呼んだ）の『仁学』を読んだ時、そのような感想を抱いた。その時、譚瀏陽の英霊が宇宙に充塞《じゅうそく》（満ちふさがること）し、二度と死滅することはないと感じた[61]」

譚嗣同は、北京生まれの湖南人である。父が清朝の高官だった関係で一家は北京に住んでいたが、原籍は、湖南省瀏陽県（現在の瀏陽市）だ。父は出世して湖北巡撫（湖北の長官。当時の地方トップは、下から知県→知府→道台〔道員〕→巡撫の順）になったが、「戊戌政変」で息子に連座し、北京から追放された。故郷で監視下に置かれたまま、失意のうちにこの世を去った。

譚嗣同は、〝行動派〟で、学者タイプではなく、科挙の試験をなんど受けても不合格だった。[62]彼の同志だった梁啓超は、「任侠を好み、剣術を善くした」と言っている。[63]

譚嗣同は、名家の御曹司には珍しく、庶民と交わり、武術の達人「大刀王五（王正誼）」から武術を習ったりした。「大刀王五」は、武術が盛んな直隷（現在の河北省）滄州《そうしゅう》出身の回族だった。回族は、査拳などの武術を生み出し、著名な武術家を輩出したことで知られる。

当時、武術の達人といえば、荷物を護送する鏢《ひょう》師《し》などを生業とし、会党のメンバーになっている者も多かった。

梁啓超は、「戊戌政変」で西太后が光緒帝を幽閉した時、譚嗣同は「侠士（侠客）と陛下（光緒帝）を救い出そうとしたが、成功しなかった」と書いているが、この〝侠士〟は「大刀王五」であり、譚嗣同が処刑された後、遺体を埋葬したのも彼だという言い伝えがある。[64]

譚嗣同は生前、中国各地を駆け回り、清朝の腐敗ぶりと民衆の苦境を目の当たりにした。[65]政治に関わる転機となったのは、日清戦争（１８９４～95）で清が日本に惨敗を喫した時だ。「もはや国としての体を成していない」と危機感を抱き、梁啓超と湖南に「時務学堂」を立ち上げ、「南学会」を組織し、変法維新の急先鋒として活躍した。[66]

譚嗣同も曽国藩と同じく、王船山の熱烈な信奉者だった。その傾倒ぶりはかなりのもので、「船山に私淑する」「過去５００年の学者の中で、真に天と人の道理を理解しているのは船山一人である」と言い切るほどだった。[67]

強大な明が、異民族の手によってあっけなく滅ぼされたのはなぜか？
これが明朝の遺臣・王船山が解き明かそうとした謎であり、たどり着いた答えは、「天下者、非一姓之私也（天下は、一姓の私有物ではない）」だった。[68]
〝一姓〟とは皇帝のことである。船山は、皇帝による国家の私物化こそが諸悪の根源であり、その結果、社会の活力が失われ、外敵に屈し、崩壊に至ったと論じた。彼は、そのような皇帝は「革《あら》めてもよい」と喝破した。[69]
船山の死から200年がたち、船山の思想があらためて注目されたのは、国家が再び滅亡の日を迎えようとしていたからだ。まるで船山が乗り移ったかのように、譚嗣同も君主独裁を痛罵した。
「君主は天下を袋に入れた私有財産だと思っている。天下の民は犬馬《けんば》土芥《どかい》（犬や馬、土やごみ）なのだ[70]」
湖南の長沙は当時、変法維新の〝聖地〟だった。湖南巡撫・陳宝箴の支持のもと、新学を教える「時務学堂」が設けられ、譚嗣同は梁啓超とともに教鞭を取っていたほどだ。
楊昌済は、譚嗣同から民権思想を学んだ。南学会の講演会を聞きに行き、譚嗣同に質問した時のことである。「天下の大徳を生と曰《い》う」（『周易』）の解釈について聞くと、答えは、「民を以て主とするである」だったと第一師範の学生に話したことがある。[71]
楊昌済はこの時期、変法維新に夢中になり、南学会に入会し、講演会に欠かさず足を運んだ。そこで譚嗣同の話を聞き、たちまち〝信者〟になったのである。

その思いは、留学から帰っても変わらず、1915年3月の日記に、「譚瀏陽の仁学を読むにおよんで、豁然貫通《かつぜんかんつう》（悟ったという意味。朱熹の『大学章句』に出て来る言葉）した。心力が邁進すれば、向かうところ敵なしだ」と書いている。[72]

尊敬する先生がこれだけ夢中になれば、学生たちも真似をする。毛沢東もこの時、〝心力〟の虜になり、「人の心力と体力を合わせれば、やれないことはない」と熱く仲間に語っている。[73]

楊昌済は当時、〝不滅〟という言葉も好きで、『国民』（1919年1月）に寄稿した「学生に告ぐ」は、「物質は不滅、勢力は不滅である。精神が到達すれば、すべてが可能だ」と締めくくっているが、これも譚嗣同の『仁学』に出てくる。毛沢東もこれが気に入り、楊昌済が授業で使用したテキスト（『倫理学原理』）に「精神の不滅、物質の不滅」と書き込んでいる。[74]

〝変化〟も、毛沢東がこの時期、好んで使った言葉であり、彼が書いた「体育の研究」（後述）には、「人の身体は、蓋《けだ》し日々変化している」というくだりがある。これは、譚嗣同が『仁学』に書いた「容貌と顔色は、日々変わる」にそっくりだ。楊昌済もその頃、「万物は常に変化している。一つも変化しないものはない。我もまた然り。私の思想、私の身体は、常に違っている」と書いている。[75]

実は、この〝変化〟も、元をたどれば、王船山に行きつく。船山は、「故物《こぶつ》（古物）を守って日新《にっしん》（日々新しくなっていくこと）しなければ、消滅せずとも、槁《か》れて死んでしまう。趨勢を見極め、あらためて「日新し、困窮することはない」こそ、「日新し、困窮することはない」と言っている。[76]

おそらく、この〝変化〟の思想こそが、毛沢東に最も深遠な影響をもたらしたといえるだろう。1937年の『弁証法唯物論（講義要綱）』第3章第1節「矛盾の統一法則」（後に「矛盾論」と命名され『毛沢東選集〔第1巻〕』に収められた）の中で、毛沢東は、こう言っている。

「いかなる事物の内部にも、新旧二つの面の矛盾があり、一連の曲折した闘争を形成している。闘争の結果、新しい面が小から大に変化し、支配的なものに上昇し、旧《ふる》い面は、大から小に変化し、徐々に滅亡に帰するものに変化する[77]」

この時、すでにマルクス主義者になっていた毛沢東にとって、〝旧いもの〟とは、消滅すべき資本主義社会とブルジョア階級であり、〝新しいもの〟とは、社会主義社会とプロレタリア階級にほかならなかった。

その二つは、相いれない新旧の〝矛盾〟であり、〝闘争〟によって立場が逆転し、その〝矛盾〟と〝闘争〟は「普遍的で絶対的」だと毛沢東は論じた[78]。中華人民共和国建国後、毛沢東が絶え間なく発動した政治運動や「文化大革命」の理論的根拠となった「継続革命理論」のルーツは、はるか学生時代にあったわけである。

日本は〝勁敵〟

毛沢東には当時、〝時事通〟というあだ名があった。[79] 新聞を隅から隅まで読むことを日課としており、国内外の情勢に精通していたからである。

新聞には、かなり金をかけており、師範学校でかかった費用の3分の1は、新聞購読と書籍の購入に使ったという。そのため、父親からは「紙くずに金を無駄遣いしている」と怒られたが、それでもやめることはなかった。病みつきになり、1927年に井岡山《せいこうざん》（井崗山）に潜伏し、新聞が手に入らなくなるまで、北京、上海、湖南の新聞をかかさず読み続けた。[80]

〝時事通〟なのだから、中国を取り巻く情勢に敏感にならないはずはない。ましてや、祖国が存亡の危機に瀕しているとなれば、なおさらだ。この時、時事問題に対する関心をさらに強める事件が勃発する。

1915年5月7日、日本が中国に「二十一カ条要求」（前述）の最後通牒を突きつけたのだ。これに中国の国民は猛反発し、袁世凱政府が要求を受諾した5月9日を国恥記念日（5月7日とする場合もある）と定め、日本製品ボイコットなどの抗議運動が各地で巻き起こった。

ニュースは、すぐさま第一師範にも伝わり、全校が「憤激」したと毛沢東は書いている。同校教師の石潤生が『明恥篇』と題する一連の文章を書くと、学生らが資金を募って印刷し、冊子にして配布した。毛もさっそく友人に送付し、「本校で中日交渉について編集し発行したもので、概要が非常によくわかる」と一読を勧めている。[81]

その文章は、日本の中国侵略と朝鮮支配、フランスによるベトナム支配、袁世凱の売国の罪などについて述べ、国の恥を忘れず、奮起して民族の危機を救えと呼びかけたものだった。

毛沢東は『明恥篇』を読んで感激し、「この文章はよくできている」「痛快だ」「滅亡は、社会に由来する」「滅亡は宮廷に由来する」と書き込んでいる。そして表紙にも、「五月七日、民国の奇恥（途方もない恥）である。何を以て仇に報いるのか。それは我々学生にかかっているのだ」と誓いの言葉を記している。[82]

「二十一カ条要求」をきっかけとして、毛沢東は、「日本人は、まことに我が国の勁敵《けいてき》（強敵）」（1916年7月、友人の蕭子昇に宛てた手紙）と意識するようになっていく。ではなぜ、〝強敵〟なのか？　それは「（中国は）民の数が四億人いるというのに、この三千万（日本を指す）の奴隷になっている」からだが、では、いま何をなすべきなのか？[83]

「我々がすべきことはほかでもない。自分を完成し、子孫を保護すること。自己を錬磨し、日本に対処するだけである」。そのためには、まず〝強敵〟日本のことを知ることが不可欠だが、「国民はいまだ沈酣《ちんかん》（陶酔）から目覚めておらず、東の事（日本の事を指す）にあまり注意していない」。

日本は「我々の内情を知り尽くしているのに、我々は彼らの内情をほとんど知らない」のだ。そこで毛は、「新聞を読み、東の事に注意するよう、ともに勉めよう」と蕭子昇に呼びかけた。[84]

〝強敵〟と認識したということは、裏を返せば、日本に対する関心が格段に高まったということだ。〝内情〟を知るには、日本に行くのが一番だ。彼がその後、一度は日本留学を考えたのは、そのためだったのかもしれない。[85]

「二十一カ条要求」を受諾すれば、世論の反発が、袁世凱に向かうのは目に見えていたが、彼は、むしろ独裁を強化し、〝皇帝〟になるべく「帝制復活」に向けた動きを加速させた。

1915年8月、袁世凱のアメリカ人法律顧問・フランク・グッドナウ（1859〜1939。コロンビア大学教授、ジョンズ・ホプキンズ大学学長などを歴任）が『亜細亜日報』（袁政府の機関紙）に「共和と君主を論ずる」を寄稿し、「帝政復活」を支持した。

「中国は数千年にわたって君主独裁の統治になれている。学校が不足し、大多数の人民の見識があまり高くない。中国は共和制よりも君主制を用いる方が良い[86]」

西洋人の〝お墨付き〟で世論を納得させようというわけだが、同時に、袁世凱の意を受けた楊度《ようたく》（1875〜1931）らが籌安会《ちゅうあんかい》を組織し、「各省公民請願団」に参政院（袁世凱の諮問機関）に国体の変更を求める請願書を提出させ、1915年12月、国民代表大会で立憲君主制が採用され、袁世凱は〝中華帝国皇帝〟になった。

こうして、皇帝に即位した袁世凱だったが、それまで彼を支持していた日英仏露は、国体の急変により、中国で混乱が生じることを危惧し、帝制復活の延期を求めた。さらに蔡鍔（前述）が雲南で蜂起し、独立を宣言すると、西南各省が呼応し、「第三革命（護国戦争）」が勃発した。

窮地に追い込まれた袁世凱は、帝制を廃止し、大総統の地位を温存しようとしたが、独立した諸省は聞き入れず、大総統の辞任を求めた。1916年6月、袁世凱は、尿毒症などが原因で病死し、結局、中華帝国の皇帝になる野望は、打ち砕かれた。

袁世凱の「帝制復活」をめぐっては、湖南も騒動の真っただ中に放り込まれた。そもそも湖南を牛耳っていた湯薌銘は、袁世凱が任命した湖南都督である。湯薌銘は、長沙に「籌安会湖南分会」を設け、新聞に「帝制復活」に反対する記事を掲載することを禁じた[87]。

第一師範でも、袁世凱に反対する声が巻き起こり、楊昌済ら一部の教員は連名で書簡を発表し、帝制復活に反対した。これに触発され、毛沢東も立ち上がり、学友会の名義で、湯化龍（1874～1918）、康有為、梁啓超が袁世凱を批判した発言を冊子にし、「湯康梁三先生の時局に対する痛言」という題名をつけ、校外にも配布した[88]。

湯化龍は、湯薌銘の実兄であり、梁啓超とともに進歩党を組織した人物である。日本の法政大学で法律を学んだ経歴を有する。当初は、弟と同じく袁世凱を支持したが、後に梁啓超とともに反袁世凱の立場に転じた。

〝革命〟の醜態

結局、袁世凱の死により、湯薌銘の湖南支配も終わり、反袁世凱派が勝利した形になったが、それで問題が解決したわけではなかった。袁世凱という「ストロングマン」を失った中国は、「軍閥混戦」の時代に突入し、湖南も巻き込まれていったのである。

〝革命〟とは名ばかりで、実際は、軍閥の主導権争いに過ぎず、次から次に支配者が入れ替わるだけだった。当初、袁世凱の独裁に反対していた毛沢東だが、これを見て、「奇怪哉《かな》、湘事（湖南の事）は。本当に訳がわからない！」とあきれ返った。

1916年6月下旬のことである。母が病に倒れたと知り、毛沢東は、大急ぎで実家に帰ろうとしたが、南北の軍閥の戦いで行く手を阻まれ、蕭子昇への手紙で、こう嘆いている。

「戦火があちこちで起きています。これでは、危険を冒していくことはできません。母は病気で子を待ち望んでいる。遊子《ゆうし》（故郷を離れた他郷にいる子供。ここでは自分の事を指す）はどんな気持ちでしょう。感傷的にならないでいられるでしょうか[89]」

数日後、戦火が収まり、毛沢東は、やっと出発することができたが、途中で軍閥に出くわし、その〝醜態〟を見て愕然とする。

市街地に近づくと桂軍（袁世凱に対抗するために組織された広西軍閥の軍隊）が駐留しており、気勢を上げ、横目でにらみ、チンピラと賭博に興じていた。

巡査は見ているだけで手が出せない。他の地域では、護国軍（蔡鍔が雲南で組織した袁世凱討伐の軍隊を指したが、後に各省が組織した反袁世凱の軍隊もこう呼ばれた）が大勢で食堂に群がっている。飯を食っても金を払わず、怨みを買っている[90]。

湖南は当時、南北の軍閥がせめぎあう要所だった。北洋軍閥は、広東と広西を制圧するための拠点と見なし、南方の軍閥は、北進の陣地と見なしていたからだ。したがって、「辛亥革命」後、十数年にわたり、北から北洋軍が来たかと思えば、南から桂軍、黔《けん》軍、湘軍が来るといった具合で、戦火が収まることはなかった。軍閥は、放火、略奪、殺人を繰り返し、民衆は塗炭の苦しみを味わっていた。

毛沢東は、翌月も蕭子昇に手紙を書き、「秩序は、混乱の極みに達しています！　嗚呼《ああ》、これは、フランスの恐怖の時代の現象です」と苦しい胸の内を明かした[91]。

〝フランスの恐怖の時代〟というのは、フランス革命で王政が倒れた後、ジャコバン派による恐怖政治が混乱をもたらしたことを指しているのだろうが、湖南も同じだった。

暴徒が警察署に乱入したが、警官は逃げてしまった。武器が奪われ、暴徒は、弾圧されてきた恨みを晴らすべく報復に出た。あちこちで人を捕まえ、殺害している……。

これを見た毛沢東は、「湖南の禍の烈しさは、辛亥（革命）以上です。……湖南の情況には、本当に腹が立ちます。気持ちが落ち着きません」と蕭子昇に不安を伝えた[92]。

そして、こうした混乱を見て、〝虐殺者〟とさげすまれ、蛇蝎《だかつ》の如く嫌われていた湯薌銘に対して、毛沢東は、全く違う見方をするようになる。

1916年7月4日、護国軍が押し寄せるなか、湯薌銘は慌てて長沙から脱出したが、それから14日後、蕭子昇に宛てた手紙にこう書いている。

「湯総督は去るべきではなかったと思っています。駆逐されるべきではなかったのです。すこぶる不当な扱いです。いまの状況は、ますます混乱しています。……湯は過去三年、厳しい刑罰で統治し、残忍暴虐の気風を一掃し、平静で和睦の気風をもたらしました。秩序は正され、太平がもどってきたかのようでした。軍の管理も厳しく規律がありました[93]」

これが〝革命〟の実態だったのだ。それなら、まだ「独裁の秩序」の方がましだと思ったわけである。

『新青年』

1915年9月、袁世凱の「帝制復活」に向けた動きが本格化していた頃、毛沢東はある月刊誌と出会う。同月15日、陳独秀が上海で創刊した『青年雑誌』である。一般には、『新青年』として知られているが、それは、『上海青年雑誌』に名前が似ていると抗議され、1916年9月から『新青年』と改名したからだ[94]。

毛沢東は、たちまちこの雑誌の虜になる。その熱の入れようは、「読書と言えば、『新青年』を読む。話をすれば、『新青年』の話をする。考え事といえば、『新青年』が提起した問題を考える」というほどだった[95]。

『新青年』を毛沢東に薦めたのは、楊昌済である。楊は、同誌の大ファンであり、自分で購読するだけでなく、友人や学生にも熱心に薦めた。何冊も買い込み、気に入った学生に配ったほどである。

また、楊昌済は、同誌の執筆者の一人でもあり、毛沢東が書いた「体育の研究」（後述）が同誌に掲載されたのは、彼の推薦によるものである[96]。

辛亥革命で清朝を倒したのに、なぜ袁世凱の「帝制復活」が起きたのか？

陳独秀の答えは、「国民の思想に、いまだ根本的な覚悟がない」だった。彼は、「名実ともに共和国にするには、人の思想を変えなければならず、思想を変えるには、雑誌をやらねばならない」と痛感する。それが『新青年』創刊の趣旨だった[97]。

『新青年』は、大ヒットで一世を風靡した。〝思想革命〟の旋風を巻き起こし、「新文化運動」の起爆剤となり、陳独秀は一躍、時代の寵児となったのである。

「新文化運動」とは、「科学と民主」を掲げ、儒教に代表される中国の〝旧文化〟を否定し、思想や文学の改革を推し進めようとした運動である。

この運動で目覚めた若者は、その後「五四運動」（後述）の主力となり、一部は、毛沢東のように共産主義者になった。陳独秀自身も、のちに中国共産党の創設者となり、『新青年』は、中国共産党機関誌に変貌していく。

革命家・陳独秀

陳独秀は、一般に「啓蒙思想家」とみられているが、実際は、革命結社を渡り歩いた筋金入りの〝革命家〟だった。彼が参加した結社の一つは、西太后の暗殺を計画し、爆弾製造に携わっていたほどである。

1879年、安徽省懐寧県（現在の安慶市）に生まれた陳独秀は、幼くして父を亡くし、富豪の叔父の御曹司となった。当初は、科挙の受験勉強に明け暮れ、秀才の資格をとったが、挙人の試験は不合格となり、日本に留学した。

日本留学の目的は、「祖国を救う道筋を探し出すため」だった。明治維新で強国の仲間入りを果たし、清朝を破った日本に行けば、何かつかめるかもしれない。そう思ったのだ。欧米に比べれば、日本は近く、西洋の書物が数多く翻訳されており、漢字を使っているというメリットもあった。[98]

当時、日本に留学した中国人は、1900年は100名程度だったが、1905年には5000～6000人に達した。[99] 陳独秀もその一人だった。後年、彼は、当時の心境をこう振り返っている。

「甲午の年（1894年。日清戦争が始まった年。中国ではこれにちなんで日清戦争を甲午戦争と称する）、日本という国が中国を破ったと初めて聞いた。庚子の年（1900年）になると、八カ国の連合軍が中国に打ち勝った。思えば思うほど、悲しみがこみあげてきた。我々中国は、なぜ外国におよばないのか？ 外国にいじめられているのか？ それには原因があるはずだ。各国に行って調べてみよう[100]」

〝八カ国の連合軍〟とは、日本、イギリス、オーストリア＝ハンガリー、フランス、ドイツ、イタリア、アメリカ、ロシアの8カ国が中国に派兵した軍隊のことである。「扶清滅洋《ふしんめつよう》（清を扶《たす》け、西洋を滅ぼす）」をスローガンに掲げ、中国人や外国人のキリスト教徒を襲い、西洋を象徴する電線や鉄道を破壊した秘密結社の「義和団」を支持し、列強に宣戦布告した清朝に対抗すべく派兵したものである。

陳独秀は当時、養父と東北の瀋陽《しんよう》に滞在しており、大挙して攻め込んできたロシア兵の蛮行を目の当たりにし、清朝のふがいなさに愕然とした。

「ロシア人の我々中国人に対する虐待は、いまに始まったことではない。私は東北三省を旅した時、その状況を目撃した。……金州（現在の遼寧省大連市金州区）では、ロシア兵が婦女を強姦し、殺害した。地方の郷紳が、村民二百人を率いてロシアの役人に抗議したが、彼らは相手にしなかっただけでなく、兵を用いてこの二百人を全員射殺してしまった。……汽車に乗った中国人は、切符を買っているというのに、風雨の夜、酒に酔ったロシア兵に訳もなく降ろされるのは常であり、汽車の中で殴り殺されても、中国の役人は何も言えなかった[101]」

こうした生々しい体験に突き動かされ、陳独秀は、日本留学を決意する。1901年10月、日本に着くと、東京専門学校（早稲田大学の前身）で日本語を学んだが、東京高等師範学校でも授業を受けたと言われている[102]。

日本留学が、陳独秀の人生を決めたといっても過言ではない。彼は、東京で「励志会」という革命団体に参加し、それがきっかけで、革命に目覚め、帰省して「青年励志学社」を結成し、革命を呼びかけた。

しかし、当局にマークされたため、日本に逃げ、成城学校（陸軍士官学校の予備校）に入学し、同時に、革命団体「青年会」を結成したが、強制退去処分を食らってしまう。清朝が送り込んだ役人が、中国人留学生が軍事を学ぶことを妨害したので、陳独秀らは、役人の家に押し入り、辮髪を切り落としたため、日本の警察に逮捕されたからだ。[103]

陳独秀はこの時、上海経由で帰省するが、ちょうど上海では、ロシアの東北支配に反発する愛国運動（拒俄《きょが》運動。俄国＝ロシア）が燃え上がっている真最中だった。

これは、八カ国連合軍として東北三省に派兵し、同地を占領下に置いたロシアが、清朝との取り決めを無視し、居座ろうとしたことに対する抗議運動だった。陳独秀は、上海でこの運動に参加して刺激を受け、帰省して「拒俄運動」を組織した。[104]

その後、「拒俄運動」は、各地に広がっていき、当局が弾圧したため、陳独秀は、上海に逃げ、章士釗《しょうししょう》（共通の友人を介して旧知の仲だった）と『国民日日報』の創刊に関わるが、同紙は、間もなく停刊となったため、帰省し、『安徽俗話報』を立ち上げる。同紙は大当たりだったが、ちょうどその時、章士釗から「愛国協会」に参加するよう誘いを受け、新聞をほっぽり出して上海にかけつけた。

「愛国協会」は、黄興が章士釗や楊毓麟らと設立した「華興会」の外郭組織であり、「革命は、暴力を主とし、暗殺も範囲内」をモットーとする秘密結社だった。[105]

陳独秀が「愛国協会」に加わった頃、ちょうど「華興会」は、西太后の70歳の誕生日に長沙で蜂起する計画を立てていたが、事前にその情報が漏れてしまい、黄興らは上海に逃げた。この時、章士釗が拘束され、秘密拠点を供述したため、蜂起を計画したメンバーは一網打尽にされた。

その後、黄興は、なんとか釈放にこぎつけて日本に逃れ、様々なルートを駆使して仲間の釈放にも成功し、章士釗も日本に渡った。この時、陳独秀は、爆薬の製造に取り組んでいたにもかかわらず、運よく捕まらなかった[106]。

陳独秀は、これに懲りず、帰省して『安徽俗話報』の発行を再開し、「岳王会」という反清朝の秘密結社の立て直しに着手した。ところが、この頃から当局の締めつけが厳しくなり、活動拠点が監視下に置かれたため、1907年春、日本に逃れて身を隠した[107]。

これ以降、「辛亥革命」が勃発する1911年まで、陳独秀が革命活動に関わった形跡はないが、この間、何をしていたのか？

実は、英語とフランス語を学び、仏教を研究し、日光の華厳の滝を訪れて詩をしたため、甲骨文字に没頭し、書道に励むなど、悠々自適の書斎生活を楽しんでいた[108]。

英語は、東京の「正則英語学校（現在の正則学園高等学校）」で学び、同校の教科書を参考にして『模範英文教本』という教科書まで出版した[109]。

フランス語は、「アテネ・フランセ（1913年、東京帝国大学講師ジョゼフ・コットが東京外国語学校内で「高等仏語」の名で講義を開始し、翌年アテネ・フランセと改称）」で学んだが、その理由は、フランス革命に関心があったからだという。『新青年』の表紙のタイトルの下にLA JEUNESSEというフランス語が表記されているのは、アテネ・フランセで学んだ成果だろう[110]。

こうした〝隠遁生活〟を終え、1909年に中国に帰国した後、陳独秀が歴史の表舞台にもどってくるのは1911年、「辛亥革命」の年である。同年12月、安徽省が独立を宣言し、旧知の孫毓《そんいく》筠《いん》（岳王会に資金援助していた）が安徽都督に選出されると、都督府顧問のポストに招かれ、凱旋帰国した[111]。

しかし、孫毓筠は、「アヘンを吸い、真剣に政事に取り組まず、新王朝を倒しさえすれば万々歳」というありさまで、半年で辞任してしまったので、陳独秀は、ともに岳王会の再編に奔走した柏文蔚《はくぶんい》（南京臨時政府第一軍長だった）を新たな都督に推し、アヘンの厳禁、教育の支援、行政改革、纏足《てんそく》の禁止、実業の振興など大胆な改革を推し進めたが、再び大きな壁にぶち当たる。孫文と袁世凱の対立が激化し、「第二革命」が勃発したのだ[112]。

「第二革命」とは、袁世凱の独裁化に反発した孫文らが発動した武装蜂起である。安徽、江蘇、湖南など南方七省が独立を宣言し、袁世凱討伐に立ち上がったが、鎮圧された。

これを受け、1913年8月、安徽の新都督・倪《げい》嗣《し》冲《ちゅう》は、柏文蔚派の一掃に取りかかり、陳独秀は逮捕者リストのトップに載せられたため、上海に逃げたが、当時、「全国民は、みな恐怖におびえている」（陳独秀）という状態で執筆活動すらできなかった。そこで東京にいた章士釗は、陳独秀を呼び寄せ、反袁世凱の雑誌『甲寅』の編集メンバーに加えた[113]。

『甲寅』は、大人気で、毛沢東も愛読していた。蕭子昇（当時、第一師範を卒業し、教職についていた）に宛てた手紙で、「『甲寅』雑誌の第11、12期を借りたいんですが、助けていただけますか？」と頼んだほどだ[114]。

もっとも、陳独秀が『甲寅』に関わった時間は短く、1914年7月から翌年9月に『青年雑誌』を創刊するまでの1年ほどだった。その後、陳独秀は、自ら『青年雑誌』を創刊し、若者に〝自覚心〟の重要性を呼びかけ、大反響を巻き起こした。

同誌の創刊の辞「敬んで青年に告げる」は、「自覚を持った勇気ある青年の六つの基準（自主的、進歩的、進取的、世界的、実利的、科学的）を掲げたが、毛沢東も当時、このメッセージに魅せられた若者の一人だった。彼はのちに「（『新青年』に文章が掲載された陳独秀や胡適が）梁啓超と康有為に取って代わり、自分の模範になった。康・梁は、捨て去った」と語っている[115]。

毛沢東は、『新青年』を読み始めてから、「韓愈の文章や杜甫の詩を読む興味が薄れた」と周囲が感じるほどだった[116]。その心酔ぶりを物語る一通の手紙が残っている。当時、第一師範の恩師であり友人でもあった黎錦熙に宛てたものだ。

「根本から全国の思想を変えるべきです。中国と外国の状態を比較し、国民の積弊は、甚だ深く、思想が古すぎ、道徳が悪いと感じています。我が国の思想と道徳は、偽物で本物ではなく、空っぽで内容がない。これまで五千年かけて伝わったので、根っこは深く、へたは固い。大きな力でなければ、打破することはできません[117]」

これは、まさに陳独秀を彷彿させる議論である。陳独秀は、「敬んで青年に告げる」の中で、「（中国の）固有の倫理、法律、学術、礼俗は、すべて封建制度の遺物」であり、白色人種に比べ「思想が遅れていることは千年におよぶほどである。二十四の王朝の歴史性を尊び、変えようとしない。これでは、我が国民は、二十世紀の世界の外に駆逐され、奴隷牛馬の谷間に入れられるだろう」と書いていた[118]。

1916年6月、袁世凱は、この世を去るが、それでも陳独秀は安心できなかった。なぜなら、「この根本的な悪因を徹底的に取り払わなければ、原因は必然的に結果を生む。共和国を廃して帝制を復活させた無数の袁世凱が、次から次へと生まれてくる」(「袁世凱復活」『新青年』第2巻第4号、1916年12月1日)と警戒していたからである[119]。

〝乱〟の美学――『倫理学原理』

毛沢東はこの頃、哲学と倫理学の本を読みふけったが、どちらかといえば、倫理学の方が好きだった。これは、〝倫理的覚悟〟を掲げた陳独秀の影響だったかもしれないが、楊昌済が倫理学を教えたことも大きかっただろう。その授業内容は、かなり本格的であり、使用した教科書は、フリードリッヒ・パウルゼン(1846~1908)が書いた『倫理学原理(原題はSystem der Ethik)』だった。

パウルゼンは、19世紀末、ドイツの論壇で活躍した哲学者である。倫理学を哲学の基本とみなし、「活動主義」を主張した。産業の勃興による実利主義の台頭に危機感を抱き、ドイツ観念論の立場から「精神」の重要性を強調した。

もちろん、楊昌済の学生が『倫理学原理』の内容を理解できたかどうかはわからない。学生の多くは興味を示さず、まじめに授業を聞いていなかったといわれているが、毛沢東はこの本が大いに気に入り、隅から隅まで熟読し、余白にぎっしりコメントを書きこんだ。本自体の文字数は10万字ほどだが、書き込みは1万2100字を超える。[120]

毛沢東はこの時期、倫理学に熱中しており、『西洋倫理学史』という本まで読んでいたが、同書は、楊昌済が日本の倫理学者・吉田静致《よしだせいち》（1872〜1945）の著作を翻訳したものだった。

吉田静致は、明治から昭和にかけて活躍した倫理学者であり、東京高等師範学校で教鞭をとったことがある。それは、ちょうど楊昌済が同校に在籍した期間と重なる。それもそのはず、『西洋倫理学史』の序文には、「本書は、日本の東京高等師範学校倫理学教授吉田静致氏の西洋倫理学史講義である。私はその学校にいた時、直にこの講義を受けた」と書かれている。[121]

本をわざわざ翻訳するほどだから、よほど吉田の講義が気に入っていたのだろう。日本をあとにして7年もたった1915年3月27日の日記には、「人には習慣我（今の我）、理想我（将来の我）がある。人は習慣我を打ち破り（克己）、理想我を実現（成己）しなければならない」という吉田の言葉が引用されているほどだ。[122]

楊昌済が教科書に指定した『倫理学原理』も、日本と縁がある本である。同書の訳者は蔡元培であり、1910年に商務印書館から出版されたが、ドイツ語からの直訳ではない。

実は、日本の哲学者・蟹江義丸《かにえよしまる》（1872〜1904）らが邦訳し、1904年に『倫理学大系』と題して出版したものを基にして訳したものである。[123]

毛沢東が『倫理学原理』に書き込んだコメントを読めば、「革命家・毛沢東」の思想的〝原型〟が、この時期に形成されていたことがわかる。

書き込みが一番多いのは、第四章「害と悪」と第五章「義務と良心」であり、この二つの章で、全体の約半分を占めるが、特に第四章には、「至真之理《ししんのり》。至徹之言《してつのげん》」と大絶賛している箇所がある。

それは、パウルゼンの「抵抗がなければ動力はない」という言葉に反応したものだが、これこそ、毛沢東の闘争哲学の原点ともいうべきものだ[124]。

1964年8月、まもなく71歳になろうとしていた毛沢東は、「圧迫者が被圧迫者を圧迫すれば、被圧迫者は反抗し、解決策を考え、思想の武器を探すようになる。我々はそのようにやって来たのだ」と語った。半世紀の月日をへても、彼の思いは揺らいでおらず、〝原型〟が保たれていたわけである[125]。

毛沢東は、パウルゼンが、第四章の冒頭に「世界の一切の事業と文明は、抵抗の決定的な勝利に由来する。気候が身体に適していれば、建築は必要なかった」と書いているのを読んで、奮い立ったに違いない。詩心たっぷりの筆致で、余白にこう書き込んでいる。

「黄河は潼関《どうかん》（河南省と山西省の境、陝西省東端に位置する。漢代に関所が置かれた。黄河が華山にぶつかり、流れを変える場所にある）を出た後、太華（陝西省の華山）の抵抗により、水力が増して猛烈な奔流となる。風は三峡《さんきょう》（重慶から湖北までの長江本流に位置する三つの峡谷の総称）をめぐり、巫《ふ》山《ざん》（重慶と湖北省の境に位置する名山。山中を長江が流れ、三峡の二番目の峡谷である巫峡《ふきょう》をなす）に遮られ、風力が増して怒号を放つ」[126]

毛沢東は、この章の余白に、「まったく抵抗がない、純粋な平安（平穏無事なこと）は、人生にとって耐えられない。昔から治があれば乱がある。三国の競争の時代は、事態がどんどん変化し、人材が輩出し、読んでいて面白いが、太平の世になると嫌気がさす」と書き込んでいる。[127]

毛沢東にとって変化は、絶対的な〝法則〟だったのである。彼は、「世の中の各種の現象は変化しかない。各世紀においては、各民族が各種の大革命を起こし、古いものを一掃し、これを新しいもので染めた。これはすべて生と死、生成と消滅の大変化だ」とも書いている。[128]

この気質は、晩年になっても変わらず、１９６６年７月８日、妻の江青に宛てた手紙には、「天下大乱は、天下大治に至る」と書いている。[129] このとき彼は72歳、「文化大革命」の「天下大乱」を推し進めようとしていた頃である。

体力と国力――「体育の研究」

第一師範時代の毛沢東は、倫理学に思い耽《ふけ》っていただけではなく、極めて活動的な学生だった。水泳、登山、野宿、徒歩旅行、日光浴、冷水浴などあらゆる方法で肉体の鍛練に熱中し、「風浴」「雨浴」といった風変わりな〝鍛練法〟まで試している。なかでも特に気に入っていたのは水泳であり、生涯にわたって続けた。[130]

彼はなぜ、これほど運動に没頭したのか？
一つには、二人の兄が相次いで夭折したからだろう。毛沢東は、幼い頃大病にかかり、やせ細っており、体を鍛えるために友達から水泳をならった。第一師範入学後、黎錦熙に宛てた手紙に、「小生は身体が強くないですが、最近は運動をしているので、大きな効果があります」と書いている。[131]
そうした事情に加えて、楊昌済の影響も大きかったはずである。楊は、「智育」「徳育」だけでなく「体育」の重要性も説いていた。「生存競争は、近代社会の特徴である。精神と身体が大いに活動するには、身体を頑強にする必要がある。すなわち、教育は体育を重視しなければならない」と考えていたからだ。[132]
楊昌済にとって体育とは、単なる肉体の鍛練ではなかった。それは、列強に打ち勝つための富国強兵の手段でもあった。帰国後、雑誌に寄稿した論文に、「国家の独立の維持は、陸海軍次第だ。陸海軍の強さは、国民の体力に由来する」と書いている。[133]
これは、楊昌済が留学時代に痛感したことだった。この論文は、イギリスのオックスフォード大学やケンブリッジ大学を例に挙げ、「学生の運動は、はなはだ盛んであり、午後になると学生は全員学校から出て各種の運動に従事し、図書館で静かに本を読んでいる者はほとんどいない。みな体育を重視しているので、難なく即軍隊になれる」と論じている。[134]
また、日本にも触れ、「日本も運動の気風が盛んであり、東京高等師範学校の学生は、努力して各種の運動に従事している」と指摘し、同校が野球、テニス、柔道、弓道など数多くの運動部を設け、校長が学生を連れて郊外に遠足に行くことも紹介している[135]。

楊昌済は、「修身」の授業でも、体育と国力について語っており、毛沢東の「講堂録」には、こう書かれている。

「文弱な者が多ければ、国力は振るわない。我が国がそうである。私は日本に遊学したが、まったく異なる。日本では、学校がもっとも運動を重視する。その運動の方法にはいろいろあり、テニス、野球、サッカー、弓道、剣道、柔道、ボート、水泳、徒歩、遠足などすべてそうである。西洋の国もそうだ[136]」

それに比べ、楊昌済が帰国して目にした中国の現状は、惨憺たるものだった。「腐敗はひどく、国民は文弱で、東亜の病夫になっている。昔は北方の諸民族と戦争し、何度も失敗した。いまは、東西各国の精錬された兵に当たれば、役に立たないことは必至だ」という有様だった。だからこそ、声を大にして、体育の重要性を唱えたのである[137]。

こうした背景を見れば、毛沢東の〝論壇デビュー作〟が「体育の研究」だったのは、ごく自然なことである。名もなき師範学生の文章が、全国的に著名な雑誌に掲載されたのは、楊昌済の口利きがあったからだ。楊は当時、『新青年』と関係ができており、彼が書いた文章が同誌に掲載されたばかりだった。楊昌済と陳独秀は、章士釗という共通の友人もいた[138]。

この時、楊昌済が「体育の研究」を推した理由は、冒頭の一文を見れば一目瞭然である。

「国力は疲弊し、武風は振るわず、民族の体質は、日増しにやせ細っている。これは甚《はなは》だ憂うべき現象である[139]」

陳独秀も、「体育の研究」が気に入ったはずである。なぜなら、彼も「(中国の青年は)寒さを畏《おそ》れ、暑さに怯え、柔弱さは病夫のようだ。こんなに心身脆弱な国民が、いかにして重大な任務を担っていけるというのか?」と憂えていたからだ[140]。

ましてや、文中に自分の意見が引用されているのだから、なおさらである。「体育の研究」には、「最近、ある人がこう言った。精神を文明化し、体魄(肉体)を野蛮にせよ、と。まさにその通りだ」と書かれているが、その〝ある人〟とは、陳独秀のことだったのだ。陳独秀は、『新青年』(第1巻第2号、1915年10月15日)に寄稿した論文(「今日の教育方針」)のなかで、こう述べていた。

「日本の福沢諭吉は、「児童教育は、10歳以前は、獣性主義でやるべきだ。10歳以後になってから人性主義を用いる」と言っている。強大な民族は、人性と獣性が同時に発展している。白色人種の植民事業が大地に遍在するのは、唯々《ただただ》獣性によるものであり、日本がアジアで覇を唱えているのは、唯々獣性によるものだ。彼らの文明教育はすべてを備えている[141]」

毛沢東は、「体育の研究」の中で、「生まれつき体が弱い者でも悲しむ必要はない」と論じ、その例として、セオドア・ルーズベルト米大統領や嘉納治五郎を挙げている。彼らは体が弱かったが、運動によって「弱くても強くなれる」ことを示したからである。毛沢東も体が弱かったので、人ごとではなかった。運動から得たものは頗る大きいと実感していたのである。[142]

夜学の運営

こうした信念があったからか、毛沢東の意志の強さは、第一師範でも評判だった。「体育の研究」を発表してから2カ月後の1917年6月、全校生徒400余名が参加した「人物互選」がとり行われ、49票を集めて見事1位になった。その際、特に「胆力と識見」が評価されていた。[143]

当時、人望が厚かったことは、同年10月8日の学友会選挙において、総務兼教育研究部部長に選出されたことを見てもわかる。当時、学友会会長は教員が務めたが、毛沢東が選ばれた「総務」が実質的な責任者だったのである。[144]

のちに毛沢東は、「私のもっと早い社会経験は、ここ（第一師範）で得たものだ」と言っているが、これは、学友会の活動のことである。なかでも、〝夜学〟の運営は、まさに〝社会経験〟といえるものだった。[145]

毛沢東が夜学を運営するに当たり、楊昌済の影響を受けていたことは明らかであり、毛が書いた『夜学日誌』の巻頭言には、次のような一節がある。

「我が国の現状は、社会の中堅の大多数が教育を受けていない国民であり、この輩が政令の遂行、自治の組織化、風俗の改良を妨げているということである。欧米は、教育が普及していることで有名だが、夜学、野外学校、半日学校、林間学校等を廃止していない」[146]

社会人教育によって「中堅」を育てるという発想は、楊昌済が述べた「健全な中流社会」にヒントを得たものだ。林間学校や半日学校についても、楊から聞いた可能性が高い。楊が当時、教育学の授業用に執筆した『教育学講義（講義は、講義録、教材などの意味）』の付録には、乙竹岩造の「林間学校」や黒田定治《さだはる》の「半日学校」等、日本の論文を翻訳したものが収められている[147]。

毛沢東が当時、夜学をどう運営したかは、『夜学日誌』等を読めば、ある程度わかる。1917年10月下旬、夜学の開校に向けて、学生募集の広告を貼り出したが、なかなか人が集まらなかった。「街角に貼り出し、警察に送って配布を依頼した」が、「効果がなかった」という。警察に頼んだのは、警察署長が第一師範の卒業生だったからである。

そこで毛沢東は、夜学の職員と相談したが、その結果、原因がわかって来た。「労働者夜学」なので、学生は、第一師範の用務員と周辺に住む労働者である。当時、同校の近くには、造幣廠、黒鉛精錬工場などがあり、粤漢鉄道の武昌・長沙区間と長沙・株洲区間で働く鉄道労働者も住んでいた[148]。

そもそも、学費がいらないと言えば、労働者は怪しいと思うし、字が読めない者は広告を読んでもわからない。おまけに警察が広告を貼れば、恐がって来ない。そこで、手分けして労働者の宿舎や貧民街に行き、広告を配りながら説明することにした。この戦略は大当たりで、3日足らずで102人の応募が殺到した。[149]

この時の経験は、後に共産党の活動家として労働運動を組織した際に大いに役立った。労働者を夜学に勧誘し、党員を養成したが、表向きは、国語や算数が学べる学校だった。実際は、マルクス主義の思想教育を行う「地下党員養成学校」であり、労働者の中からめぼしい者を党員にリクルートし、組織を拡大していったのである。

革命の揺籃——新民学会

毛沢東が第一師範時代に培《つちか》った〝社会経験〟といえば、「新民学会」も忘れてはならないだろう。彼自身が「この学会は、その後の中国の情勢と命運に広範な影響をもたらした」と評価しているくらいだ。[150]

新民学会は、「個人と全人類の生活の向上」を理想に掲げ、「学術の革新、品行の錬磨、人心風俗の改良」を趣旨とする親睦団体だった。[151]

設立の「由来」は、毛沢東がスノーとの談話で、「(新民学会のような団体は)『新青年』の影響下で設立された」と述べているので、同誌に触発されて設立を思い立った可能性が高い。[152]

「新民学会」が正式に成立したのは、1918年4月14日である。会議は、岳麓山のふもとにあった蔡和森の実家で開かれ、毛沢東、蔡和森、蕭子昇、蕭三、陳賛周、羅章龍、鄒鼎丞ら13人が出席した。羅以外はすべて第一師範の在校生か卒業生である。ほかにも、陳章甫ら8名の会員がいたが、この時は出席していない[153]。

この会議では、蕭子昇が「総幹事」に選ばれ、毛沢東は、次席の「幹事」に選ばれたが、蕭が翌年、渡仏してからは、実質的に毛が会務を取り仕切った[154]。

団体の名前については、毛沢東が「新学会」を提案したが、蕭子昇は「新民会」を主張したので、二人の意見を折衷して「新民学会」としたという。会議に出席した蕭三によれば、〝新民〟は『大学』の「新民」から取ったものであり、「旧制度に反対し、革新を主張し、人民のためにという意味」だった。梁啓超も〝新民〟という言葉を使い、「新民説」を書いているので、その影響もあったといわれている[155]。

その後、新民学会は、毛沢東が共産党の活動に関わるようになると、約半数が共産党員で占める革命団体へと変貌を遂げた。毛沢東が、「この学会は、その後の中国の情勢と命運に広範な影響をもたらした」と振り返ったのは、会員の「多くが後に中国共産主義と中国革命史における著名な人物となった」からである[156]。

フランス勤工倹学

「新民学会」設立から2カ月後の1918年6月、毛沢東は、第一師範を卒業したが、進学の当てもなく、かといって定職にもありつけず、悶々とした日々を過ごしていた[157]。

毛沢東によれば、当時は、「湖南の政局は混乱の極み」で、「教育は破壊し尽くされた。学校に行きたくても行けない」という惨状だった[158]。

「湯薌銘から傅良佐《ふりょうさ》をへて張敬尭《ちょうけいぎょう》に至るまで、学生たちは、半年も学校に安心していられたことがない。悪政に苦しみ、庶民は他国に逃げるしかない」という状況だったのである[159]。

そんな時、突然、朗報が舞い込んで来た。フランスで働きながら学べる「勤工倹学《きんこうけんがく》」というプログラムがあるというのである。〝勤工倹学〟とは、「勤於作工、倹以求学（仕事に勤《いそ》しみ、倹約しながら学ぶ）」の略であり、〝勤労学生〟や〝苦学生〟のイメージだ。

「勤工倹学」の由来は、1908年にさかのぼる。その年、フランスで豆腐工場を立ち上げた李石《りせき》曽《そう》（1881～1973）が故郷の直隷省（ほぼ現在の河北省に相当）から労働者を呼び寄せ、工場に学校を併設し、労働者に教育をほどこしたことが始まりである。李は、教育総長（文相に相当）蔡元培の支持を受け、1912年、北京で「留法（留仏）倹学会」を設立し、多数の留学生をフランスに送り込んだ[160]。

その後、この活動は、袁世凱に妨害されたが、第一次世界大戦の勃発により状況は一変した。フランスは、男たちが戦場に駆り出され、深刻な労働者不足に見舞われていたため、中国人労働者を募ることにしたからである。

これを受け、李石曽は、活動を再開し、1916年、フランス側と提携し、「華法（中仏）教育会」を立ち上げ、「勤工倹学」の準備を進めていった。[161]

毛沢東が執筆した新民学会の活動報告によれば、フランス勤工倹学への参加を最初に〝発起〟したのは「蔡和森と蕭子昇」だった。[162]

蕭によれば、彼らがフランス留学に興味を持ったのは、楊昌済の影響が大きかった。「しらずしらずのうちに、先生から海外留学熱を吹き込まれていた」からだ。彼らは、外国帰りの楊昌済が北京大学に栄転になったことは、「大変な出世」だと思い、それは、「外国に留学したおかげだと勝手にきめてかかり、自分たちも先生にあやかりたいと思った」という。[163]

卒業後の進路が決まらず、不安を抱えていた若者にとって、これ以上の朗報はない。新民学会は、蕭子昇と蔡和森を「勤工倹学」の担当者とし、蔡を先遣隊として北京に派遣したが、肝心の「華法（中仏）教育会」は、全く期待外れだった。同会は資金がなく、志願者は、自分で資金繰りをしなければならなかったのだ。[164]

こまった蔡和森は、「貴兄が来て指導してくれることを希望しています」と毛沢東に助けを求めた。これを受け、毛は、北京に行くことにしたが、これが彼にとって人生の一大転機となる。[165]

毛沢東が北京に旅立ったのは、それから約20日後の1918年8月15日のことだった。旅費の工面など、いろいろと準備に時間がかかったのだろう。毛沢東は、「友人たちから金を借りて首都に来た」と言っている。[166]

北京に8月19日に到着し、翌1919年3月12日に帰郷の途に就くまで、毛沢東は約7カ月間、北京に滞在した。[167]

北京に着くと、さっそく蔡和森らと勤工倹学の手配に着手したが、予期せぬ「種々の困難」に直面し、愕然とする。華法教育会は、出国に向けた準備をしていなかったのである。[168]

フランス勤工倹学は、問題だらけで、フランスに渡った後もトラブルが続いた。大半は仕事が見つからず、学校に通う金すらなかった。第一次世界大戦が終わるとフランスは不況に陥り、自国の失業者を大量に抱えるようになり、中国人労働者どころではなかったのである。[169]

1920年夏までに中国各地からフランスに渡った勤工倹学生は1300名余りに上ったが、1921年の時点で生活苦が原因で病死した者は、約200人にも達したといわれている。[170]

毛沢東は、勤工倹学の手配に奔走したが、自分自身はフランスに行かず、中国にとどまった。その理由については、1920年3月14日、第一師範の同窓生で新民学会員だった周世釗（1897〜1976）に宛てた手紙にこう書いている。

「勉学は、〝必ずどこかで〟という道理などないと思う。多くの人間は〝洋行〟の二文字に〝夢中〟になっているに過ぎない。中国から外国に行った者は、数万ないしは数十万は下らないが、良い者は本当に少ない。多くの者はどうか？ あいかわらず〝間抜け〟だ[171]」

これを読めば、留学に批判的だったように見えるが、そうではない。この手紙には、「一時的に」出国しないだけであり、「絶対留学に反対する者ではない」と書いている。自分は「大いなる留学政策を主張する者であり、我々は、みな一度は〝洋行〟を堪能すべきだと思う」とまで言っているのだ[172]。

毛沢東はもともと留学するつもりでいた。この手紙には、「ロシアは世界第一の文明国だ。二、三年後、ロシア旅行隊を組織すべきだと思う」と書いているし、その2年前には日本に留学する計画を立てたこともある[173]。共産党員になった後ですら、「三年か四年準備する。その後、自分は国外に行って勉強する必要がある。少なくとも五年。場所はロシア」と述べていた[174]。

毛沢東は、国内にとどまる理由として、「原書より翻訳を読んだ方がずっと速い」ことや「中国という地盤」から離れては何もできないことを挙げ、先に中国のことを学んでおけば、「西洋に留学した時に比較するものがある」し、「（中国での）経験を持って西洋に行けば、考察する時に比較できる」と思っていた[175]。

これに加えて、病に臥した母を親戚に託したまま出国するわけにはいかないという事情もあったようだ[176]。母は、咽頭炎とリンパ腺炎を患っていたが、農村では治療できないので、毛沢東は、以前から長沙に呼んで治療を受けさせようと思っていた[177]。

1919年3月12日、毛沢東は、病状が悪化した母を見舞うため、北京を後にし、母に飲ませる薬を携え、長沙に向かった。そこで、母の看病をしたが、韶山にはもどらず、母を弟にまかせて長沙にとどまった。

4月28日、母の世話をしていた伯父と伯母に手紙を書き、「母が貴宅で長らくお世話になっており、感激の至りです」と謝意を述べ、「甥は北京で北京大学の職員（後述）の一席を任されておりますが、母が重篤の病にかかったと聞き、看病するために急いで帰らざるをえませんでした。母に付き添い、ずっと薬を飲ませています。どうかご心配のないように」と伝えた[178]。

本来は自分が母の面倒を見るべきなのに、親戚にまかせっきりであることに対する自責の念があらわれた文面だが、それでも、故郷にもどろうとはしなかった。

華やかな大都市の生活を味わったいまとなっては、いまさら実家にもどって農作業をするつもりなどなかったのだろう。

北京大学図書館で働く

毛沢東は、北京に約7カ月間滞在したが、それがその後の人生を決めたといってもよい。その経験がなければ、共産党に入党し、中国の最高指導者になることもなかったかもしれない。なかでも、楊昌済の紹介で北京大学に出入りできたことが、何よりも大きな収穫だった。

楊昌済は、アバディーン大学で同窓だった章士釗が北京大学学長の蔡元培に推薦し、1918年に同大学の倫理学教授に就任した。

当初、楊は毛沢東を北京大学に入学させるつもりだった。一足先に北京に来ていた蔡和森が、「先生は、貴兄が北京大学に入学することを切望しています」と伝えていたのだが、毛は結局、進学しなかった。[179]

その理由は、いくつか考えられる。一つは、学費を払う余裕がなかったこと、もう一つは、独学の方が性に合うと思っていたことである。さらに、当時の教育省の規定では、中等師範学校の卒業生は、先に数年間、働く義務が定められており、大学に進学することができないという事情もあった。[180]

大学に行かず、北京に残りたいなら、仕事を探さないわけにはいかない。そこで、楊昌済に紹介してもらい、見つけたのが、北京大学図書館の「助理員（助手。書記――新米の図書館員が担当した職務――だったという説もある）」の仕事である。[181]

その内容は、清掃や第二閲覧室（新聞雑誌閲覧室）で新しく届いた新聞雑誌と閲覧者の名前を記録するだけの単純作業であり、月給は8元だった。[182]

8元といえば、同大学の教授に就任していた陳独秀や胡適の月給は300元だったので、雲泥の差だったが、毛自身は「毎月、大金をもらえた」と言っており、独り身の彼にとっては、十分な金額だったようである。[183]

毛にとって、この仕事自体は、「職位が低く、誰も自分と交流しようとしなかった」し、閲覧者は「大多数が私を人として扱わなかった」という屈辱的なものだったが、それでもそこで働いた意義は大きかった。地位は低く薄給だったにしても〝役得〟もあった。[184]図書館の閲覧室には、15種類の内外の新聞が置かれていたので、思う存分、新聞を読むことができたし、新聞を読みに来る著名人や学生たちと知り合いになることもできたからである。

李大釗

そして何よりも、のちに中国共産党の創設メンバーとなる李大釗と出会ったことは大きかった。李大釗は当時、図書館主任だったので、毛沢東にとって身近な上司だった。

李大釗は、楊昌済と同じく、章士釗の推薦で北京大学に雇われた。当初、章が教授職と図書館主任を兼任していたが、政治活動が忙しいので、学長の蔡元培と学部長の陳独秀（章文釗を北京大学に招いたのは陳である）に李大釗を推薦し、図書館主任を任せたのである。[185]

毛沢東がのちに当時を振り返り、「私は李大釗の下で国立北京大学図書館助理員を務めていた時、急速にマルクス主義の方向に発展していった」と述べているように、李大釗から受けた影響は大きかった。[186]李を通してロシア革命に触れ、学生の活動にも参加する機会が得られたからである。

李大釗は当時、ロシア革命に傾倒し、『新青年』（第5巻第5号）に「庶民の勝利」と「ボルシェビキ主義の勝利」を相次いで寄稿し、「将来の地球は、必ずや赤旗の世界になる！」と宣言していた。「庶民の勝利」は、彼が中央公園で行った演説を活字にしたものであり、毛沢東はその演説をわざわざ聞きに行ったという[187]。

李大釗は、いまは〝マルクス主義者〟としてのイメージが強いが、最初からそうだったわけではない。陳独秀と同じく、そこに至るまで、様々な思想遍歴をへている。

李大釗は1889年、直隷省永平府楽亭県大黒坨村（現在の河北省唐山市楽亭県胡家坨鎮大黒坨村）に生まれた。その時、父はすでに他界しており、母も間もなくして死去したため、祖父の手によって育てられた[188]。

1905年、李大釗は、科挙が廃止されてしまったので、「永平府中学堂」に入学することになった[189]。

同校は、李大釗にとって大きな転機となった。同校には、英語、数学、地理、政治学など「新学」の授業もあり、ここで康有為や梁啓超等の文章に触れ、危機に瀕した祖国の現状を知り、政治に興味を抱くようになったからである。

その後、李大釗は、袁世凱（直隷総督兼北洋大臣）が天津に設けた「北洋官立法政専門学堂（後に北洋公立法政専門学校と改名。以下、北洋法政学堂と略す）」に進学した。同校は、司法と行政の専門家を養成するための学校であり、日本語学習にかなりの時間が割り当てられていた[190]。

教材は日本のものを使用し、日本の教員が招聘され、吉野作造（1878〜1933。1906年に袁世凱の長男・袁克定《えんこくてい》の家庭教師として招かれ、北洋法政学堂で教えた。のちに東京帝大教授に就任。政党内閣制と普通選挙の実施を目指す「民本主義」を唱え、大正デモクラシーの理論的指導者となった）

も当時、同校で教鞭をとった一人である。[191]
本来ならば、卒業後、仕官の道が準備されていたはずだが、李大釗は、日本に留学する。その目的は、明治維新以降、急速に強国化した「日本に留学し、社会経済学を専門に研究」するためだった。[192]
留学資金は、運よく湯化龍と孫洪伊（1870〜1936）という有力者が出してくれた。孫洪伊は、天津出身の政治家で、すでに李大釗と面識があり、北洋法政学堂の理事でもあった。湯化龍は、前述のように、日本留学帰りで、梁啓超と進歩党を組織した人物で、衆議院議長を務めた政界の重鎮だった。[193]
日本留学は、李大釗の人生を決定づけたといってもよいだろう。とりわけ章士釗との出会いは大きかった。彼と会わなければ、北京大学に招かれ、共産党設立にかかわることもなかったはずである。
この時、章士釗が日本にいたのは、前述のように、袁世凱討伐を掲げた「第二革命」（1913年）に敗れ、中国から逃げてきたからである。その後、黄興の肝いりで1914年5月、『甲寅』を創刊したが、これが李大釗との接点となった。
李大釗は、以前から章士釗の文章が好きだったので、日本に来た後、広告で『甲寅』の創刊を知ると、章に手紙を送り、「敬慕の念を抱いています」と伝えた。この時、自作の「風俗」という文章も送ったが、それが章士釗の目に留まり、二人の交流が始まったのである。[194]
章士釗は、「風俗」が気に入り、『甲寅』に掲載したが、同誌は当時、執筆陣に陳独秀、胡適などそうそうたる顔ぶれが並んでいたので、李大釗は一挙に著名人の仲間入りをした[195]。

それから約1カ月後、李大釗は、早稲田大学政治経済学本科に入学した。同大学は1905年に「清国留学生部」を設け、中国人留学生を積極的に受け入れており、その後、4年間で2000人以上の中国人留学生を受け入れたといわれている。

卒業生は、帰国後、中国の司法界や政界で活躍し、同国における早稲田の影響力を高めた。早稲田の法学教授だった有賀長雄は、袁世凱の顧問に招かれ、袁世凱は、李大釗の母校・北洋法政学堂を設立した人物だったので、早稲田を選んだのは、自然なことだったのだろう[196]。

もっとも、李大釗が早稲田に在籍していたのは、1年5カ月足らずで、卒業していない。「長期欠席」がもとで1916年2月、除籍処分を食らったのである。学業に専念できなかったのは、政治活動に夢中になっていたからだ。早稲田に入学して4カ月後の1915年1月、「対華二十一カ条」に対する反対運動が中国で巻き起こり、日本の中国人留学生も決起したが、李大釗もこの時、「中国留日学生総会」の一員として運動に参加した[197]。

その後、複数の新聞で編集長をつとめ、言論活動に従事する。中国留日学生総会の刊行物『民《みん》彝《い》』の編集長に選ばれ、中国国民に宛てた文章（「全国父老に警告する書」）を書き、「国家滅亡」を迎え、「不退転の決意でのぞむべきだ」と呼びかけ、袁世凱の独裁政治を非難した[198]。袁世凱が死去すると、梁啓超や湯化龍らが創刊した『晨鐘《しんしょう》』の編集長に招かれ、北京に行き、その後、『憲法公言』を創刊して憲法制定を推進した。

『憲法公言』では、英国、ドイツ、アメリカの例を引きながら、連邦制こそが国家統一と富強への道であり、ロシアのように「集権専制」を行えば、強敵に打ち負かされ、辱めを受けると主張し、中国は、「周王朝末期、群雄が並立し、分権は集権よりも優れており、学術文明がもっとも発達していた」として、連邦制のメリットを説いた[199]。

李大釗は、こうして複数のメディアで言論活動を続けていたが、ついに本格的なメジャーデビューをするチャンスが巡ってくる。ここでも声をかけたのは、章士釗だった。彼が北京で復刊した『甲寅』を任されたのである。章士釗は、政治活動が忙しくなったので、李大釗に原稿を執筆させたのだ。李大釗は、その期待に応え、『甲寅』に在籍した約5カ月間で、合計70本もの文章を寄稿した。そしてそれがきっかけとなり、章士釗の推薦で北京大学に招かれたのだった[200]。

「新文化運動」の震源地――北京大学

章士釗が日本から中国にもどったのは、1917年11月頃である。北京大学学長の蔡元培に招かれて文科学長となった陳独秀から声がかかり、論理学教授兼図書館長に就任した[201]。

章士釗はその後、李大釗を図書館長の後任に推薦し、旧友の楊昌済も呼び寄せた。この時、楊昌済を推薦していなければ、毛沢東が北京大学に来ることもなかったかもしれない。まさに運命の〝連鎖反応〟である。

毛沢東がこのとき目にしたのは、絶頂期の北京大学だった。陳独秀が文科学長に就任したことで、「新文化運動」の一大拠点となっていたのである。

すでに述べたように、「新文化運動」とは、「科学と民主」を掲げ、儒教に代表される中国の〝旧文化〟を否定し、思想や文学の改革を推し進めようとした運動である。その起爆剤となったのが、陳独秀の『新青年』だった。

この運動で目覚めた若者たちは、その後「五四運動」（後述）の主力となり、一部は、毛沢東のように共産主義に傾倒していく。陳自身も中国共産党の創設者となり、『新青年』は、中国共産党機関誌へと変貌を遂げる。

北京大学が当時、「新文化運動」の拠点となり得たのは、学長の蔡元培が大胆な改革を行ったからである[202]。

北京大学の前身は、戊戌変法の新政の一環として設立された「京師大学堂」である。辛亥革命後、北京大学と改名され、〝最高学府〟となったが、内部は〝腐敗〟し切っていた。

もともと清朝の官吏養成学校だったため、学生は仕官できれば十分と考えており、学問に興味を示さず、前門にあった遊郭に入り浸る始末だった[203]。

こうした状況を変えるべく乗り込んできたのが、蔡元培だった。彼はかつて科挙最難関の殿試に合格し、進士となり、翰林院《かんりんいん》（皇帝直属の機関で、史書の編纂、詔勅の起草などを担当した）編修を務めた高級官僚だったが、日清戦争の敗北で維新派支持に転じ、戊戌政変で尊敬する譚嗣同が処刑されると、清朝に絶望して下野し、教育に従事した。

その後、革命活動に参加し、「光復会」を上海で立ち上げ、「愛国協会」に加わり、章士釗や陳独秀らと清朝高官の暗殺を計画した。この間、ドイツに留学し、心理学、哲学、美学を学び、辛亥革命後は、南京臨時政府教育総長となり、西洋の教育制度の導入をはかるが、袁世凱が政権を掌握すると辞職し、フランスに渡って哲学と美学の研究に専念する。

蔡元培は、ヨーロッパに留学した経験から、西洋諸国が強国になったのは、教育を重視したからであり、国民全体のレベルが高く、科学が発達しているからだと認識していた。

中国を強国にするには、国民教育を充実させる必要があり、それが救国の道だと考えていたのである。だからこそ、陳独秀が「大学で教えたことがない。肩書がない。適任かどうかわからない」と固辞したにもかかわらず、「若者の指導者」たりうると確信し、三顧の礼を尽くして要職に抜擢したのである。[204]

蔡元培は、教員の人選に当たり、思想信条や学位にこだわらず、信頼できる人物の推薦を重視した。早稲田大学を除籍になった李大釗が、章士釗の推薦で採用されたのはそのおかげである。楊昌済も章士釗の推薦だったし、胡適をアメリカから呼び寄せ、教授兼哲学研究所主任のポストに推薦したのは、陳独秀だった。魯迅が講師に招かれたのは、教授になった弟の周作人が陳独秀に紹介したからである。[205]

当時、北京を訪れた毛沢東も、こうした変化の恩恵を享受した一人だった。後年、図書館で働いた時代を振り返り、「職位が低いので、みんな私と交流したがらなかった」し、「大多数が私を人間扱いしなかった。（新文化運動の有名なリーダーたちは）図書館の助手が話す南方の方言を聞くひまはなかった」と苦々しく語っているが、同時に、「でも、決して気落ちしたりはしませんでした。哲学会と新聞学会に参加しました。北京大で聴講が可能になるからです」とも言っている。[206]

毛沢東は、研究会のメンバーになったおかげで、学長の蔡元培から半年間の聴講許可証を与えられ、著名な教員や学生と知り合うことができたが、研究会は、蔡元培の改革によって誕生したものである。その改革により、学生のサークル活動が盛んになり、「新潮社」のように『新青年』に触発され、『新潮』という雑誌を発行する団体まで出てきた。教員がその活動を支援しており、陳独秀が大学に活動経費を拠出させ、胡適が顧問を引き受け、李大釗は、図書館の一室を事務室として使わせたりした[207]。

毛沢東が参加した〝哲学会〟とは、「哲学研究会」のことだが、これは、「東西の諸家の哲学を研究し、新たな知識を開く」という趣旨で、楊昌済、胡適、梁漱溟《りょうそうめい》らが発起し、蔡元培が主宰したものだった。毛はここで西洋哲学の本を大量に読んだという[208]。

〝新聞学会〟は、「新聞学研究会」のことである。これは、新聞の実務を学ぶ研究会であり、『京報』社長の邵飄萍《しょうひょうへい》（１８８６〜１９２６）らが講師となって教えた。邵は、１９１３年、杭州の『漢民日報』の主筆として袁世凱政権を批判して逮捕された経験を持つ屈強なジャーナリストだった。

出獄後は、日本に逃れ、法政大学（当時は専門学校で、財団法人和仏法律学校法政大学。１９０４年に清国留学生法政速成科を開講し、中国人留学生を受け入れた。私立大学になったのは１９２０年）で学び、「東京新聞社」を立ち上げ、袁世凱政権を批判し続けた。

１９１５年、袁世凱が「帝制復活」を宣言すると、帰国して反袁陣営に身を投じ、上海『申報』などにペンネームで寄稿して袁世凱を非難し、袁が死去した後は、同紙の北京特派員となり、段祺《だんき》瑞《ずい》ら北洋政府を批判し、その名を全国に轟かせた。

のちに毛沢東は、「特に邵飄萍には世話になった」[209]と回想しているが、これは、この研究会を通して彼と懇意になり、「経済的支援」まで受けるようになったからである。[210]

邵飄萍の教え方は、きわめて実践的だった。同研究会は、『新聞週刊』を創刊し、会員が原稿を書き、邵の指導を受けた。のちに毛沢東は、湖南で『湘江評論』を発行するが、ここで学んだ知識が大いに役立ったに違いない。[211]

こうして毛沢東は、「大多数が私を人間扱いしなかった」という屈辱を味わいながらも、北京大学で様々な人々と交流する機会を得て、著名な教授と知り合うこともできた。彼は当時、北京に滞在していた「新民学会」会員を集め、蔡元培や胡適等を招いて座談会を組織したりしている。[212]

胡適は、陳独秀と同じく、毛沢東にとって憧れの存在だった。『新青年』を通して彼の存在を知っていたからだ。毛は同誌に夢中になり、それまで崇拝していた梁啓超と康有為を「捨て去った」くらいだ。梁啓超と康有為に代わり、陳独秀と胡適が「私の模範になった」と言っている。[213]

胡適は当時、アメリカのコロンビア大学の院生だったが、『新青年』に寄稿した論文（「文学改良芻議《すうぎ》」）で白話文（口語文）を提唱し、一挙に「新文化運動」のオピニオンリーダーに仲間入りした。胡適は、陳独秀の推薦により、1917年に帰国し、北京大学の教授に就任した。[214]

陳独秀が胡適を知ったのは、『甲寅』に掲載された章士釗宛の書簡を読んだのがきっかけである。それには、文明の輸入に当たっては、「本国の人々の鍛錬を経なければならない」と書かれていた。陳はこれが大いに気に入り、『新青年』創刊後、胡適に原稿を依頼したのだった。[215]

陳独秀と胡適がしかけた「文学革命」はその後、日本留学帰りの魯迅の口語小説の登場によって大きく花開く。魯迅は、「狂人日記」を皮切りに、「孔乙己」「薬」などの小説を『新青年』に寄稿し、口語小説の基礎を築いたのである。

毛沢東にとって、陳独秀との出会いが、その後の人生を決めたといっても過言ではない。

これについて毛沢東は、「私が最初に彼（陳独秀）と会ったのは、北京でした。私は当時、国立北京大学にいました。彼が私に与えた影響は、他のいかなる人が与えた影響よりも大きいかもしれません」と明言したほどだ。[216]

陳独秀が「毛沢東の才能を評価」していたことは、中国共産党創設にかかわり、のちに毛沢東と対立した張国燾《ちょうこくとう》（中国共産党の創設メンバーの一人だったが、のちに失脚し、国民党側に逃れた。その後、台湾、香港に滞在し、最後は、カナダへ移住）ですら認めている。この時、陳独秀と出会っていなければ、彼の誘いで毛沢東が湖南に共産党組織を立ち上げ、党中枢部入りすることもなかっただろう。毛沢東の才能を認め、党中央に抜擢したのも陳独秀だった。[217]

１９２３年に開催された中国共産党の第三回全国代表大会で、毛沢東は、最高指導部の中央局（後の政治局に相当）のメンバーに選ばれ、中央局委員長の陳独秀をサポートする中央局秘書に選ばれた。その役職は、大きな権限を有しており、党の文書や書簡を管理し、「党の一切の書信は、委員長と秘書の署名を必要とする」とされていたのである。[218]これを見ても、陳独秀が毛沢東をどれだけ信頼していたかがわかる。

毛沢東は、そのまま北京にいたかっただろうが、それはかなわなかった。ただ、北京にとどまっていれば、歴史の表舞台に出ることはなかったかもしれない。

毛沢東が湖南にもどった理由について蕭子昇は、「毛は図書館の下働きに過ぎず、大学にも籍はなかった」ため、「このままでは、到底うだつがあがらない」と判断したからだと言っている。[219]

だが、彼には「母の病」という理由もあった。北京に出発する前、母を介護してくれている二人の伯父（文玉瑞と文玉欽）に、「歴遊が目的で、他の意図はありません」と約束していたのだから、北京に長居はできなかったはずである。

母の実家の人間に、「母がお宅に長期にわたり滞在し、看病していただいていることは、感激の至りです。もし、病気が治らないなら、秋の収穫の後、潤連（弟の毛沢民の字）に長沙まで付き添いをさせますので、お二人にお助けいただければ幸いです」と伝えていたのだから、帰らないわけにはいかなかったのである。[220]

毛が北京を出発したのは、1919年3月12日であり、長沙に着いたのは、約1カ月後の4月6日である。約1カ月もかかったのは、途中、上海に滞在したからである。

上海に滞在したのは、フランス勤工倹学に旅立つ湖南人を見送るためだった。第一陣を見送ったのは、北京を発って5日後の17日。そして第二陣を見送ったのは31日である。その後、やっと長沙に向かった。

その間、母は、弟の毛沢民に付き添われ、一足先に長沙に着き、蔡和森の実家に寝泊まりし、毛沢東の帰りを待っていた[221]。

実家は、ずっと次男の毛沢民が切り盛りしていた。三男の毛沢覃（1905〜1935）も長沙の学校に通うことになったので、毛沢民の負担はますます重くなった。一家を支えるため、農作業に明け暮れる日々だったが、毛沢民は、愚痴一つ言わず、黙々と働いたという[222]。

五四運動

母と弟は、しばらくして韶山にもどったが、毛沢東は、長沙にとどまった。友人の周世釗が、修業小学校で教えており、彼の推薦で、同校で歴史を教えることになったからである。

この仕事は、薄給だったが、学校に寝泊まりできたので、なんとか生活できた。授業数も多くなく、新民学会の活動に時間をさけたし、教員という社会的身分を手に入れたことで、教育界、メディア、学生と交流することが可能となり、その後の政治運動に大いに役立った[223]。

毛沢東が湖南にもどって1カ月後、その〝社会的身分〟がフルに発揮される事件が起きた。「五四運動」の勃発である。

その発端は、第一次世界大戦後に開かれた「パリ講和会議」だった。中国は、戦勝国だったにもかかわらず、敗戦国のドイツが山東省に有していた権益が日本に譲渡されることが決まったのだ。

その知らせが伝わると、中国は、騒然とした。
５月４日、怒った北京の学生が大挙して天安門前に集結し、「二十一カ条を破棄せよ」「日本製品をボイコットせよ」「講和条約調印を拒絶せよ」「国賊を処罰せよ」などのスローガンを掲げ、街頭デモに繰り出した。[224]
デモ行進は、秩序だって行われていたが、のちに過激化した。暴力行為を煽ったのは、陳独秀に感化された無政府主義者の秘密団体だったといわれている。彼らは、最初から曹汝霖《そうじょりん》（後述）の自宅を焼き討ちするつもりだったが、大多数の学生は知らなかったという。[225]
最初の衝突は、デモ隊が各国の公使館がある東交民巷《とうこうみんこう》でデモを行おうとした時に起きた。学生は事前に米、英、仏の公使館に電話をし、デモを歓迎するという回答を得ていたが、当局が入り口でデモ隊を阻止したのである。[226]
この時、誰かが「曹汝霖の家に行こう！」と叫んだ。デモを指揮していた北京大学の学生・傅斯《ふし》年《ねん》は、阻止しようとしたが、怒った学生を引き留めることはできなかった。[227]
曹汝霖（１８７７〜１９６６）は、対華二十一カ条の交渉と山東省に関する交換公文（北京政府が日本の山東利権を承認）に関わった交通総長だった。この時、彼とともに、元駐日公使の陸宗輿《りくそうよ》（１８７６〜１９４１）と駐日公使の章宗祥《しょうそうしょう》（１８７９〜１９６２）も親日派の〝売国賊〟という烙印を押されていた。章は東京帝国大学、曹と陸は早稲田大学で学んだ日本留学帰りだった。
デモ隊は、曹汝霖の自宅に押しかけたが、いきなり火を放ったわけではない。彼らは当初、警官に対し、曹が出てきて日本との密約を結んだ原因を説明するよう求めたが、追い返されそうになった。これに怒った学生は、家に向かって石や旗を投げつけたが、反応がなかったので、あきらめて学校にもどろうとしていた。
本来ならば、これでデモは終わっていたはずだったが、この時、突然入り口の扉が開いたため、大勢の学生が中になだれ込んだ。中から扉を開けたのは、壁をよじ登って侵入した匡互生《きょうごせい》（後述）ら5人の学生だった。彼らこそが、秘密団体を結成した無政府主義者だった。[228]
この時、曹汝霖は小部屋に閉じこもり、章宗祥は、中江丑吉《なかえうしきち》（後述）らと地下のボイラー室に逃げ込んだが、家が火事になったと聞き、慌てて外に飛び出したところを学生に見つかってしまう。学生たちは、章を取り囲み、スーツを引き裂き、鉄の棒で殴り倒した。[229]
曹汝霖の自宅に火を放ったのは、北京高等師範学校（北京師範大学の前身）の学生・匡互生（1891〜1933。湖南出身。のちに湖南にもどり、張敬堯追放運動に加わる。新民学会会員となり、毛沢東と文化書社を立ち上げた）であり、曹宅に侵入し、扉を開けたのも彼だった。[230]
彼は当時、「研究室から出て監獄に入れ」と呼びかけた陳独秀に感化され、羅章龍（新民学会会員。当時、北京大学の学生）とともに「秘密の行動グループ」を結成していた。[231]
羅章龍の回想によれば、章宗祥が殴られた時、一人の日本人が彼の体の上に覆いかぶさり、「殴るな」と叫んだが、この日本人は、中江兆民の息子・中江丑吉（1889〜1942）だった。中江は、「日本語なまりの中国語」で学生たちに向かって、「これは俺の友達だ。殴りたいなら俺を殴れ、俺は恐くない！」と叫んだので、デモ参加者に鉄の棒やステッキで叩かれ、腕や背中に傷を負い、赤く腫れあがったという。[232]

中江丑吉が、なぜそこにいたのか？

それは、曹汝霖が留学時代、中江家に下宿していたからだ。そもそも中江が北京に滞在できたのは、曹が仕事を紹介してくれたからだった[233]。

この日のデモでは、学生ら三十数名が逮捕されたが、抗議運動は、収まるどころか、さらに拡大していった。5月7日、北京で学生連合会（学連）が組織され、全国に支援を呼びかけると、天津、上海、南京、武漢などでデモが勃発し、主要都市で学連が設けられた。

湖南に飛び火

抗議運動は、各地に広がったが、湖南には、なかなか伝わらなかった。それは、張敬尭が情報を封鎖していたからだが、5月9日、長沙『大公報』が、報道に踏み切ると、運動は、一気に湖南にも飛び火した[234]。

学生は、街頭に繰り出し、「山東人の命を救え」「我が国は危険だ」と書いたビラをばらまいた。警察が学校に押しかけ、ビラを配った学生を捜索し、校長に学生を止めるよう命じたが、いったん燃え上がった運動を抑え込むことはできなかった。

この時、毛沢東は、すぐに行動を起こしてはいない。動き始めたのは、5月中旬、北京で知り合った北京大学の学生・鄧中夏（李大釗の右腕的な存在で、北京学生連合会総務幹事などを務めた）が北京学生連合会の使者として支援を求めに来てからである。

これを受け、ボイコットを行うことが決まり、5月28日、湖南学生連合会（湖南学連）が設立された。学連のスタッフの大多数は、新民学会会員であり、学生の組織といいながら、〝実際の指導者〟は、毛沢東だった[235]。

毛沢東は、学連を背後で指揮するだけでなく、自ら学校に出向いて演説をし、日本製品ボイコットを呼びかけた。6月4日、湖南学連が北京政府に突き付けた「授業ボイコット宣言」（パリ講和条約の拒否、不平等条約の廃棄等を要求）が長沙『大公報』に掲載されると、ボイコットは、湖南全省に広がっていった[236]。

これを見た湖南督軍の張敬尭は、すぐさま鎮圧に乗り出した。学生を〝過激党〟と呼んで、取り締まりを命じ、デモを禁止し、従わない場合は、「一律に逮捕する」と威嚇したが、それでもボイコットは止まなかった[237]。

学連はこの時、各地にならって日本製品ボイコット運動も発動した。「国貨（国産品）維持会」に加わり、学校の中に摘発組織を設け、日本製品を使っている学生がいれば、店に返品するよう命じ、従わなければ、見せしめで学内に展示した。

また、各業界に学生を調査員として送り込み、日本製品を摘発した。それでも売っている商人がいれば、罰金を科し、製品を没収して燃やした。華泰長洋貨号という店は、日本製品を売っていることがばれてしまい、店にあった日本製品を学生に壊されてしまった[238]。

それでも、日本製品を売る店はなくならなかったので、7月7日、学連と国貨維持会は、「日本製品焼き払いデモ大会」を挙行した。日本製の布をかついで行進し、「中国人は、中国製品を買おう」「亡国の輩になるな」「二十一ヵ条破棄」と叫びながら広場に着くと、布を積み上げ、油をかけて焼き尽くしたのである。[239]

もちろん、張敬堯がこうした動きを容認するはずがない。8月中旬、学連が長沙で日本製品焼き払い集会を組織すると、軍警が包囲し、学連は解散に追い込まれた。[240] しかし、それでも運動は終わるどころか、激しさを増し、やがて「張敬堯駆逐運動」へと転化していった。

『湘江評論』

「五四運動」が起きると、各地で「新思想」を宣伝する刊行物が創刊され、長沙でも、『新湖南』『女界鐘』『岳麓週刊』などが誕生した。湖南学連も『湘江評論』を刊行することに決め、毛沢東が編集長となった。

これは、毛沢東の名声を高めるチャンスとなった。同誌に寄稿した文章が陳独秀らの目に留まり、共産党創設に加わるきっかけとなったからだ。当初は、やむなく北京から湖南にもどったが、逆に名を挙げることになったのだから、まさに塞翁が馬である。

毛沢東は、『湘江評論』に並々ならぬ力を注ぎ、一人で編集から執筆、組版、校正までこなし、自ら街頭に出て売ったりもした。掲載された記事の大半は、彼の手によるものだった。1919年7月14日に創刊され、8月中旬に発禁になるまで、わずか1ヵ月の間に40本もの文章を寄稿した。北京で学んだ新聞発行の知識がフルに発揮されたわけだ。

毛沢東と『湘江評論』の関わりについては、陳独秀と李大釗の下で共産党創設に奔走した張国燾が、1960年代半ばに以下のような証言を残している。四十数年前のことなのに、わざわざ『湘江評論』に触れているのだから、よほど印象が強かったのだろう。

「陳氏は、湖南の長沙で『湘江評論』を主宰していた毛沢東と早くから連絡をとっていた。彼は、毛沢東の才能を評価し、手紙を送って経緯を説明し、湖南で中共小組（グループ）を発動するよう依頼する準備をしていた。各省の小規模な刊行物の中では、施孝統、兪秀松らが杭州で創刊した『浙江新潮』に次ぐ声望を有していた[241]」

『湘江評論』については、毛沢東自身も「華南の学生運動に大きな影響を与えた」と言っているが、実際、かなりの売れ行きだったようで、2000部印刷した創刊号は、その日のうちに売り切れ、第二期からは、5000部印刷した。湖南だけでなく、他省の定期購読者も多かったという[242]。『湘江評論』の知名度が上がったのは、陳独秀と李大釗が1918年12月に創刊した『毎週評論』の支援によるところが大きい。李大釗は、『湘江評論』は、全国で最も内容があり、本質を突いたものだと高く評価した。胡適も「武人の統治の下で、このような良い兄弟が生まれたのは、本当に意外な喜びだ」と歓迎し、毛沢東が執筆した「民衆の大連合」に触れ、「遠大な見識を持つ、重要な文章である」と絶賛したのである[243]。

『湘江評論』の論調は、穏健な「改良路線」だった。当時の毛沢東は、平和的な民衆運動で政治が変えられると信じており、『湘江評論』の「創刊宣言」（7月14日）は、「民衆が連合」し、「強権者」に対して〝忠告運動〟を行うべきだと呼びかけている。なぜなら、「強権者を強権で打倒すれば、その結果は、依然として強権となる」からである。

毛沢東にとって「忠告運動」とは、〝無血革命〟であり、「効果のない〝爆弾革命〟〝有血革命〟」ではなかった。〝無血革命〟は、「大混乱」に至らないと思っていたからだ[244]。

これを見ると、毛沢東は当時、暴力革命に反対だったことが分かる。彼は、胡適が絶賛した「民衆の大連合」の中で、マルクスとクロポトキン（1842〜1921。ロシアの無政府主義者。私有制と国家を廃止し、無政府の社会を樹立することを主張。プロレタリア独裁に反対）を比較し、後者を支持していた。

なぜなら、マルクス派は〝激烈〟だが、クロポトキン派は、「温和で、効果を焦らず、まずは平民の理解から手をつける」からだ。クロポトキン派は、「貴族、資本家」であっても、「人を助け、害しなければ、殺す必要はない」と考えており、「地球を連合し、一つの国となし、人類を連合して一家となす」という立場なので、「思考がもっと広く深遠である」と毛沢東は、評価していたのである[245]。

毛沢東が〝忠告運動〟の力を信じたのは、「五四運動」の結果、北洋政府が譲歩して曹汝霖らを解任したからである。彼はこれについて、「我々はすでに実験を行った。陸栄廷（1859〜1928。護国戦争で広西都督兼広西護国軍総司令となり、湖南に派兵したことがある）の銃弾では、曹汝霖ら悪人を永久に倒せなかったが、我々が立ち上がって呼びかければ、悪人は起き上がって震えあがり、必死で飛ぶように逃げ去った」と指摘している。

そして、「他国の同胞も、この方法によって自分たちの利益を要求し、手に入れている。我々も立ち上がって見習うべきであり、大連合を行うべきである！」と呼びかけた。[246]

毛沢東は当時、平和的な民衆運動で独裁者を動かせると信じていたのである。

〝新村〟――「人民公社」の原型

当時の中国では、〝社会主義〟といっても、クロポトキン、武者小路実篤、トルストイなどの思想が混在する状況だった。

中国の知識人は、欧米の民主主義の影響を色濃く受け、ロシア流の暴力革命や独裁は、受け入れがたいと考えており、陳独秀は、「我々は階級闘争の発生を見たくない。我々は民衆運動による社会改造を主張する」と論じていた。毛沢東もそうした論調に影響されていたのである。[247]

特に北京大学は、学長の蔡元培がクロポトキンの思想を提唱していたこともあり、無政府主義がはやっていた。同大学では、武者小路実篤の「新しき村」を中国に紹介した周作人（魯迅の弟）も教えており、彼が1919年3月、『新青年』に発表した「日本の新村」は、中国で大きな反響を巻き起こした。

周作人は、「日本の新村運動は、世界でも注目すべきことだ。Utopiaを夢見てきた人は少なくないが、実際に実行することはなかった。……（新村運動は）実行可能かつ中正普遍の人生の福音である」（『新青年』第6巻第3号、1919年3月15日）と絶賛し、「新村北京支部」まで設け、「新村主義」を広めようとした[248]。

その後、王光祈（1892〜1936。四川出身。『四川群報』記者や『京華日報』の編集者を経て、李大釗らと「少年中国学会」を設立し、陳独秀、蔡元培、李大釗らの支持を得て「工読互助団」を組織。同団が失敗に終わった後は、ドイツに留学し、ベルリン大学で音楽を学び、『中国古典歌劇を論ず』『東方民族の音楽』等の著作を著した）らが〝新村〟に倣った「北京工読互助団」を立ち上げると、蔡元培、陳独秀、李大釗、胡適らが資金集めまでして支援するほどだった[249]。

この頃、北京大学に出入りし、彼らと交流のあった毛沢東が、こうした雰囲気に染まらないはずがない。「新村」や「北京工読互助団」が注目を浴びると、故郷の岳麓山に〝新村〟を建設したいという思いが沸き起こり、〝新社会〟の構想を地元の雑誌（『湖南教育月刊』）に寄稿したりした。よほど〝新村〟に興味があったのだろう。毛沢東は当時、北京工読互助団を見学したり、周作人のもとを訪れたりしている。また、陳独秀らと「上海工読互助団」の発起人となり、自らも団員として共同生活を体験するなど、かなりの熱の入れようだった[250]。

それでは、毛沢東にとって理想の〝新村とは、いったいどのようなものだったのか？

前述の『湖南教育月刊』に寄稿した文章によれば、それは、以下のようなものだった。

「学校の授業の時間は、できるだけ減らし、学生が自分で研究し、仕事ができるようにするのがいい。……睡眠八時間、休息四時間、自習四時間、授業四時間、仕事四時間。仕事が四時間という点が、工読主義に必須のポイントである。仕事は、全て農村仕事とする。……若干の新家庭を合わせれば、新社会を創造できる。……（新社会とは）公共育児院、公共初等学校、公共学校、公共図書館、公共銀行、公共農場、……公共劇場、公共病院……。これらの新学校、新社会を合わせて一つの〝新村〟とする。私は、岳麓山一帯、すなわち湘城（長沙）付近が、新村建設に最適の場所だと思っている[251]」

これは、戦後、中国の最高指導者となった毛沢東が組織した「人民公社」を彷彿させるユートピアだが、「人民公社」と同じく「工読互助団」も破綻した。毛沢東が思い描いたユートピアが実現可能だったかは、「工読互助団」の結末を見ればわかる。

まず、毛沢東は、新村を農村に限定したが、工読互助団は農村で土地を確保できず、この計画に賛同したのは、都市のインテリだったので、都市で活動せざるを得なかった。

だが、都市は、物価も家賃も高い。「仕事四時間」で生活費を稼ぐのは、無理な話だった。おまけに、団員の衣食住の経費は、団の負担だったので、すぐに資金が底をついた。その結果、「工読互助団」は、わずか3カ月で立ち行かなくなり、解散する羽目になった[252]。

そもそも「工読互助団」では、労働意欲がわかなかった。団の規定によれば、各団員が毎日4時間労働することになっていたが、収入は団に属し、労働時間を満たせば、成果は問われなかったからだ。これらは、すべて「人民公社」が直面した問題に酷似している[253]。

当時、こうした問題をいち早く見抜いていたのが、胡適だった。

彼は、『新青年』(第7巻第5号、1920年4月1日)に「工読主義試行の観察」を寄稿し、仕事が4時間を超えるなら、「工読主義」の看板を掲げるべきではないと指摘した。

実際は、7時間から10時間も仕事をしているので、勉強する時間がないし、仕事もつらいだけで楽しめない内容だったからだ[254]。

胡適は、「工読主義」という〝主義〟を掲げるのではなく、勉強時間を確保するための現実的な計画を立てるべきだと主張した。全てを自前でやるのではなく、団員を既成の社会組織に派遣すべきであり、そうした方が、自分の好きな仕事が選べるし、収入も確実に得られると指摘した[255]。

その頃、毛沢東も〝工読生活〟を実体験したが、失敗に終わっている。上海で第一師範の同窓生と「共同で働き、学び、食べ、着る(服を共有した)」生活をしたが、うまくいかず、1920年6月、「工読団は、まったく見込みがないので、発起人(毛沢東は、王光祈と陳独秀が設立した「上海工読団」の発起人の一人だった)は中止することに決めました」と黎錦熙に伝えている[256]。

〝主義〟と独裁——胡適の警鐘

胡適が「工読主義」を批判したのは、〝主義〟ですべてが解決できるという考えが危険だと思ったからである。こうした風潮に警鐘を鳴らすため、彼は、『毎週評論』(第31号、1919年7月20日)に「問題を多く研究し、〝主義〟を少なく語ろう!」を寄稿し、「〝主義〟の大きな危険」は、「人を満足させ、〝根本的な解決〟が見つかれば、具体的な問題の解決法を苦心して研究する必要はないと思い込ませることだ」と指摘した。[257]

胡適が、主義の絶対視が危険だと思ったのは、いかなる学説も〝時代の産物〟だからである。たとえば、マルクス主義については、「(マルクスの)個人的な奇癖」を「永久な価値を持つ真理とみなせば、古人に騙される」として次のように論じた。[258]

「この種の学説は、あまりにも〝階級の自覚心〟という面を表明する傾向があり過ぎるため、無形のうちに階級の敵愾心を養ってしまう。労働者は、資本家が共存できない仇敵だと認定するようになり、多くの資本家も、労働者が本当に敵だと感じるようになる。この敵愾心の結果、社会において、もともと互いに助け合い、助け合うことができる二大勢力が、対立する敵陣営となってしまい、建設的な救済方法が不可能になり、歴史上、多くの無用な惨劇を演じることになる[259]」

胡適は、〝主義〟よりも「一点一滴の不断の改良」を説いたが、その理由は、「絶対的な専制政治は、手段を選ばず、代価を惜しまず、最も残酷な方法で根本的な改革と考える目的を達成」し、「近代百六七十年の歴史は、徹底的な改革を主張する者は、政治において、すべて絶対的な専制の道を歩んだことを明示している」からである。[260]

当時、毛沢東は胡適の忠実な信徒だった。主義よりも問題を重視し、「問題研究会」まで立ち上げ、規約を起草したが、それを読めば、いかに胡適に影響されていたかがわかる。

その規約の第一条は、「問題解決を重視し、研究から着手する」という趣旨を掲げている。

そして、第二条は、研究すべき多数の問題を列挙し、教育、女性、婚姻、国家、宗教、労働、民族、経済、国際情勢、財政、司法、政治など71項目もの問題が挙げられているが、教育問題はさらに17の問題に細分化されている。[261]

だが、毛沢東は、本格的に政治運動にかかわるようになると認識が一変する。「湖南自治運動(後述)」が挫折すると、「主義がなく、頭が痛ければ頭、足が痛ければ足を治療するといった解決には賛成しない」と言うようになる。[262]

陳独秀も英米流の自由主義者からマルクス・レーニン主義者へと転向を遂げ、コミンテルンの呼びかけに応じ、李大釗らと共産党を結成し、毛沢東もその一員となった。それにつれ、『新青年』も第8巻第1号（1920年9月1日）以降は、共産党の理論雑誌に変貌し、胡適は、同誌と袂を分かつ。

陳独秀は、同号に寄稿した「政治を語る」の中で、胡適は「政治を語らない」と批判し、「階級闘争を経過せず、労働階級が権力階級の地位を占領する時代を経過しなければ、デモクラシーは、必然的に永遠にブルジョア階級の専有物であり、ブルジョア階級が永遠に政権を握り、労働階級を阻止するための利器となる」と断言するに至った。[263]

その後、胡適と陳独秀は、全く異なる道を歩んでいく。

陳独秀は、中国共産党のリーダーとなるが、胡適は、国民党の側につき、蔣介石に請われて駐米大使となり、台湾に渡った。そして、中華人民共和国の最高指導者となった毛沢東は1950年代、思想界から胡適の影響を一掃すべく、批判運動を発動した。

この時、中国に残っていた胡適の次男・胡思杜は、父を「反動階級の忠臣」「人民の敵」と糾弾する文章を香港の『大公報』に寄稿し、一線を画そうとしたが、「反右派闘争（１９５７年）」で「右派分子」と断罪され、失意のうちに命を絶った。

そして、胡適は、それから５年後の１９６２年、息子の生死を確認できないまま、この世を去ったのである。[264]

ジャーナリスト・毛沢東

毛沢東は、『湘江評論』の成功で、いちやく著名人になったが、同誌は１９１９年８月、〝過激主義〟を宣伝しているとして、湖南督軍・張敬尭によって発禁処分にされてしまう。

日本製品ボイコット運動を発動した湖南学連も、解散に追い込まれたので、毛と学連の幹部は、岳麓山を拠点とし、ひそかに「張敬尭駆逐運動」の計画にとりかかる。[265]

相次ぐ言論弾圧で、行き詰まったかに見えた毛沢東だったが、ここでも新たなチャンスが訪れる。地元有力紙・長沙『大公報』から声がかかったのだ。以前、同紙に寄稿したことがあったが、今回は、社外執筆員に任命され、本格的に寄稿するようになったのである。[266]

それまでは、学生組織のメディアに活躍の場が限られていたが、ついにメジャーな新聞でデビューしたのである。以後、毛は同紙に頻繁に寄稿し、「湖南自治運動（後述）」を促進する役割を果たす。

1919年11月14日、毛沢東が社外執筆員になって間もなく、趙五貞という新婦が、嫁ぎ先に向かう籠の中で喉を切って自害するという悲惨な事件が長沙で発生した。親が決めた結婚に抗議したのである。

長沙『大公報』といえば、当局の封鎖を突破し、北京の「五四運動」を伝えた新聞である。早くから「女性解放問題」にも注目し、「男女の教育の平等は、絶対的に正しい道理である。欧米各国では、それを行って久しい。ひるがえって我が国の社会を見れば、男尊女卑の説がいまでも盛んである」と主張していたので、今回の事件を大々的に取り上げた。

事件翌日、「旧式婚姻の流毒」と報道し、それから半月間、総計40本もの関連記事を掲載したが、そのうち9本は、毛沢東が執筆したものだった[267]。

もちろん当時、「女性解放」を主張していたのは、長沙『大公報』だけではない。口火を切ったのは、陳独秀だった。彼は、『青年雑誌』（第1巻第5号、1916年1月15日。のちに『新青年』と改名）に寄稿した「1916年」の中で、儒教の「三綱（君を臣の綱と為す、父を子の綱と為す、夫を妻の綱と為す）」を痛烈に批判し、「夫を妻の綱と為すというのは、妻を夫の付属品とするものであり、独立の人格がないということである。……奴隷の道徳である」と批判し、世論を喚起していた[268]。

当時、「女性解放運動」が共感を呼んだのは、親が結婚相手を決めるという因習に若者が反発を感じていたからである。もちろん、毛沢東もその一人だった。親が選んだ妻を拒み続けたことは、すでに述べた通りである。

毛沢東は、趙五貞を自殺に追いやったのは、中国社会、実家、嫁ぎ先という〝三つの鉄網〟であり、それが彼女を取り囲み、「死を選ばせた」と指摘した。かりに、鉄網の一つでも抜け道があり、彼女の〝自由意志〟を容認していれば、死に急ぐことはなかった。したがって、「この事件の背後にあるのは、婚姻制度の腐敗、社会制度の暗黒、意志の自立の欠如、恋愛の自由の欠如である」と論じた。[269]

ここで毛沢東は、「我々は、各種の学理を議論するに当たり、生の事件に寄り添って議論すべきである」と呼びかけているが、これは、明らかに胡適の影響を受けたものである。[270] この事件は、まさに問題を解明するための〝生の事件〟だったのである。

母の訃報

毛沢東はこの時期、ジャーナリストとして活躍する一方で、軍閥・張敬堯を湖南から追放する秘密計画に着手していた。

1919年9月中旬、学連の元幹部を召集し、北洋軍閥内部の内紛（安徽派の張敬堯は、直隷派の呉佩孚《ごはいふ》と対立していた）を利用し、湖南の学生が主力となって張敬堯を追い出す戦略を示し、以下のような方針を打ち出した。

一、教員と報道界に働きかけて学生を支援させ、代表を上海に派遣し、反張敬堯の宣伝活動を行う。

二、外部の反張敬堯勢力（上海の「湖南善後協会」など）と連携する。
三、学連を復活させ、愛国運動から駆張運動に転ずる準備をする。[271]

こうして、本格的な政治運動にとりかかろうとしていた時、悲しい知らせが届く。母が病死したのである（危篤の知らせだったという説もある）。10月5日、訃報を受け、弟の沢覃を連れ、韶山に駆けつけたが、実家に着いたのは、2日後の10月7日だった。

弟の沢民によれば、母は、臨終の床で息子たちの名前を呼んでいたという。[272] 翌日、毛沢東は、母の死を悼み、霊前で弔文（母を祭る文）をしたためた。

「母は、高風《こうふう》（すぐれた人格）を備え、何よりも博愛を推奨していた。遠くても近くても親しくても疎遠でも、誰でも覆育《ふくいく》（おおい育て）し、包容した。……嗚呼《ああ》、わが母よ。母は、まだ死んではいない。軀殻《くかく》（肉体）は、隳《くず》れても、霊魂は、永遠である[273]」

この弔文は、1978年、地元政府が毛沢東の父母の墓を改修した際、石碑にしたが、当時、墓の場所を決めたのは、毛沢東だといわれている。弟の毛沢民は、〝風水〟がいい所に作ろうと言ったが、風水は信じないと反対し、家の向かい側にある毛家の山・楠竹坨にするよう指示した。あとは弟にまかせ、超敬堯追放運動に着手するため、埋葬を待たずして実家を後にしたという。[274]

張敬堯追放運動

長沙にもどった毛沢東は、張敬堯との戦いに没頭していく。まず、10月22日、湖南の教育界172名と連名で公開書簡を発し、張敬堯が教育界を牛耳り、教育事業に惨状をもたらしていることを告発した[275]。

次にとりかかったのが、学連の再結成である。11月16日、元学連幹部を集めて設立大会を開き、学連を復活させた[276]。

そして次は、直接行動である。毛沢東は、計画通り、「愛国運動」を「駆張運動」に転換させる作戦に着手した。11月16日、学連は、福建省で「福州事件」が起きると、それを伝えるビラをまき、翌月2日、日本製品ボイコット運動を発動する。反日感情を利用し、民衆を反軍閥運動に動員するという戦略だ[277]。

「福州事件(1919年11月16日)」とは、同地在住の日本人および台湾人(台湾は当時、日本の植民地だった)が、日本製品ボイコット運動を推し進める中国人学生とトラブルになり、負傷者を出すに至った事件である。一時は、日本側が軍艦を派遣する騒ぎになったが、事件の経緯に関する見解が食い違う日中双方が共同調査を行うことになり、最終的に外交交渉によって解決を見たという経緯がある。

当時、こうした反日の風潮は、福州だけでなく、各地で見られた。四川省成都では、日本製品を

〝仇貨（敵国の商品という意味）〟と呼び、学生が「仇貨検査隊」を組織し、日本製品の摘発に当たった。

日本製品を取り扱う商人は〝奸商《かんしょう》（悪徳商人）〟と見なされ、学生とトラブルになって連行され、街中を引き回して見せしめにされる（「游街」という）事態まで起きていた。[278]

首都北京も例外ではなく、北洋政府内務部（部＝省）によれば、「日本人に見立てた泥人形を作り、道に並べて侮辱」し、学生のデモ隊の旗には、「日本を敵国とし、日本人を敵とする」という文字が書かれていた。

同部は、安徽省蕪湖《ぶこ》で「日本人の店を襲って破壊し、日本人を殴る」事件まで起きたという報告を受けており、こうした事態が首都北京で発生すれば、日本との友好関係に支障をきたし、治安維持にも影響が出ると懸念し、〝排日風潮〟を取り締まるよう警察に指示した。[279]

福州事件が起きると、再結成されたばかりの湖南学連は、さっそくビラをまいて民衆に知らせ、12月2日、長沙で二度目の日本製品ボイコットデモを発動した。毛沢東にとって、デモは手段に過ぎず、真の目的は、民衆の怒りを利用し、「愛国運動」を「張敬尭追放運動」に転換することにあった。

あたかも、張敬尭を挑発するかのように、今回のデモも前回（7月7日）同様、「日本製品焼き払いデモ大会」と銘打っており、場所も同じ教育会広場だった。持ち寄った大量の日本製品は、学生糾察（摘発）隊があらかじめ没収したものだった。

デモ隊は、軍楽隊に先導され、日本製品をかついだ糾察隊がそれに続き、その後ろを男女約50

00人の学生が練り歩いた。洋品店の前に差しかかると、「日本製品をボイコットしろ」「奸商を打倒せよ」と気勢を上げ、店頭の「大売出し」「割引」と書かれた旗をもぎとったりした。午後1時、教育会広場に着いたデモ隊は、広場の中央に日本製品を積み上げたが、その時、群衆は1万人規模に膨れ上がっていた。

これだけの騒ぎになって、張敬尭が黙っているわけがない。デモ隊が日本製品に火をつけようとしたが、弟の張敬湯が1000人余りの兵士を率いて広場に突入し、学生を取り囲んだ。張敬湯はこの時、ステージに登り、「なぜ学校で勉強しないんだ？　ここで何をやっている？　放火、強奪は、盗賊のやることだ。秩序を乱し、治安を脅かすなら、盗賊とみなして対応するぞ！」と叫び、兵士が学生を広場から排除し、デモを鎮圧した。[280]

こうして日本製品焼き払いデモは失敗したが、毛沢東にとっては、筋書き通りだったかもしれない。なぜなら、彼の目的は、焼き払いにはなく、民衆の怒りを利用し、張敬尭を追い出すことにあったからだ。

翌12月3日午後、毛沢東は、新民学会員や学連幹部と開いた会議で、張敬尭追放の条件が備わったと述べ、決起を呼びかけた。

「学生たちは怒っている。全省の湖南人も怒っている。全国の世論も非難し、直（直隷＝現在の河北）系と皖《かん》（安徽）系が内輪もめだ。衡陽に駐屯している直系の呉佩孚との矛盾が高まっているところだ。張敬尭は完全に孤立し、四面楚歌に陥っている。今回、愛国運動を鎮圧し、学生を侮辱したことは、焼身自殺のようなものだ。我々は、このチャンスを利用し、張敬堯を追い出し、湖南三千万人の命を塗炭の苦しみから救い出すのだ」[281]

この会議では、長期の授業ボイコットを行うことに決めたが、当初は、なかなかうまく行かなった。というのも、教員や学生の中には、張敬堯に反感は感じていても、授業ボイコットに反対する者がいたからである。

そこで毛沢東は、まず教師を説得し、それから学生を説得することにしたが、教師を説得するには、「健学会」に働きかけるのが一番だった。同会の会員は、著名な校長や教師だったからである。

こうした活動が実を結び、12月6日、学連が、全国に向け、「張敬堯が湖南から去らねば、学生は、絶対に学校にもどらない」と宣言し、ついに授業ボイコットが発動された。[282]

新民学会員、学連幹部、教育関係者は、各地に「駆張（張敬堯追放）請願団」を派遣することを決め、「衡陽の直隷派軍閥・呉佩孚および常徳の馮玉祥《ふうぎょくしょう》と安徽派の張敬堯の間の矛盾を利用し、呉と馮に張を追放するよう請願して軍事的圧力をかけ、同時に北京、上海、広州等に代表を派遣し、反張敬堯勢力と連絡をとり、勢力を拡大する」ことにし、次のような方針を打ち出した。

一、請願団を北京、上海、漢口、衡陽、常徳、広州等に派遣し、宣伝活動を拡大する。北洋軍閥内部の矛盾と湖南軍の失地回復の欲求を利用し、張敬堯に軍事的圧力をかける。

二、各校から派遣された学生と教職員の代表が、それぞれ代表団を組織する。北京に行った代表は、さらに湖南各界公民代表団を組織し、統括する。
三、一部の人員は、長沙に残って学生と各界を組織する。省内の活動を維持しながら、省外の代表団との連絡に当たる。[283]

北京再訪

こうして12月6日、授業ボイコット発動の日、毛沢東は、〝小学校教師〟としての身分で、請願団を引き連れ、北京へと旅立った。[284]

各地に派遣された請願団には、新民学会メンバーが数多く参加し、運動の主力となっていた。たとえば、湖南学連会長を務めた彭璜《ほうこう》（1896～1921）は、上海で宣伝活動に従事し、毛沢東が信頼を寄せていた何叔衡《かしゅくこう》（1876～1935。湖南第一師範で毛沢東と知り合い、新民学会を設立。毛沢東と湖南の党組織の設立に関わり、第一回党大会に共に出席）は、衡陽で呉佩孚の説得に当たった。そして毛自身は、運動の〝大本営〟北京に乗り込んだ。[285]

12月18日、毛沢東ら請願団が北京に到着すると、二手に分かれ、毛沢東と新民学会のメンバーは、北長街の福佑寺に間借りし、他の代表は、馬神廟の北京大学の寄宿舎に滞在した。いずれも、紫禁城（故宮）から目と鼻の先にあった。[286]

毛沢東らは、間借りしたこの寺に「平民通信社」を設け、すぐさま「駆張運動」の宣伝活動にとりかかった。毛が同社の社長となり、張敬尭を糾弾する大量の記事を北京、上海、天津、漢口の新聞社に送り、世論の動員をはかった。

同時に、請願団は、学生請願団、教職員請願団、公民請願団の三団体に分かれ、北京の学生、湖南出身の学生、議員、名士などにアプローチした。毛沢東は、運動全体を統括する公民請願団の責任者だった。

だが、はるばる北京までやってきたにもかかわらず、何の役にも立たなかった。北京に来て約1カ月、毛沢東らは、北京政府に対し、粘り強い請願活動を行ったが、ことごとく無視されたのである。しびれを切らした毛沢東らは、ついに直接行動に打って出た。

1920年1月28日正午、学生、教職員、公民の三請願団は、「政府に張敬堯の罷免と処罰を請う」と書かれた旗を掲げ、北京政府までデモ行進を行ったのである。毛沢東も公民請願団団長としてデモに参加した。

彼らは、靳雲鵬《きんうんほう》総理と面会することを求めたが、あっさりと拒否されてしまう。靳雲鵬は、部下を通して、結果を翌週に伝えるという回答を伝えたので、請願デモは、とりあえず、夜7時に解散となったが、これは、その場しのぎの対応だったことが、すぐに判明した。

1週間後、毛沢東ら6人の代表は、靳雲鵬の自宅に行こうとしたが、その一帯は、軍と警察が封鎖しており、通行止めになっていたのである。結局、北京での請願運動は、空振りに終わり、あっけなく幕引きとなった[287]。

請願運動は、「反張敬堯」の世論形成に役立ったかもしれないが、結局、決着をつけたのは、〝軍閥〟だった。それは、湖南省衡陽に駐留していた直隷派の呉佩孚と地元湖南の譚延闓である。この二人は、張敬堯を快く思っていなかったのだ。

呉佩孚は、段祺瑞を支持し、南方の護法軍政府と戦い、湖南に進軍して長沙を占領するなどの功績を挙げたが、見返りを与えられず、冷遇されていた。段祺瑞は、同じ安徽派の張敬堯を厚遇し、湖南督軍兼省長に任命した。

一方、譚延闓は、それまで湖南督軍兼省長だったが、張敬堯と同じ安徽派の段祺瑞によって辞職に追い込まれた。したがって、呉佩孚と譚延闓が連携し、反張敬堯で連携するのは、時間の問題だったのである。

呉佩孚は、１９２０年3月から4月にかけて、張敬堯を告発する電文を全国に打電し、湖南の「人民は、塗炭の苦しみを味わっている」と痛烈に非難し、反張敬堯の狼煙を上げた。彼の軍隊は、衡陽を出て北に移動し、譚延闓の湘軍を招き入れ、長沙に進軍させた。

同年6月11日、形勢不利と見た張敬堯は、ついに長沙から逃げ出し、３日後の14日、湘軍総司令官の趙恒惕《ちょうこうてき》が同地に入った。そして17日、譚延闓が到着し、新たな湖南督軍兼省長となったのである。[288]

結局、軍閥の張敬堯を追い出した決め手は、民衆による請願運動ではなく、〝軍閥〟だったのである。

楊昌済の死

毛沢東が北京に着いた頃、楊昌済は、病床に臥し、不治の病に苦しんでいた。異変が起きたのは、1919年の秋頃である。夏休みの期間中、暑さを避けるため、北京の西山にある北京大学の保養施設で過ごしていたのだが、体調を崩し、大学の講義が始まっても、そこで療養することになった。その後も回復せず、冬になると胃病と浮腫の症状が出たため、12月初め、北京の徳国《ドイツ》医院（現在の北京医院。義和団事件の賠償金でドイツが設立）に入院したが、年明けの1月17日午前五時、息を引き取った。死因は、肺病だった。[289]

彼の日記を読むと、静養に入った1919年の秋頃は、政治や学問に関する詳細な話が出て来るので、まだ病状は重くなかったことがわかる。

たとえば、同年10月19日の日記には、「今年は、国民が自覚を持ち始める端緒だ。新文化運動が各地で起きており、新たな新聞、雑誌、新訳、新著の書籍が出版されている。新しい組織の団体も日増しに増えている。それにより、新思想が伝播し、新生活が実現されている。まことに大いに喜ぶべきことである」と気持ちが高ぶっていた。[290]

また、日本への関心も失っておらず、同月26日の日記には、梁啓超らが組織した尚志学会に参加する意欲を見せ、「英語、フランス語、ドイツ語、日本語の昼間と夜のクラスを設けたい。中学校も開設し、将来は法政専門学校もつくり、拡充して慶應や早稲田のような大学にできる」と書いている。[291]

翌日の日記にも日本が出てくる。『東京朝日新聞』の記事を引用し、「日本東京帝国大学文学部が規定を改正し、以前の文学部を哲学科、史学科、文学科の三科に分ける」とある。[292]

そして同月31日の日記には、「李守常（李大釗のこと）」が「日本の武者小路実篤は、思想の大家であり、吉野作造、堺利彦《さかいとしひこ》、室伏高信《むろぶせこうしん》、河上肇《かわかみはじめ》は、みな日本の学者の中で傑出した者であると言っている[293]」と書かれており、李大釗が当時、これら日本の思想家の影響を受けていたことがわかる。

とりわけ、河上肇が李大釗に与えた影響は大きかった。その年の9月と11月、『新青年』には、李が寄稿した「私のマルクス主義観」が掲載されたが、それは河上肇の論文に触発されて書いたものだったのである。

李大釗は、河上肇が1919年1月に創刊した雑誌『社会問題研究』に寄稿した「マルクスの社会主義の理論的体系」を読んで刺激を受け、マルクス主義の文献を研究するようになり、日本留学時代の仲間とともに河上やマルクス等の文章を翻訳し、それを『晨報』に設けた「マルクス研究」のコラムに寄稿し、マルクス主義を広めた。[294]

さて楊昌済は、療養当初は、このように、まだ社会問題について考える余裕があったが、1919年11月8日以降の日記を見ると、仏典の話ばかりである。病魔から解脱しようともがいていたのかもしれない。日記は12月1日で終わっているが、それはちょうど入院した頃だ。そして、それから約1カ月後の1920年1月17日、帰らぬ人となる。[295]

楊昌済は、学問と教育一筋で、あまり蓄えもなかったようだ。西山で静養していた時、講義ができず、給与が出ていなかったので、蔡元培が特別に生活費を拠出した。同郷の章士釗らも、治療費を募って工面したほどである。残された遺族を支援するため、蔡元培、胡適らが北京大の教職員や学生に支援金を募っている。[296]

ちょうど北京にいた毛沢東は、楊昌済の遺族や北京大学の関係者とともに奔走し、恩師を手厚く葬ったが、それから6日後に父・毛貽昌が亡くなった時には、実家にもどっていない。その理由について、公式版『毛沢東年譜』は、「北京で駆張活動に忙しく、葬儀のために湖南に帰れなかった」と説明している。[297]

ロシアへのあこがれ

毛沢東は、二度目の北京滞在中（1919年12月18日～翌年4月11日）、ロシアに強く惹かれ、留学まで考えるようになる。

実は、彼が当初、行きたかった国は、日本だった。たとえば、蕭三の日記（1918年3月31日）には、「潤之（毛沢東の字）らが日本に留学する計画」を「兄の蕭子昇から聞いた」と書かれている。[298]

その後、毛沢東は、日本や欧米への関心を失い、北京から陶毅（1896～1931。新民学会員で毛沢東と恋愛関係にあったと言われる）に宛てた手紙（1920年2月）で、「フランスに行くつもりはない。ロシアに落ち着きたい」と言うようになった。その頃、フランス勤工倹学ではなく、

「ロシア勤工倹学」の計画を「李大釗先生らと相談」中であり、「嬉しさと希望で頭がいっぱいだ。だから君に伝えたかったんだ！」とロシアへの憧れを熱く語るようになっていた。翌月、周世釗への手紙（3月14日）でも、「ロシアは世界第一の文明国だ。二、三年後、ロシア旅行隊を組織すべきだと思う」とロシアを絶賛しており、ロシアに夢中になっていたことがわかる。[299]

毛沢東が「フランスに行くつもりはない。ロシアに落ち着きたい」「ロシアは世界第一の文明国だ」と言うようになったのは、欧米諸国に幻滅したからである。

これは、当時の風潮だった。たとえば、陳独秀も当時、「公理、永久平和、ウィルソン大統領の十四条宣言など、みな何の値打ちもない空言になった。全世界の人民が立ち上がって自分の手で解決するしかないのだ」と失望の色を露わにしている。[300]

そのきっかけは、第一次世界大戦の戦後処理のために開かれたパリ講和会議である。

同大戦の戦勝国となった中国は、敗戦国ドイツの山東省における旧権益を回収できると思っていた。なぜなら、同会議を主導したウッドロー・ウィルソン米大統領が前年、「民族自決」などを掲げた「十四か条の平和原則」を唱えたからである。

世論の期待は高まり、「公理が強権に勝利した」という文言が新聞・雑誌に満ち溢れていたが、期待は、見事に裏切られた。結局、大戦中に日本がドイツから奪った山東省の権益は、米、英、仏が承認し、日本に譲渡されることになったからである。

一方、ソビエトロシアは1919年7月、「第一次カラハン宣言」を出し、中国を大喜びさせた。帝政ロシアが中国と締結した不平等条約を破棄し、中国に有する権益を無償で返還すると宣言したのである。これが、中国に伝えられると、世論は一挙に親ソに傾いた。
その宣伝効果は絶大で、北京大学の学生だった張国燾は、「日本や他の列強は、中国を欺き、侮辱しているのに、ソビエトだけは、例外に見えた。だからこそ、ロシア革命の勝利と中国に対する友好的態度の表明は、暗黒の中のきらめく光となった」と述懐している。その結果、ロシア革命に対する関心が急速に高まり、「中国でマルクス主義が発展した重要な要因」となったという。[301]
この時、それまで、共産主義に懐疑的な見方をしていた陳独秀でさえも、「カラハン宣言」に感銘を受け、「進歩主義のレーニン政府は、中国を助けると宣言した」と称賛し、ソビエトに好感を抱くようになった。[302]
これを受け、中国では、国交樹立を求める声が上がり、共産主義に対する関心も大いに高まっていく。李大釗の指導の下、新民学会会員の羅章龍や毛と親しかった鄧中夏が立ち上げた「マルクス学説研究会」（1920年3月設立）も、この流れの中で設立されたものである。[303]
ところが、のちにソビエトは、「カラハン宣言」を反故にし、権益を無償返還することを拒否するようになった。「カラハン宣言」の翌月、ソビエトの新聞は、東支鉄道などの利権を無償返還するという条項を削除していたし、ソビエトの外交官も、様々な口実のもとに拒絶するようになったが、それは後の話である。[304]

1920年4月上旬、毛沢東は、北京滞在中の請願団のメンバーを集め、活動を終了するかどうか議論した。なぜなら、その頃すでに、張敬堯の運命は、風前の灯となっていたからである。話し合いの結果、北京の請願団は、少数のみが北京に残り、あとは、武漢、上海、広東、湖南に行き、請願活動を継続することに決まった[305]。

毛沢東が、向かったのは、上海である。そこで彭璜（「張敬堯追放運動」に従事していた）率いる請願団と合流することにした。毛は4月11日、北京を発ち、天津、山東、南京などを遊覧した後、5月5日、上海に到着する。大変な長旅だが、旅費は、知人に借りてなんとか工面したようだ[306]。

上海に着いた毛沢東は、哈同路民厚南里29号（現在の安義路63号）で彭璜らと同居し、湖南の改革プランに着手する。

それについては、北京滞在中から着手しており、3月上旬、彭璜から「湖南建設問題の条件に関する検討」と題する文書を受け取っていた。

それは、「湖南改造促成会」（毛沢東、彭璜ら新民学会メンバーが発起し、上海在住の湖南出身の報道・教育関係者で組織した政治団体）の名義で書かれたものだった[307]。

その文書に描かれた湖南の未来像は、民主的な湖南であり、その実現のためには、以下のような条件が必要だと指摘していた。

- 「軍政」においては、督軍を廃止し、軍に駐留させず、治安維持は、警察が行う。軍事費は、省の財政収入の12分の1を超えてはならない。

・「財政」については、銀行を民営とし、紙幣の発行は、省議会がチェックする。塩税を軽減し、各種の苛税（酷税。重すぎる税）は廃止する。

・「教育経費」は、もとの金額にもどし、増やしていく。財源を確保し、経費は、省立各校が組織する「教育経費保管所」が管理する。

・「自治」については、県、鎮、郷の自治機関を復活させ、労働組合と農民協会を設け、人民の集会、結社、言論、出版の自由を完全に保障する。[308]

この時、毛沢東は、彭璜と「湖南改造促成会発起宣言」を起草するが、そこに描かれた「民主湖南」のイメージは、以下のようなものだった。

「やっと張を追放する希望が見え始めましたが、まだ楽観できません。なぜなら、一人の張敬堯が去っても、百人の張敬堯が、機会を窺っているからです。……〝張の追放〟が第一歩であり、「追放の後、どう建設するのか」が第二歩です。〝武力の打倒〟と〝民治の実行〟を二大綱領とし、督軍（中華民国各省に置かれた軍政長官。省長を兼任し、多くは軍閥化した）の廃止、軍の削減によって〝武力の打倒〟の目的を達成し、民営銀行、教育の独立、自治建設、人民の権利の保障、交通の利便によって〝民治の実行〟の目的を達成します[309]」

当時、毛沢東らが思い描いていたのは、「連邦制」の下で自治権を保障された湖南だったが、それは当時、中国の知識人が議論していたテーマだった。

中国は当時、北洋軍閥が「武力統一」を掲げ、南方に戦争をしかけていたため、地方自治に期待をかける声が高まっており、陳独秀や李大釗も地方自治が必要だと主張していた。

たとえば、『新青年』（第7巻第1号、1919年12月1日）には、陳独秀の「民治を実行する基礎」が掲載されていたが、毛沢東らがその影響を受けていたことは明らかである。[310]前述の「湖南改造促成会発起宣言」に出てくる〝民治の実行〟という言葉は、このタイトルそのものだったのである。

陳独秀との再会

毛沢東は上海に滞在中、陳独秀と会っている。北京滞在中に会っているので、これが二度目である。

それから16年たった後も、毛沢東は、上海での再会を鮮明に記憶しており、スノーに、「陳独秀と『湖南改造促成会』を組織する計画について話をし、長沙にもどって同会の組織化に着手しました」と述懐している。[311]

この時、陳独秀の「民治を実行する基礎」を読み、教えを請いに出向いたのかもしれないが、それには、何が書かれていたのか？

それは、アメリカの哲学者ジョン・デューイ（胡適が師事した米コロンビア大学の教授）が北京で行った講演（「米国の民治の発展」）で述べた「民治主義（Democracy）」に触発されたものであり、官製の自治ではなく、民衆の自治を呼びかけたものだった。

陳独秀は、英米流の「民治主義」は、「中央政府が憲法の法令を発布し、即座に出現したものではなく、彼ら全人民が小さな部分から自分たちで創造したもの」なので、中国でも「小組織」こそが「民治主義の強固な基礎」であり、農村部は村や鎮など、都市部は、街道や警察の分区のような末端の小自治区において自治を行うべきだと主張した[312]。

その4日後、毛沢東が上海『時事新報』に寄稿した「湖南人民の自決」を見ても、陳独秀の影響は、明らかである。「民治を実行する基礎」に出てくる「軍人、官僚、政客が中国の三つの害である」とそっくりの表現を用い、「官僚、政客、武人は、私欲があるが、公共の利益の感覚がない。猜疑心があるが、誠意がない。売国があるが、愛国がない。人を害するが、利することがない」と書いている[313]。

毛沢東が当時、陳独秀と話した内容は、湖南の改革の話だけではない。「自分が読んだマルクス主義の書籍について議論」し、「陳独秀が、自分の信仰を表明した話は、私に深い印象を残した」と言っている。それは、「自分の一生でおそらく鍵となったこの時期」というほど強烈なものだった[314]。

陳独秀が語った〝信仰〟とは、ロシア流の共産主義（レーニン主義）のことである。二人が会ったのは1920年6月と見られているが、陳独秀はこの時、中国共産党の設立準備にとりかかっていた。

張国燾（前述）によれば、「陳氏は、湖南の長沙で『湘江評論』を主宰していた毛沢東と早くから連絡をとっていた。彼は、毛沢東の才能を評価し、手紙を送って経緯を説明し、湖南で中共小組を発動するよう依頼する準備をしていた」[315]。

案の定、それから2ヵ月後、共産党（当初は、社会党と呼ばれ、1ヵ月後に共産党と改名）が設立され、臨時中央局の書記に選ばれると、陳独秀は、各地の社会主義者に支部を立ち上げるよう呼びかけ、毛沢東には、長沙の支部を任せた[316]。

ところで、欧米流の自由主義者だった陳独秀が、なぜマルクス主義者になったのか？ 彼は、前述の「民治を実行する基礎」の最後に「階級闘争の発生を望んでいない」と書いていたが、いったいどうしたのか？

胡適によれば、その原因の一つは、3ヵ月におよぶ牢獄生活だった。陳独秀は、1919年6月、北洋政府の対日外交を批判する「北京市民宣言」を北京で配布し、投獄された。3ヵ月後の9月に釈放されたが、当局の監視下に置かれ、不自由な生活を強いられていたのである[317]。

胡適によれば、獄中で聖書を読んで感銘を受け、「徐々に20世紀の共産主義という新宗教に入って行った」と言っている[318]。

また、遊郭に出入りしたことが問題視され、北京大学を追われたことも原因だと言っている。それについて胡適は、「外部の人間が、私的な行動を利用し、陳独秀を攻撃したが、これは明らかに、北京大学の新思潮のリーダーたちを攻撃する手段だった」と指摘している[319]。

結局、陳独秀自身は、「学内に派閥ができてしまった。北京大学を去る」と周囲にもらし、北京大学に見切りをつけた。学長の蔡元培は、引き留めたが、「社会運動に専念する」と言って去っていった。[320]

胡適は、この件がもとで、陳独秀が「次第に自由主義者の立場から離れ、さらに左傾化することになった」と嘆いた。「国内の思想が左傾化し、『新青年』が分裂し、北京大学の自由主義者が弱体化した」のは、これが原因だと悔しがった。[321]

胡適によれば、その後、陳独秀は、「上海で失業した。（『新青年』の）編集だけが、唯一の職業となった」[322]。一世を風靡した論壇の大スターが、上海の租界に身を隠し、〝逃亡者〟の生活を余儀なくされたのである。ソビエトの使者が訪れ、共産党設立の話を持ちかけたのは、その時だった。

ソビエトの使者

陳独秀にコンタクトしたソビエトの使者とは、コミンテルン（後述）の許可を得てロシア共産党極東局ウラジオストク分局が派遣したG・N・ヴォイチンスキー（1893〜1956）である。[323]

ヴォイチンスキーについては、当時北京大学の学生で、李大釗を介して会って話をする機会があった張国燾と羅章龍が回想録に詳しく記載している。それによれば、彼は英語とドイツ語ができた。ロシア革命勃発前、アメリカに渡って政治経済学とマルクス主義の理論を学び、その後、欧州にも滞在し、革命時に帰国した。

羅は、「上品で礼儀正しく、学者の風格」と言っている。一方、張の印象は異なり、「学者型の人物ではなく、扇動力がある党員」と感じたが、両者ともに彼の謙虚な態度に好感を抱き、のちに上海で会う陳独秀からも気に入られたようである。[324]

コミンテルン（共産主義インターナショナル。1919～43）は、1919年、レーニンらの指導の下、ロシア共産党（1952年にソ連共産党に改名）が中心となって設立した国際共産主義運動を推進するための組織だった。

当初は、欧州で革命を引き起こすことに力点を置いていたが、ソビエトの赤軍が極東に勢力を拡大するにつれ、「東方での革命を推進する路線」をとるようになり、「反帝国主義宣伝を展開し、ソヴィエト・ロシアを擁護し、武力によってブルジョア・地主政権の転覆を準備し、中国にソヴィエト政権を打ち立てる能力」を有する〝戦闘的政治組織〟を設けることを目的とするようになった。[325]

つまり、「国際共産主義運動」といっても、ソビエトの「国家利益」に奉仕するためのものであり、革命を煽って、「ソヴィエト・ロシアを擁護」する親ソ政権を各国に樹立することが目的だったのだ。[326]その意図は、ロシア共産党中央政治局が、ソビエト外務人民委員部（省に相当）極東事務全権代表のV・D・ヴィレンスキー（シビリャコフ）に与えた以下の任務を見れば、一目瞭然である。

⑴我々の極東における総合的な政策は、日米中三国の利益の衝突の発生に立脚する。一切の可能な手段を用いてその衝突を激化させなければならない。

⑵我々の中国、モンゴル、朝鮮人民に対する態度は、広大な人民大衆が外国の資本家の圧迫から脱しようとする自覚的行動を喚起することであるべきだ。

(3)我々は、東アジア各国の人民の革命運動の支援に努力すべきである。日本、中国、朝鮮の革命組織と強固な連携を打ち立て、出版、刊行物の印刷、パンフレット、ビラを通して活動の扇動を強化すべきである。

(4)朝鮮人と中国人がゲリラ組織を設けることを積極的に支援すべきである。[327]

この任務を遂行するため、1920年2月、ヴィレンスキーは、ロシア共産党極東局ウラジオストク分局に外国部を設けた。同部から中国に派遣されたのが、地下工作に精通し、英語に堪能だったヴォイチンスキーだったのである。

同年4月、ヴォイチンスキーは、妻と助手、ロシア共産党員の華僑で通訳の楊明斎を引き連れ、北京に到着した。表向きの渡航理由は、通信社設立だったが、実際は、秘密裏に共産党を組織し、共産主義を宣伝することが目的であり、中国だけでなく、朝鮮半島と日本も工作の対象になっていた。[328]

ヴォイチンスキー一行は、北京で李大釗と会ったが、その仲介役となったのは、北京大学でロシア語を教えていた天津在住のロシア人セルゲイ・A・ポレヴォイ(中国語訳は、鮑立維または柏烈偉)である。彼は、ロシア共産党(あるいはコミンテルン)の連絡員だったと言われており、中国共産党の設立準備にも関わった。同年7月、ヴィレンスキーが北京を訪れた際、中国共産党設立を議論する会議にヴォイチンスキーらと出席している。[329]

ポレヴォイは、北京大学の同僚である李大釗とは旧知の間柄であり、李がロシア革命とマルクス主義に傾倒していることを知っていた。1920年1月、李大釗は、警察の監視下に置かれ、再逮捕される恐れがあった陳独秀を上海に逃がすため、ひそかに天津に連れて行ったが、そこで新聞記者や無政府主義者とともにポレヴォィの家に集まり、「北京と天津の地下活動について約一時間話し合った[330]」。

北京で李大釗と会ったヴォイチンスキーは、彼を〝同志〟と呼び、マルクス主義に関する論文を称賛し、革命の理想を実現すべく共産党を結成するよう働きかけた。そして、「五四運動」に参加した学生たちに会いたがったので、李は、マルクス主義に惹かれている羅章龍らを図書館に呼び出し、懇談の機会をもうけることにした。

羅の回想によれば、ヴォイチンスキーは、ロシア革命の話をした後、革命後のロシアで実施されている工業、鉱山、銀行の国有化や労働者による工場の管理などの政策を説明した。また、ロシア語が読めなくてもいいように、英語やドイツ語の文献まで持ってきていたが、その中には、コミンテルンの機関誌『コミュニスト・インターナショナル』やロシア革命をルポしたアメリカのジャーナリスト、ジョン・リード著『世界を揺るがした10日間(Ten Days That Shook the World)』なども含まれていた[331]。李大釗と学生たちは、みなロシア革命に強い関心を抱いていたので、ヴォイチンスキーの話に夢中になったことだろう。

彼らは当時、欧米に代わる新たな国家モデルとしてソビエトロシアを見るようになっており、張国燾は、当時の心情について、こう語っている。

「私は当初、熱狂的な愛国主義者だった。当時、志のある若者たちと同じく、自分も中国をなんとかして富強にしようと思い、思想はずっと急進的であり、新文化運動を支持し、旧勢力に反対し、革命による救国を主張していた。……私は、マルクス主義を熱心に研究し、なんとかしてロシア革命を理解しようとした。その中には、国を救い、国民を救う処方箋が入っていると思ったからだ。当時、多くの急進的な若者は、私と同じく、このような道を歩んでいたのである[332]」

前述のように、とりわけ「カラハン宣言」以降、パリ講和会議で欧米に失望した中国の知識人は、ソビエトに傾倒していったので、なおさらである。ヴォイチンスキーとの懇談について羅章龍は、「当時、我々は、十月革命と革命後のロシアのことを知りたかったので、彼が話した情況を聞いて、みな耳目を一新し、大いに興味を持った」と振り返っている[333]。

もちろん、ヴォイチンスキーは、中国の知識人と学術交流をするために、遠路はるばる北京まで来たのではない。中国に共産党を設立するというソビエトの国策を遂行することが目的だったのである。こうした座談会もそうした工作の一環だったに違いない。

実際、彼はこの座談会の席上、学生たちにその任務をほのめかすような発言をしていた。「君たちは、五四運動に参加し、マルクスの学説も研究している。中国革命が必要とする人材」だと誉め、「しっかりとロシア革命を学んで理解」すべきであり、「中国もロシア共産党のような組織が必要だ」とけしかけたのである[334]。

ヴォイチンスキーはその後、ヴィレンスキーの指示を受け、上海で「コミンテルン東亜書記処」

を設け、中国部、日本部、朝鮮部を置いたが、同組織の中国における任務は、こうだった。

(1)共産党を組織し、大学生と沿海地帯の労働者の間に共産主義支部を組織する。
(2)軍隊の中で共産主義を宣伝する。
(3)労働組合の建設に影響を及ぼす。
(4)出版事業を組織する。[335]

ヴォイチンスキーが大学生と会いたかったのは、(1)の任務を意識していたからだろう。その思惑は、見事に的中し、李大釗のみならず、学生たちも、のちに共産党のメンバーとなったが、張国燾によれば、李は、ヴォイチンスキーがソビエトの使者とは知らず、新聞記者と思っていたらしい。[336]

こうして、北京で李大釗らと関係を築いたヴォイチンスキーは、同年4月末、李が書いてくれた紹介状をたずさえ、上海の陳独秀に会いに行った。[337]

張国燾が楊明斎（前述）から聞いた話では、ヴォイチンスキーらの任務は、中国で共産主義運動のリーダーとなる人物を見つけ出すことだったが、当初は、誰にすればいいか、全く見当がつかない状態だった。彼らは、中国在住のロシア人から五四運動の話を聞き、上海に陳独秀という運動のリーダーがいることを知ったので、楊がヴォイチンスキーに会うようにすすめ、ポレヴォイに李大釗を紹介してもらい、陳独秀と連絡をとったという。[338]

ヴォイチンスキーの陳独秀に対する工作も大成功を収めた。張国燾によれば、ヴォイチンスキーの謙虚さに中国人は好印象を持ったのだった。中国の政治問題について、むやみに自説を述べることもせず、陳独秀ら上海にいた革命家に敬意を表し、「中国人と外国人、黄色人種と白色人種の区別もせず、協力できるパートナーだと感じさせた」。そうした謙虚な態度が、陳独秀らと緊密な関係を築くことができた最大の原因だという。[339]

陳独秀は、ヴォイチンスキーからソビエトの話を聞き、レーニンの暴力革命とプロレタリア独裁による国家改造こそが、最良の手段だという確信を抱くに至った。そして1920年5月、ヴォイチンスキーが上海に「コミンテルン東亜書記処」（前述）を設け、共産党設立に取りかかると、それに協力し、各地の社会主義者や無政府主義者に手紙を書き、「社会主義者会議」に出席を促したのだった。[340]

これは、まさにソビエト側が描いた筋書き通りの展開だった。同年6月、ヴォイチンスキーは、ロシア共産党極東局ウラジオストク分局に以下のような報告をしている。

「現在、我々が従事している仕事は、各革命団体を連合させ中心的な組織をつくることです。〝群益書店〟（『新青年』の発行元）を核心とし、その周囲にこれら革命団体を団結させることができます。中国の革命活動がもっとも弱いのは、活動が分散していることです。各組織の活動を強調させ、集中させるため、華北の社会主義者と無政府主義者の連合代表会議を開くべく準備に着手しているところです。当地の声望が高く大きな影響力がある教授（陳独秀）は、会議の地点と時間を確定すべく、各都市の革命者に手紙を送っています。したがって、今回の会議は、7月初頭に開催することができるでしょう。我々は、会議の準備作業（日程と決議の制定）に参加するだけでなく、会議にも参加します[341]」

これを受け、同年7月、前述のソビエト外務人民委員部極東事務全権代表のV・D・ヴィレンスキーが、ウラジオストクから北京に出向き、ヴォイチンスキー、ポレヴォイら中国在住のロシア共産党員十数名を招集して会議を開いて、「近日中に代表大会を開催し、中国共産党設立の作業を完成させる」方針を決めた。

そして同月、上海で「社会主義者会議」（前述）が開かれ、ヴォイチンスキーの提案に基づき、共産党設立について議論した。このとき、「共産党」にするか「社会党」にするかで意見が割れたので、名称は「社会主義者同盟」とし、「革命局」を設けて、陳独秀ら中国人4名とヴォイチンスキーが指導部のメンバーとなった。同同盟には、出版部、情報宣伝部、組織部も設置され、共産党設立に向けての準備に着手した[342]。

「社会主義者同盟」の活動資金は、ヴォイチンスキーを経由してソビエトから提供され、共産主義を広めるため、『共産党宣言』の中国語版を含む各種の冊子や『労働界』『労働声』『労働者』など宣伝用の刊行物が相次いで発行された。組織面では、若者を取り込むため、外国語学社を設立し、彼らをソビエトに留学させ、共産主義者を育成し、同年8月には、地方都市の大学生を呼んで代表会議を開き、「社会主義青年団」を設立した。

そして同月以降、ロシア共産党員みずから活動に参加し、上海、北京、広州、武漢、長沙（後に毛沢東が関わる)、日本などで組織化を進める。これは、のちに「早期共産主義小組（小組＝グループ）」と呼ばれるようになるが、当初は、無政府主義者も含まれており、陳独秀は9月1日発行の『新青年』で〝社会党〟と呼んでいた。[343]

〝共産党〟という党名は、それから2ヵ月後の11月、上海で機関誌『共産党』が地下で発行された時には、確定していたとみてよいだろう。陳独秀は、これに刊行の辞を寄せるとともに、その頃、「中国共産党宣言」（未公開）も起草していた。翌年3月に開かれた会議（通称「三月会議」）では、ロシア共産党シベリア局の「一切の冒険的組織と一線を画す」という指示に基づき、無政府主義者を排除する方針が決まり、同年7月には、中国共産党の第一回全国代表大会が開催された。[344]

こうしたなか、1920年9月に復刊した『新青年』は大きく様変わりし、事実上、共産党機関誌としての性格を帯びていく。陳独秀は、同誌に寄稿した「政治を語る」の中で、「階級戦争を経過せず、労働階級が権力階級の地位を占領する時代を経過しなければ、デモクラシーは、必然的に永遠にブルジョア階級の専有物であり、ブルジョア階級が永遠に政権を握り、労働階級を阻止するための利器となる」と述べ、マルクス主義者としての立場を鮮明にした。[345]

前述のように、同年6月、ヴォイチンスキーが極東局に送った報告は、『新青年』の発行元を革命団体の〝核心〟と位置づけていたので、これは、ソビエトのシナリオ通りであり、実際、発行に必要な経費は、ソビエトが提供していた。その頃、陳独秀は、発行元の群益書社とトラブルになり、出版資金が工面できず、困っていたところだったので、まさに渡りに船だったわけである。[346]

こうして、資金繰りの方は手当てができたが、もう一つ問題が持ち上がった。『新青年』の同人との思想的な対立である。もともと陳独秀がマルクス主義に傾倒するにつれ、胡適らとの見解の違いは、決定的になっており、同誌の復刊に際し、彼らに寄稿を求めたが、応じてもらえなかったほどである。陳独秀が前述の「政治を語る」の中で、胡適らが「政治を語らない」と名指しで批判しているのは、こうした経緯があったからだ[347]。

毛沢東が上海に滞在したのは、1920年5月5日から7月初めにかけてであり、6月頃陳独秀と会ったとみられているが、その頃陳は、すでにヴォイチンスキーと会い、共産党設立の準備にとりかかっていた[348]。

のちに毛は、陳と再会したことについて、「自分が読んだマルクス主義の書籍について議論」し、「陳独秀が、自分の信仰を表明した話は、私に深い印象を残した」と言ったのは、そのためである。毛沢東は、「自分の一生でおそらく鍵となったこの時期」とも言っているが、まさにその通りだった。その後、陳は、毛沢東の「才能を高く評価」し、湖南で党組織を設立するよう呼びかけたからである[349]。

長沙に凱旋

張敬尭が湖南から出ていくと、省外で〝駆張運動〟を推進していた人々は、相次いで〝凱旋〟した。毛沢東もその一人であり、これを機に、湖南の名士の仲間入りを果たす。

実際は、〝駆張運動〟というよりも、軍閥の〝武力〟が決め手になったのだが、毛沢東にとっては、まさに凱旋だった。1920年7月7日、長沙に帰着したが、その3日前に開かれた湖南省教職員連合会の「駆張代表を歓迎する大会」のリストには、毛沢東の名前も載っていた。これで一躍、地元の英雄になったわけだが、彼を取り巻く環境も変化した。

同年9月、母校・湖南第一師範の付属小学校の主事（校長）に任命され、安定した収入と教育者としての肩書を手に入れたのである。その後、第一師範の国語教員に招聘され、学級主任を務め、第一師範校友会の会長にも選ばれた。[350]

ちょっと前までは、旅費にも困っていたほどだから、まさに雲泥の差である。

北京から上海に移動するときには、旅費を借り、上海滞在中は、「駆張代表」4人と狭い部屋に同居し、そら豆をまぶした米を食べて飢えをしのいでいた。滞在費は、洗濯の仕事を請け負って捻出したが、移動に電車を使わねばならず、費用がかさむと不平を漏らしていたほどだ。[351]

毛沢東に小学校校長のポストを提供したのは、湖南第一師範の恩師であり、「駆張運動」の同志でもあった易培基（1880〜1937）である。

易は、湖南督軍兼省長の座についた譚延闓の秘書長を務め、教育行政委員会委員長（庁長に相当）と湖南第一師範の校長も兼任していた。彼は、かつて日本に留学し、同盟会に入会した革命家であり、中華民国成立後は、黎元洪《れいげんこう》副大総統の秘書も務めた。易培基は、毛沢東の才能を高く評価し、「将来、平民出身の皇帝になる」と語ったという逸話もある。[352]

晴れて校長となった毛沢東は、さっそく弟たちを呼び寄せることにした。下の弟の毛沢覃は、1918年から長沙の小学校に通っていたが、自分が校長を務める付属小に転校させ、1921年2

月には、上の弟の毛沢民に、実家を引き払わせ、学内に設けた労働者補習学校で学ばせ、給食担当の仕事をあてがった。[353]

文化書社

長沙にもどった毛沢東は、商売も始めている。新民学会メンバー・易礼容（1898～1997）らと共同で「文化書社」という書店を開いたのである。

二人は、湘郷駐省中学の同窓生である。その後、易は、湖南省立商業専門学校に進学し、学生会長になり、湖南省学連メンバーになっていた。

文化書社設立に当たっては、資金繰りが最大の問題だったが、毛沢東が〝特別交渉員〟となり、各方面に出資を呼びかけ、当初、27名の出資者を募ることができた。それには、湖南督軍兼省長・譚延闓の秘書長に就任した易培基（前述）も含まれており、その関係もあってか、文化書社の看板は、譚延闓が揮毫した。[354]

ただ、それでも資金が足りなかったので、陳独秀、李大釗等に保証人になってもらい、手付金なしで11の出版社と契約し、書籍をそろえることができた。

こうして、立ち上げこそ苦労したが、文化書社は、開店から7ヵ月で純利益を上げるまでになり、取引先は、60社以上に増えた。7ヵ所に支店を開き、第一師範や同付属小学校などに売店を設け、営業員を雇うまでになった。毛は、「文化書社は、経済的にうまくいく」と見通していたが、その通りになったのである。[355]

文化書社が成功したのは、客寄せのうまさもあった。店内には、無料で新聞や雑誌を読める閲覧コーナーを設け、新作も読めるようにしていた。宣伝にも力を入れ、新著が出ると新聞で広告を出した。本を売るときには、毛沢東が書いたビラをはさみ、読書会を呼びかけたりした。[356]

当時の販売記録を見ると、開店当初は、ジョン・デューイ、バートランド・ラッセル、胡適など〝新文化運動〟関連の書籍が目立つ。

たとえば、初回の営業報告書（1920年11月）に記載された販売実績（同年9月9日〜10月20日）によれば、もっとも売れた本は、『胡適嘗《しょう》試《し》集』（40冊）だった。胡適は、〝新文化運動〟の旗手の一人であり、マルクス主義を嫌っていた人物だ。

そして、売上2位には、『胡適短編小説』（30冊）や『ラッセル政治思想』（30冊）が入っているが、ラッセルもロシア流の暴力革命を否定し、平和的な改良路線を提唱した人物である。[357]

2回目の営業報告書（1921年3月）も似たようなものである。前年9月から同年3月までの販売実績が載っているが、書籍の売上トップは、デューイの『試験論理学』（250冊）であり、2位も『デューイ五大講演』（220冊）だ。

ただ、この頃、毛沢東は、陳独秀の呼びかけに応じて、湖南で共産党の設立準備に着手していたせいか、マルクス主義関連の書籍が増えている。

ヴォイチンスキー率いるコミンテルン上海革命局の指導下で、陳独秀が出版を手配した訳本を取り扱うようになっており、上海の党組織のメンバーが翻訳した書籍も販売している。たとえば、李漢俊（1892〜1927。日本に留学し、東京帝国大学で学ぶ。帰国後、陳独秀、李達と上海の党組織の設立に関わる）が訳した『馬克思（マルクス）資本論入門』（1920年9月、社会主義研究社〔新青年社〕）を200冊、李季が訳したトーマス・カーカップの『社会主義史』を100冊販売している。[358]

その後は、マルクス主義の本が増え、2カ月後の1921年5月の「図書目録」を見ると、上海の党組織メンバー・陳望道が訳し、陳独秀と李漢俊が監修した『馬格思（マルクス）共産党宣言』やカール・カウツキー（Karl Kautsky）の『階級闘争』が載っている。[359] 陳望道は、日本に留学し、早稲田大学、東洋大学、中央大学で学んだ人物であり、『共産党宣言』の翻訳に当たっては、日本語版と英語版を参考にしたといわれている。[360]

その後、毛沢東が中国共産党の活動を始めると、文化書社は、同党の拠点となった。党員は、そこで秘密裏に連絡をとりあい、手紙のやり取りも行った。

1921年12月、コミンテルン代表のマーリン（前述のヴォイチンスキーの後任）が、孫文と会談すべく桂林に向かう途中、張太雷（モスクワのコミンテルン極東書記処中国課書記）に伴われて長沙に立ち寄ったが、その時、毛沢東らと会ってロシア革命の話をしたのが、文化書社だった。[361]

党を資金面で支える上でも、文化書社の役割は大きかった。党員を店員として雇い、養うことも可能だった。[362] 書店なら銭荘（両替、融資をする金融業）から金を借りることができたからだ。

だが、文化書社は、長くは続かなかった。1924年に張恒惕が取り締まりを強化すると、党の拠点として使うことをやめ、1927年5月21日、国民革命軍の許克祥が共産党員や国民党左派を弾圧した「馬日事変《ばじつ》（「馬」は電報用語で21日を示す）」が勃発すると、閉鎖に追い込まれ、その後、党員は、地下活動に従事することになった。[363]

【注】

1 李鋭『早年毛澤東』31頁。龍剣宇『毛沢東青春啓示録』83頁

2 龍剣宇『毛沢東青春啓示録』82～86頁。李鋭『早年毛澤東』31～32頁。中共中央文献研究室編／逢先知主編『毛沢東年譜（1893－1949）修訂本　上巻』15頁

3 『毛沢東1936年同斯諾的談話』25頁

4 中共中央文献研究室編／金冲及主編『毛沢東伝（1893－1949）』16頁

5 シャオ・ユー著／高橋正訳『毛沢東の青春』（サイマル出版会、1976年）42頁

6 李鋭『早年毛澤東』37～38頁

7 『毛沢東1936年同斯諾的談話』25頁

8 王興国『楊昌済的生平及思想』（湖南人民出版社、1981年）69頁。蕭仲祁「記湯薌銘屠楊徳鄰等」中国人民政治協商会議湖南省委員会文史資料研究委員会『湖南文史資料選輯第1集』（1981年6月）、「岳麓故事：民国前期湖南本省軍閥混戦」『澎湃新聞』（2020年1月3日）https://www.thepaper.cn/newsDetail_forward_5423091

9 李鋭『早年毛澤東』86頁

10 『毛沢東1936年同斯諾的談話』26頁。蕭三『毛沢東的青少年時代』46頁

11 シャオ・ユー著／高橋正訳『毛沢東の青春』41頁。『毛沢東1936年同斯諾的談話』26頁

12 シャオ・ユー著／高橋正訳『毛沢東の青春』42～43頁

13 楊昌済『達化齋日記』（湖南人民出版社、1978年）16頁

14 王興国『楊昌済的生平及思想』59頁

15 同右 60頁
16 李鋭『早年毛澤東』39頁
17 中共中央文献研究室編／金冲及主編『毛沢東伝（1893－1949）』19頁
18 高菊村、陳峰、唐振南、田余糧『青年毛沢東』35頁。中共中央文献研究室編／金冲及主編『毛沢東伝（1893－1949）』19頁
19 「講堂録」中共中央文献研究室、中共湖南省委『毛沢東早期文稿』編輯組編『毛沢東早期文稿』581～612頁
20 同右 585～586頁
21 中共中央文献研究室編／金冲及主編『毛沢東伝（1893－1949）』19頁
22 「勧学篇」楊昌済著／王興国編注『楊昌済集①』（湖南教育出版社、2008年）73頁
23 「余帰国後対於教育之所感」楊昌済著／王興国編注『楊昌済集①』55～56頁
24 楊昌済『達化齋日記』197頁
25 「講堂録」中共中央文献研究室、中共湖南省委『毛沢東早期文稿』編輯組編『毛沢東早期文稿』589頁
26 同右 591頁
27 「致蕭子昇信（1915年9月6日）」中共中央文献研究室、中共湖南省委『毛沢東早期文稿』編輯組編『毛沢東早期文稿』21頁。汪澍白『毛沢東早年心路歴程』72頁。王興国『楊昌済的生平及思想』93頁
28 「致蕭子昇信（1915年9月6日）」中共中央文献研究室、中共湖南省委『毛沢東早期文稿』編輯組編『毛沢東早期文稿』23頁
29 蕭三『毛沢東的青少年時代』45頁
30 「致湘生信（1915年6月25日）」中共中央文献研究室、中共湖南省委『毛沢東早期文稿』編輯組編『毛沢東早期文稿』7頁。「致黎錦熙信」中共中央文献研究室、中共湖南省委『毛沢東早期文稿』編輯組編『毛沢東早期文稿』30頁
31 「致湘生信（1915年6月25日）」中共中央文献研究室、中共湖南省委『毛沢東早期文稿』編輯組編『毛沢東早期文稿』7頁

32 蕭三『毛沢東的青少年時代』46〜47頁

33 同右 44〜45頁

34 『毛沢東１９３６年同斯諾的談話』25頁

35 シャオ・ユー著／高橋正訳『毛沢東の青春』55頁

36 李鋭『早年毛澤東』81〜82頁。シャオ・ユー著／高橋正訳『毛沢東の青春』34、37頁。

37 蕭三『毛沢東的青少年時代』59〜60頁

38 黄露生編著『毛沢東尊師風範』350頁

39 李鋭『早年毛澤東』83〜84頁。黄露生編著『毛沢東尊師風範』348〜350頁。高菊村、陳峰、唐振南、田余糧『青年毛沢東』65頁

40 黄露生編著『毛沢東尊師風範』350〜361頁

41 楊昌済『達化齋日記』99頁

42 中共中央文献研究室編／金冲及主編『毛沢東伝（１８９３－１９４９）』22頁。蕭三『毛沢東的青少年時代』47頁

43 鄧潭洲『王船山伝論』（湖南人民出版社、１９８２年）29頁

44 ［清］王之春撰／汪茂和點校『王夫之年譜』（中華書局、１９８９年）1〜165頁

45 彭大成『湖湘文化與毛澤東』（湖南出版社、１９９１年）150頁。鄧潭洲『王船山伝論』68頁

46 王興国『楊昌済的生平及思想』41〜42、198頁。楊昌済『達化齋日記』16〜25頁

47 楊昌済『達化齋日記』47頁

48 龔育之、逢先知、石仲泉『毛沢東的読書生活』20頁。奉清清「毛沢東：立起湖湘文化的豊碑─訪湘潭大学毛沢東思想研究中心主任、教育部〝長江学者〟特聘教授李佑新」『湖南日報』（２０１８年12月22日）
https://hnrb.voc.com.cn/hnrb_epaper/images/2018-12/22/05/2018122205_pdf.pdf
http://dangshi.people.com.cn/n1/2018/1222/c85037-30482121.html

49 楊昌済『達化齋日記』79頁

50 「講堂録」中共中央文献研究室、中共湖南省委『毛沢東早期文稿』編輯組編『毛沢東早期文稿』581頁
51 「致黎錦熙信（1917年8月23日）」中共中央文献研究室、中共湖南省委『毛沢東早期文稿』編輯組編『毛沢東早期文稿』85頁。中共中央文献研究室編／金冲及主編『毛沢東伝（1893－1949）』23頁
52 「楊昌済記毛沢東的談話（1915年4月5日）」中共中央文献研究室、中共湖南省委『毛沢東早期文稿』編輯組編『毛沢東早期文稿』636頁。楊昌済『達化齋日記』169頁
53 蕭一山『曽国藩伝』（江蘇人民出版社、2014年）10～11、304～306頁
54 同右93頁
55 蔡鍔輯録／肖玉葉訳注『曽胡治兵語録（黄埔軍校版）』（漓江出版社、2014年）100頁
56 蕭一山『曽国藩伝』95頁
57 中共中央文献研究室編／逄先知主編『毛沢東年譜（1893－1949）修訂本　上巻』235頁。胡為雄「〝三大紀律八項注意〟与『愛民歌』関係考略」『党的文献』（2006年第5期）、李鋭『毛澤東早年讀書生活』133～134頁
58 蔡鍔輯録／肖玉葉訳注『曽胡治兵語録（黄埔軍校版）』135頁
59 「講堂録」中共中央文献研究室、中共湖南省委『毛沢東早期文稿』編輯組編『毛沢東早期文稿』593頁
60 李鋭『毛澤東早年讀書生活』134頁
61 楊昌済著／王興国編注『楊昌済集①』263頁
62 王夏剛『譚嗣同与晩清社会』（中国社会科学出版社、2015年）172～184頁
63 夏暁紅編『梁啓超文選上集』（中国広播電視出版社、1992年）277頁
64 王夏剛『譚嗣同与晩清社会』250頁。夏暁紅編『梁啓超文選上集』281頁。解璽璋『梁啓超伝（上部）』（上海文化出版社、2012年）224頁。鄧潭洲『譚嗣同伝論』（上海人民出版社、1981年）83頁
65 李沢厚『中国近代思想史論』（人民出版社、1979年）185～186頁
66 ［清］譚嗣同著／蔡尚思、方行編『譚嗣同全集（増訂本）』（中華書局、1981年）397頁
67 彭大成『湖湘文化與毛澤東』24頁

68 〔清〕王夫之著／舒士彦點校『讀通鑑論（中）（巻十一）』（中華書局、1975年）297頁

69 彭大成『湖湘文化與毛澤東』22頁

70 「仁学」『譚嗣同全集（増訂本）』341頁

71 楊昌済『達化齋日記』97頁

72 同右 165頁

73 『毛沢東1936年同斯諾的談話』26頁。中共中央文献研究室編／逢先知主編『毛沢東年譜（1893－1949）修訂本 上巻』30頁。汪澍白『毛沢東早年心路歴程』117頁

74 「告学生」楊昌済著／王興国編注『楊昌済集①』248頁。彭大成『湖湘文化與毛澤東』72頁。「『倫理学原理』批注」中共中央文献研究室、中共湖南省委『毛沢東早期文稿』編輯組編『毛沢東早期文稿』199頁。彭大成『湖湘文化與毛澤東』73頁。「致黎錦熙信」中共中央文献研究室、中共湖南省委『毛沢東早期文稿』編輯組編『毛沢東早期文稿』60頁

75 「体育之研究」中共中央文献研究室、中共湖南省委『毛沢東早期文稿』編輯組編『毛沢東早期文稿』69頁。「仁学」『譚嗣同全集（増訂本）』315頁。「哲学上各種理論是略述」楊昌済著／王興国編注『楊昌済集①』195頁

76 彭大成『湖湘文化與毛澤東』335頁

77 中共中央文献研究室編／逢先知主編『毛沢東年譜（1893－1949）修訂本 中巻』11頁。『毛沢東選集（第一巻）』（人民出版社、1952年）297～299頁

78 『毛沢東選集（第一巻）』310～311頁

79 高菊村、陳峰、唐振南、田余糧『青年毛沢東』60頁。中共中央文献研究室編／金冲及主編『毛沢東伝（1893－1949）』22頁

80 『毛沢東1936年同斯諾的談話』32頁

81 「致湘生信（1915年6月25日）」中共中央文献研究室、中共湖南省委『毛沢東早期文稿』編輯組編『毛沢東早期文稿』9頁

82 高菊村、陳峰、唐振南、田余糧『青年毛沢東』63～64頁。『明恥篇』題志」中共中央文献研究室、中共湖南省委『毛沢東早期文稿』編輯組編『毛沢東早期文稿』10～11頁

83 「致蕭子昇信（1916年7月25日）」中共中央文献研究室、中共湖南省委『毛沢東早期文稿』編輯組編『毛沢東早期文稿』51頁

84 同右 51～52頁

85 中共中央文献研究室編／金冲及主編『毛沢東伝（1893－1949）』48頁

86 朱成甲『李大釗伝（上）』（中国社会科学出版社、2009年）349頁

87 李鋭『早年毛澤東』87頁

88 中共中央文献研究室編／逄先知主編『毛沢東年譜（1893－1949）修訂本　上巻』21頁。「致蕭子昇信（1916年春）」中共中央文献研究室、中共湖南省委『毛沢東早期文稿』編輯組編『毛沢東早期文稿』33頁

89 「致蕭子昇信（1916年6月24日）」中共中央文献研究室、中共湖南省委『毛沢東早期文稿』編輯組編『毛沢東早期文稿』39頁

90 「致蕭子昇信（1916年6月26日）」中共中央文献研究室、中共湖南省委『毛沢東早期文稿』編輯組編『毛沢東早期文稿』41頁

91 「致蕭子昇信（1916年7月18日）」中共中央文献研究室、中共湖南省委『毛沢東早期文稿』編輯組編『毛沢東早期文稿』45頁

92 同右

93 同右 43頁

94 唐宝林『陳独秀全伝』（社会科学文献出版社、2013年）141頁。唐宝林、林茂生『陳独秀年譜』（上海人民出版社、1988年）72頁

95 李鋭『早年毛澤東』122頁。任建樹『陳独秀伝　従秀才到総書記（上）』（上海人民出版社、1989年）103頁。『毛沢東1936年同斯諾的談話』30～31頁

96　王興国『楊昌済的生平及思想』77、203〜204頁。唐宝林『陳独秀全伝』139頁

97　任建樹『陳独秀伝　従秀才到総書記（上）』97、101頁

98　唐宝林『陳独秀全伝』29頁

99　任建樹『陳独秀伝　従秀才到総書記（上）』43頁

100　唐宝林、林茂生『陳独秀年譜』17頁

101　唐宝林『陳独秀全伝』28頁。唐宝林、林茂生『陳独秀年譜』15〜16頁

102　唐宝林『陳独秀全伝』29頁

103　唐宝林『陳独秀全伝』30〜31頁。任建樹『陳独秀伝　従秀才到総書記（上）』45〜46頁。唐宝林、林茂生『陳独秀年譜』20〜21頁

104　唐宝林『陳独秀全伝』34〜35頁

105　唐宝林、林茂生『陳独秀年譜』20、29〜30頁。白吉庵『政客里的文人　文人里的侠客　章士釗的伝奇人生』（団結出版社、２０１５年）11頁、35頁。唐宝林『陳独秀全伝』64〜65頁。任建樹『陳独秀伝　従秀才到総書記（上）』65〜66頁

106　白吉庵『政客里的文人　文人里的侠客　章士釗的伝奇人生』36〜42頁。蕭致治『黄興評伝（上）』99頁。毛注青編著『黄興年譜長編』76〜77頁。薛君度著／楊慎之訳『黄興与中国革命』（湖南人民出版社、１９８０年）31頁。唐宝林、林茂生『陳独秀年譜』35頁

107　任建樹『陳独秀伝　従秀才到総書記（上）』74頁。唐宝林、林茂生『陳独秀年譜』43頁

108　唐宝林、林茂生『陳独秀年譜』49頁

109　唐宝林『陳独秀全伝』82頁

110　同右83頁

111　唐宝林『陳独秀全伝』111頁。従来、秘書長と言われてきたが、同書によれば、秘書長ではなく、秘書長より格上の八人の顧問の一人だった。

112　唐宝林、林茂生『陳独秀年譜』54〜56頁。任建樹『陳独秀伝　従秀才到総書記（上）』83頁。唐宝林著『陳

独秀全伝』113〜116頁
113 唐宝林『陳独秀全伝』120〜124頁。任建樹『陳独秀伝　従秀才到総書記（上）』86頁。唐宝林、林茂生『陳独秀年譜』61頁。鄒小站『章士釗』（団結出版社、２０１１年）105頁
114 「致蕭子昇信（１９１６年１月28日）」中共中央文献研究室、中共湖南省委『毛沢東早期文稿』編輯組編『毛沢東早期文稿』35頁
115 『毛沢東１９３６年同斯諾的談話』31頁
116 中共中央文献研究室編／金冲及主編『毛沢東伝（１８９３－１９４９）』27頁
117 「致黎錦熙信（１９１７年８月23日）」中共中央文献研究室、中共湖南省委『毛沢東早期文稿』編輯組編『毛沢東早期文稿』86頁
118 胡明編選『陳独秀選集』（天津人民出版社、１９９０年）12頁
119 唐宝林『陳独秀全伝』144頁
120 李鋭『毛澤東早年讀書生活』204〜205頁
121 王興国『楊昌済的生平及思想』204頁。「西洋倫理学史（日本　吉田静致　原著／楊昌済譯）」楊昌済著／王興国編注『楊昌済集②』（湖南教育出版社、２００８年）774頁。「西洋倫理学史」は、１９１８年と１９１９年、北京大学出版部からそれぞれ上巻と下巻が出版されたが、毛沢東は、出版前の原稿を書き写し、自分で読んだだけでなく、クラスメートにも貸した（772頁注①）
122 楊昌済『達化齋日記』165頁
123 『倫理学原理』批注」中共中央文献研究室、中共湖南省委『毛沢東早期文稿』編輯組編『毛沢東早期文稿』276頁注釈（１）李鋭『毛澤東早年讀書生活』206〜207頁
124 『倫理学原理』批注」中共中央文献研究室、中共湖南省委『毛沢東早期文稿』編輯組編『毛沢東早期文稿』182頁
125 中共中央文献研究室編／逄先知、馮蕙主編『毛沢東年譜（１９４９－１９７６）第五巻』388頁
126 『倫理学原理』批注」中共中央文献研究室、中共湖南省委『毛沢東早期文稿』編輯組編『毛沢東早期文稿』

180～181頁

127 同右185～186頁

128 同右199～201頁

129 中共中央文献研究室編／逄先知、馮蕙主編『毛沢東年譜（1949―1976）第五巻』597頁

130 高菊村、陳峰、唐振南、田余糧『青年毛沢東』52頁

131 「致黎錦熙信（1916年12月9日）」中共中央文献研究室、中共湖南省委『毛沢東早期文稿』編輯組編『毛沢東早期文稿』60頁

132 「教育学講義」楊昌済著／王興国編注『楊昌済集①』298頁

133 「論教育上之養護」楊昌済著／王興国編注『楊昌済集①』371頁

134 同右

135 同右

136 「講堂録」中共中央文献研究室、中共湖南省委『毛沢東早期文稿』編輯組編『毛沢東早期文稿』585～586頁

137 「論教育上之養護」楊昌済著／王興国編注『楊昌済集①』371頁

138 王興国『楊昌済的生平及思想』203頁。中共中央文献研究室編／金冲及主編『毛沢東伝（1893―1949）』35頁

139 「体育之研究」『新青年』（1917年4月1日第3巻第2号）中共中央文献研究室、中共湖南省委『毛沢東早期文稿』編輯組編『毛沢東早期文稿』所収65頁

140 「今日之教育方針」『新青年』1巻2号（1915年10月15日）胡明編選『陳独秀選集』所収27頁

141 同右

142 「体育之研究」『新青年』（1917年4月1日第3巻第2号）中共中央文献研究室、中共湖南省委『毛沢東早期文稿』編輯組編『毛沢東早期文稿』所収70頁

143 高菊村、陳峰、唐振南、田余糧『青年毛沢東』57～58頁。中共中央文献研究室編／逄先知主編『毛沢東年譜（1893―1949）修訂本　上巻』26頁。龍剣宇『毛沢東青春啓示録』119頁

144 中共中央文献研究室編／逢先知主編『毛沢東年譜（１８９３－１９４９）修訂本　上巻』31頁

145 『毛沢東１９３６年同斯諾的談話』25頁

146 「夜学日誌首巻（１９１７年11月）」中共中央文献研究室、中共湖南省委『毛沢東早期文稿』編輯組編『毛沢東早期文稿』96～97頁

147 「林間学校（乙竹岩造述）」楊昌済著／王興国編注『楊昌済集②』707頁。「二部教授及半日学校（黒田定治）」楊昌済著／王興国編注『楊昌済集②』730頁。王興国『楊昌済的生平及思想』202頁

148 高菊村、陳峰、唐振南、田余糧『青年毛沢東』71頁

149 中共中央文献研究室編／金冲及主編『毛沢東伝（１８９３－１９４９）』39頁、「夜学日誌首巻（１９１７年11月）」中共中央文献研究室、中共湖南省委『毛沢東早期文稿』編輯組編『毛沢東早期文稿』98頁。高菊村、陳峰、唐振南、田余糧『青年毛沢東』72頁

150 『毛沢東１９３６年同斯諾的談話』28頁

151 「新民学会会務報告（第一号）」中国革命博物館、湖南省博物館編『新民学会資料』（人民出版社、内部発行、１９８０年）２～３頁

152 『毛沢東１９３６年同斯諾的談話』31頁

153 李鋭『早年毛澤東』110頁。「蕭三日記」中国革命博物館、湖南省博物館編『新民学会資料』167頁

154 「蕭三日記」中国革命博物館、湖南省博物館編『新民学会資料』167頁。中共中央文献研究室編／金冲及主編『毛沢東伝（１８９３－１９４９）』40頁。中共中央文献研究室編／逢先知主編『毛沢東年譜（１８９３－１９４９）修訂本　上巻』34頁

155 李鋭『早年毛澤東』112頁。「蕭三日記」中国革命博物館、湖南省博物館編『新民学会資料』166頁。「毛沢東同志在五四時期」中国革命博物館、湖南省博物館編『新民学会資料』367頁。蕭三『毛沢東的青年時代』65頁

156 『毛沢東１９３６年同斯諾的談話』29頁

157 「毛沢東同志在五四時期」中国革命博物館、湖南省博物館編『新民学会資料』369頁

158 「新民学会会務報告（第一号）」中国革命博物館、湖南省博物館編『新民学会資料』５頁

159 「湖南留法勤工倹学学生調査記」中国革命博物館、湖南省博物館編『新民学会資料』346頁

160 李維漢「回憶新民学会」中国革命博物館、湖南省博物館編『新民学会資料』458～459頁

161 何長工著／河田悌一、森時彦訳『フランス勤工倹学の回想―中国共産党の一源流―』（岩波書店、１９７６年）163頁。張洪祥、王永祥編著『留法勤工倹学運動簡史』（黒竜江人民出版社、１９８２年）15頁

162 「新民学会会務報告（第一号）」中国革命博物館、湖南省博物館編『新民学会資料』４頁

163 シャオ・ユー著／高橋正訳『毛沢東の青春』178～179頁

164 中共中央文献研究室編／逄先知主編『毛沢東年譜（１８９３―１９４９）修訂本　上巻』35～36頁。張洪祥、王永祥編著『留法勤工倹学運動簡史』31頁。中共双峰県委員会編『蔡和森伝』（湖南人民出版社、１９８０年）46頁

165 「蔡林彬給毛沢東」中国革命博物館、湖南省博物館編『新民学会資料』58～59頁

166 蕭三『毛沢東的青少年時代』74頁。『毛沢東１９３６年同斯諾的談話』33頁

167 中共中央文献研究室編／逄先知主編『毛沢東年譜（１８９３―１９４９）修訂本　上巻』39頁

168 「新民学会会務報告（第一号）」中国革命博物館、湖南省博物館編『新民学会資料』５頁

169 周世釗「湘江的怒吼」中国革命博物館、湖南省博物館編『新民学会資料』396頁、張洪祥、王永祥編著『留法勤工倹学運動簡史』73～74頁

170 張洪祥、王永祥編著『留法勤工倹学運動簡史』53、73頁

171 「致周世釗信（１９２０年３月14日）」中共中央文献研究室、中共湖南省委『毛沢東早期文稿』編輯組編『毛沢東早期文稿』474頁

172 同右476頁

173 「蕭三日記」中国革命博物館、湖南省博物館編『新民学会資料』166頁。中共中央文献研究室編／金冲及主編『毛沢東伝（１８９３―１９４９）』48頁。高菊村、陳峰、唐振南、田余糧『青年毛沢東』79頁。「致周世釗信（１９２０年３月14日）」中共中央文献研究室、中共湖南省委『毛沢東早期文稿』編輯組編『毛沢東早期文稿』476頁

174 中共中央文献研究室編／逄先知主編『毛沢東年譜（1893―1949）修訂本　上巻』86頁

175 「致周世釗信（1920年3月14日）」中共中央文献研究室、中共湖南省委『毛沢東早期文稿』編輯組編『毛沢東早期文稿』474頁

176 龍剣宇『毛沢東青春啓示録』155～158頁

177 龍剣宇『毛沢東的家世淵源』246頁。「致七、八舅父信（1918年8月）」中共中央文献研究室、中共湖南省委『毛沢東早期文稿』編輯組編『毛沢東早期文稿』288頁

178 「致七、八舅父母信」（1919年4月28日）中共中央文献研究室、中共湖南省委『毛沢東早期文稿』編輯組編『毛沢東早期文稿』290頁

179 「蔡林彬給毛沢東」（1918年6月30日）中国革命博物館、湖南省博物館編『新民学会資料』43頁。王興国『楊昌済的生平及思想』174、204頁

180 中共中央文献研究室編／金冲及主編『毛沢東伝（1893―1949）』44頁

181 中共中央文献研究室編／逄先知主編『毛沢東年譜（1893―1949）修訂本　上巻』38頁

182 朱成甲『李大釗伝（上）』269頁。張静如、馬模貞、廖英、銭自強編『李大釗生平史料編年』（上海人民出版社、1984年）59頁。中共中央文献研究室編／金冲及主編『毛沢東伝（1893―1949）』44頁。中共中央文献研究室編／逄先知主編『毛沢東年譜（1893―1949）修訂本　上巻』38頁

183 『毛沢東1936年同斯諾的談話』33頁。朱成甲『李大釗伝（上）』269頁。中共中央文献研究室編／金冲及主編『毛沢東伝（1893―1949）』44頁

184 『毛沢東1936年同斯諾的談話』33頁

185 朱成甲『李大釗伝（上）』267頁。張静如、馬模貞、廖英、銭自強編『李大釗生平史料編年』（上海人民出版社、1984年）47頁。白吉庵『政客里的文人　文人里的俠客　章士釗的伝奇人生』118頁

186 『毛沢東1936年同斯諾的談話』40～41頁

187 朱志敏『李大釗伝』（紅旗出版社、2009年）233、242頁。中共中央文献研究室編／金冲及主編『毛沢東伝（1893―1949）』45頁

188 朱成甲『李大釗伝（上）』5頁

189 朱成甲『李大釗伝（上）』32頁。張静如、馬模貞、廖英、銭自強編『李大釗生平史料編年』2頁

190 朱志敏『李大釗伝』20〜21頁。張静如、馬模貞、廖英、銭自強編『李大釗生平史料編年』2〜3頁。王勇則「李大钊早年求学史事新探」『中国共産党新聞網』http://dangshi.people.com.cn/n1/2016/0511/c85037-28340378.html

191 朱成甲『李大釗伝（上）』42頁

192 張静如、馬模貞、廖英、銭自強編『李大釗生平史料編年』9〜10頁。朱成甲『李大釗伝（上）』220頁

193 朱成甲『李大釗伝（上）』220頁。張静如、馬模貞、廖英、銭自強編『李大釗生平史料編年』3頁。朱志敏『李大釗伝』54頁

194 朱志敏『李大釗伝』61頁

195 鄒小站『章士釗』105頁。朱成甲『李大釗伝（上）』263頁

196 朱成甲『李大釗伝（上）』227〜228頁

197 同右 233、339頁

198 朱志敏『李大釗伝』83頁

199 朱成甲『李大釗伝（上）』448、476頁

200 白吉庵『政客里的文人　文人里的俠客　章士釗的伝奇人生』105頁

201 同右 115頁、401頁

202 唐宝林『陳独秀全伝』150頁

203 同右 151頁

204 同右 151〜152頁

205 同右 154〜155頁

206 『毛沢東１９３６年同斯諾的談話』33頁

207 中共中央文献研究室編／逢先知主編『毛沢東年譜（１８９３－１９４９）修訂本　上巻』45頁。高菊村、陳

峰、唐振南、田余糧『青年毛沢東』91頁。龍剣宇『毛沢東青春啓示録』154頁。唐宝林『陳独秀全伝』183～184頁

208 李鋭『毛澤東早年讀書生活』246頁

209 『毛沢東１９３６年同斯諾的談話』34頁

210 中共中央文献研究室編／逄先知主編『毛沢東年譜（１８９３－１９４９）修訂本　上巻』39頁

211 中共中央文献研究室編／金冲及主編『毛沢東伝（１８９３－１９４９）』45頁。李鋭『毛澤東早年讀書生活』242～243頁

212 「新民学会会務報告（第一号）」中国革命博物館、湖南省博物館編『新民学会資料』６頁。中共中央文献研究室編／逄先知主編『毛沢東年譜（１８９３－１９４９）修訂本　上巻』38頁

213 『毛沢東１９３６年同斯諾的談話』30～31頁

214 唐宝林『陳独秀全伝』154頁。胡適著／胡適紀念館編印『四十自述』（中央研究院近代史研究所、２０１５年）146、148、150頁

215 唐宝林『陳独秀全伝』160頁

216 『毛沢東１９３６年同斯諾的談話』37頁

217 張国燾『我的回憶（第一冊）』（東方出版社、内部発行、１９９１年）98頁。中共中央文献研究室編／逄先知主編『毛沢東年譜（１８９３－１９４９）修訂本　上巻』72、112頁。唐宝林『陳独秀全伝』267、360頁。「致共産国際執行委員会和薩法羅夫的信」（１９２３年７月３日）李玉貞主編／杜魏華副主編『馬林与第一次国共合作』（光明日報出版社、１９８９年）278頁

218 中共中央文献研究室編／金冲及主編『毛沢東伝（１８９３－１９４９）』96頁。中共中央文献研究室編／逄先知主編『毛沢東年譜（１８９３－１９４９）修訂本　上巻』112頁

219 シャオ・ユー著／高橋正訳『毛沢東の青春』185～186頁

220 「致七、八舅父信」中共中央文献研究室、中共湖南省委『毛沢東早期文稿』編輯組編『毛沢東早期文稿』288～289頁

221 龍剣宇『毛沢東青春啓示録』157頁

222 耘山、周燕『革命与愛：共産国際檔案最新解密毛沢東毛沢民兄弟関係』160～161頁。李湘文編著『毛沢東家世（増訂本）』95頁

223 中共中央文献研究室編／金冲及主編『毛沢東伝（１８９３－１９４９）』48頁。中共中央文献研究室編／逢先知主編『毛沢東年譜（１８９３－１９４９）修訂本　上巻』39～40頁。高菊村、陳峰、唐振南、田余糧『青年毛沢東』93頁

224 李鋭『早年毛澤東』222頁

225 周策縦著／陳永明等訳『五四運動史』（世界図書出版公司北京公司、２０１６年）105～107頁

226 彭明『五四運動簡史』（人民出版社、１９８９年）116頁。周策縦著／陳永明等訳『五四運動史』113頁

227 彭明『五四運動簡史』117頁。周策縦著／陳永明等訳『五四運動史』115頁

228 彭明『五四運動簡史』119頁。周策縦著／陳永明等訳『五四運動史』116頁

229 周策縦著／陳永明等訳『五四運動史』117頁

230 彭明『五四運動簡史』121～122頁

231 羅章龍『椿園載記』（生活・讀書・新知三聯書店、内部発行、１９８４年）26～27、41～43頁。同書は、羅章龍氏の回想録。同氏は後に武漢市書記、湖北省宣伝部長、湖南大学教授等を歴任。同書の原稿は文化大革命で散逸し、改めて書き直したという（同書序文より）。

232 羅章龍『椿園載記』42～43頁。ジョシュア・A・フォーゲル著／阪谷芳直訳『中江丑吉と中国』（岩波書店、１９９２年）44頁。周策縦著／陳永明等訳『五四運動史』117頁。彭明『五四運動簡史』122～123頁

233 ジョシュア・A・フォーゲル著／阪谷芳直訳『中江丑吉と中国』23、28頁

234 李鋭『早年毛澤東』223頁。范忠程主編『青年毛沢東与湖南思想界』159頁。喩春梅『大道為公─長沙「大公報」（１９１５－１９２７）与湖南社会思潮』（湖南人民出版社、２０１１年）95頁

235 中共中央文献研究室編／金冲及主編『毛沢東伝（１８９３－１９４９）』49～50頁。蔣竹如「湖南学生的反日駆張闘争」中国革命博物館、湖南省博物館編『新民学会資料』580、582頁

236 蒋竹如「湖南学生的反日駆張闘争」中国革命博物館、湖南省博物館編『新民学会資料』583頁。中共中央文献研究室編／逄先知主編『毛沢東年譜（1893―1949）修訂本　上巻』41頁

237 李鋭『早年毛澤東』227頁

238 李鋭『早年毛澤東』230～231頁。范忠程主編『青年毛沢東与湖南思想界』165～166頁

239 唐耀章「湖南学界駆張運動前後」中国革命博物館、湖南省博物館編『新民学会資料』595頁

240 中共中央文献研究室編／逄先知主編『毛沢東年譜（1893―1949）修訂本　上巻』43頁

241 張国燾『我的回憶（第一冊）』98、124頁

242 李鋭『早年毛澤東』251頁

243 唐宝林『陳独秀全伝』209頁

244 「『湘江評論』創刊宣言」中共中央文献研究室、中共湖南省委『毛沢東早期文稿』編輯組編『毛沢東早期文稿』293～294頁

245 「民衆的大連合（一）」中共中央文献研究室、中共湖南省委『毛沢東早期文稿』編輯組編『毛沢東早期文稿』341頁

246 同右

247 李鋭『早年毛澤東』212～213頁。中共中央文献研究室編／金冲及主編『毛沢東伝（1893―1949）』55頁。唐宝林『陳独秀全伝』224頁

248 胡長水、李瑗『毛沢東之路①横空出世』156頁

249 中共中央文献研究室編／金冲及主編『毛沢東伝（1893―1949）』56頁。唐宝林『陳独秀全伝』225頁。朱正威「五四時期王光祈的思想剖析」『近代史研究』（1988年第4期）147頁

250 李鋭『毛澤東早年讀書生活』66頁。中共中央文献研究室編／逄先知主編『毛沢東年譜（1893―1949）修訂本　上巻』52、57頁

251 「学生之工作」中共中央文献研究室、中共湖南省委『毛沢東早期文稿』編輯組編『毛沢東早期文稿』450～454頁

252 朱正威「五四時期王光祈的思想剖析」『近代史研究』（１９８８年第４期）148～150頁

253 李沢厚著／坂元ひろ子、佐藤豊、砂山幸雄訳『中国の文化心理構造　現代中国を解く鍵』（平凡社、１９８９年）228～229頁

254 白吉庵『胡適伝』（人民出版社、１９９３年）149～150頁。「工読主義試行的観察」欧陽哲生編『胡適文集２』（北京大学出版社、１９９８年）559頁

255 「工読主義試行的観察」欧陽哲生編『胡適文集２』559～560、562頁

256 「致黎錦熙信（１９２０年６月７日）」中共中央文献研究室、中共湖南省委『毛沢東早期文稿』編輯組編『毛沢東早期文稿』57頁

257 胡明編選『胡適選集』（天津人民出版社、１９９１年）97頁。「問題与主義」欧陽哲生編『胡適文集２』252頁

258 「四論問題与主義」胡明編選『胡適選集』100頁

259 同右 102頁

260 「自由主義」胡明編選『胡適選集』380頁

261 「問題研究会章程」中共中央文献研究室、中共湖南省委『毛沢東早期文稿』編輯組編『毛沢東早期文稿』396～403頁。汪澍白『毛沢東早年心路歴程』227～228頁

262 「毛沢東給羅璈階」中国革命博物館・湖南省博物館編『新民学会資料』553頁

263 「談政治」胡明編選『陳独秀選集』126～127頁。唐宝林『陳独秀全伝』252～253頁。唐宝林、林茂生『陳独秀年譜』124頁

264 楊金栄『角色与命運　胡適晩年的自由主義困境』（生活・読書・新知三聯書店、２００３年）312頁。白吉庵『胡適伝』454～455頁

265 中共中央文献研究室編／逄先知主編『毛沢東年譜（１８９３－１９４９）修訂本　上巻』43～44頁。中共中央文献研究室編／金冲及主編『毛沢東伝（１８９３－１９４９）』53～54、57頁

266 高菊村、陳峰、唐振南、田余糧『青年毛沢東』104頁。中共中央文献研究室編／逄先知主編『毛沢東年譜（１８９３－１９４９）修訂本　上巻』46頁

267 喩春梅『大道為公―長沙「大公報」』（1915―1927）与湖南社会思潮』94～95、97、138～139頁

268 任建樹『陳独秀伝 従秀才到総書記（上）』104～105頁。周策縦著／陳永明等譯『五四運動史』253頁

269 「対於趙女士自殺的批評（1919年11月16日）」中共中央文献研究室、中共湖南省委『毛沢東早期文稿』編輯組編『毛沢東早期文稿』413～414頁

270 「対於趙女士自殺的批評（1919年11月16日）」中共中央文献研究室、中共湖南省委『毛沢東早期文稿』編輯組編『毛沢東早期文稿』414頁。「四論問題与主義」欧陽哲生編『胡適文集2』278頁

271 唐耀章「湖南学界駆張運動前後」中国革命博物館、湖南省博物館編『新民学会資料』596～597頁。中共中央文献研究室編／逢先知主編『毛沢東年譜（1893―1949）修訂本 上巻』44頁

272 龍剣宇『毛沢東青春啓示録』168頁。李湘文編著『毛沢東家世（増訂本）』31頁。蔣国平『毛沢東与韶山』46頁。中共中央文献研究室編／逢先知主編『毛沢東年譜（1893―1949）修訂本 上巻』44頁

273 「祭母文」中共中央文献研究室、中共湖南省委『毛沢東早期文稿』編輯組編『毛沢東早期文稿』410～411頁

274 李湘文編著『毛沢東家世（増訂本）』32頁。龍剣宇『毛沢東青春啓示録』169頁

275 中共中央文献研究室編／逢先知主編『毛沢東年譜（1893―1949）修訂本 上巻』45頁

276 中共中央文献研究室編／逢先知主編『毛沢東年譜（1893―1949）修訂本 上巻』46頁。范忠程主編『青年毛沢東与湖南思想界』186頁

277 中共中央文献研究室編／逢先知主編『毛沢東年譜（1893―1949）修訂本 上巻』47頁

278 中国社会科学院近代史研究所《近代史資料》編譯室主編『五四運動回憶録』（知識産権出版社、2013年）131頁

279 彭明『五四運動簡史』157頁

280 中国革命博物館、湖南省博物館編『新民学会資料』421～422、586～587、599頁

281 周世釗「湘江的怒吼」中国革命博物館、湖南省博物館編『新民学会資料』422～423頁。李鋭『早年毛澤東』266頁

282 周世釗「湘江的怒吼」中国革命博物館、湖南省博物館編『新民学会資料』423頁。中共中央文献研究室編／逢

283 先知主編『毛沢東年譜（1893－1949）修訂本　上巻』48頁
284 高菊村、陳峰、唐振南、田余糧『青年毛沢東』110頁。中共中央文献研究室編／逢先知主編『毛沢東年譜（1893－1949）修訂本　上巻』48頁。唐耀章「湖南学界駆張運動前後」中国革命博物館・湖南省博物館編『新民学会資料』598頁。李鋭『早年毛澤東』270頁
285 中共中央文献研究室編／逢先知主編『毛沢東年譜（1893－1949）修訂本　上巻』48頁。中共中央文献研究室編／金冲及主編『毛沢東伝（1893－1949）』57頁
286 中国革命博物館、湖南省博物館編『新民学会資料』381～382頁。高菊村、陳峰、唐振南、田余糧『青年毛沢東』111頁
287 中国革命博物館、湖南省博物館編『新民学会資料』576、588頁
288 龍剣宇『毛沢東青春啓示録』177頁。中共中央文献研究室編／逢先知主編『毛沢東年譜（1893－1949）修訂本　上巻』51頁。范忠程主編『青年毛沢東与湖南思想界』192～193頁。「上靳氏書」中共中央文献研究室、中共湖南省委『毛沢東早期文稿』編輯組編『毛沢東早期文稿』674～675頁
289 范忠程主編『青年毛沢東与湖南思想界』196頁。李鋭『早年毛澤東』282～283頁。中共中央文献研究室編／逢先知主編『毛沢東年譜（1893－1949）修訂本　上巻』55頁、58頁
290 王興国『楊昌済的生平及思想』184～189、205頁
291 楊昌済『達化齋日記』194頁
292 同右198頁
293 同右200頁
294 同右201頁
295 朱志敏『李大釗伝』254頁
296 楊昌済『達化齋日記』207～210頁
297 王興国『楊昌済的生平及思想』189～190頁
298 中共中央文献研究室編／逢先知主編『毛沢東年譜（1893－1949）修訂本　上巻』51頁

298 「蕭三日記」中国革命博物館、湖南省博物館編『新民学会資料』166頁。中共中央文献研究室編／金冲及主編『毛沢東伝（１８９３－１９４９）』48頁

299 「毛沢東給陶毅」中国革命博物館、湖南省博物館編『新民学会資料』61頁。「毛沢東給周世釗」中国革命博物館、湖南省博物館編『新民学会資料』65頁

300 唐宝林『陳独秀全伝』203頁。向青、石志夫、劉徳喜主編『蘇聯与中国革命』（中央編譯出版社、１９９４年）22頁

301 張国燾『我的回憶（第一冊）』84頁。ボリス・スラヴィンスキー、ドミートリー・スラヴィンスキー著／加藤幸廣訳『中国革命とソ連』（共同通信社、２００２年）62頁。沈志華主編『中蘇関係史綱―１９１７～１９９１年中蘇関係若干問題再探討（増訂版）』（社会科学文献出版社、２０１１年）７頁

302 唐宝林『陳独秀全伝』230頁

303 張国燾『我的回憶（第一冊）』86頁

304 ボリス・スラヴィンスキー、ドミートリー・スラヴィンスキー著／加藤幸廣訳『中国革命とソ連』63～67頁

305 中共中央文献研究室編／逄先知主編『毛沢東年譜（１８９３－１９４９）修訂本　上巻』55頁

306 李鋭『早年毛澤東』298頁

307 中共中央文献研究室編／逄先知主編『毛沢東年譜（１８９３－１９４９）修訂本　上巻』53頁。范忠程主編『青年毛沢東与湖南思想界』199頁

308 「湖南建設問題条件商榷」中国革命博物館、湖南省博物館編『新民学会資料』229～230頁

309 「湖南改造促成会発起宣言」中共中央文献研究室、中共湖南省委『毛沢東早期文稿』編輯組編『毛沢東早期文稿』682頁

310 「実行民治的基礎」胡明編選『陳独秀選集』89～100頁

311 『毛沢東１９３６年同斯諾的談話』37～38頁

312 「実行民治的基礎」胡明編選『陳独秀選集』93頁、95頁

313 「湖南人民的自決」中共中央文献研究室、中共湖南省委『毛沢東早期文稿』編輯組編『毛沢東早期文稿』486

頁
314 『毛沢東1936年同斯諾的談話』40〜41頁
315 張国燾『我的回憶（第一冊）』98、124頁
316 唐宝林、林茂生『陳独秀年譜』120頁。中共中央文献研究室編／逢先知主編『毛沢東年譜（1893－1949）修訂本　上巻』62頁
317 唐宝林、林茂生『陳独秀年譜』101〜106頁
318 唐宝林『陳独秀全伝』223頁
319 唐宝林、林茂生『陳独秀年譜』96頁
320 唐宝林『陳独秀全伝』225頁。唐宝林、林茂生『陳独秀年譜』107頁
321 唐宝林、林茂生『陳独秀年譜』96頁
322 唐徳剛譯注『胡適口述自伝』（広西師範大学出版社、2015年）217〜218頁
323 ボリス・スラヴィンスキー、ドミートリー・スラヴィンスキー著／加藤幸廣訳『中国革命とソ連』101頁
324 張国燾『我的回憶（第一冊）』117〜118頁。羅章龍『椿園載記』76頁
325 ボリス・スラヴィンスキー、ドミートリー・スラヴィンスキー著／加藤幸廣訳『中国革命とソ連』101頁
326 同右102頁
327 「維連斯基―西比里亜科夫関於1919年9月至1920年8月間在東亜各国人民当中開展工作情況給共産国際執委会的報告」中共中央党史研究室第一研究部譯『聯共（布）、共産国際与中国国民革命運動（1920－1925）第一巻』（中共党史出版社、2020年）35〜36頁。唐宝林『陳独秀全伝』247頁。沈志華主編『中蘇関係史綱』8頁
328 楊奎松『〝中間地帯〟的革命』（山西出版集団・山西人民出版社、2010年）28頁。沈志華主編『中蘇関係史綱』8頁。向青、石志夫、劉徳喜主編『蘇聯与中国革命』34頁
329 Alexander V. Pantsov with Steven I. Levine, Mao: the real story (Simon & Schuste, 2012) 89頁。同書は旧ソ連の史料を使って書かれたもの。楊奎松『〝中間地帯〟的革命』29頁。唐宝林『陳独秀全伝』243〜244頁。

330 朱志敏『李大釗伝』291頁
張静如、馬模貞、廖英、銭自強編『李大釗生平史料編年』98頁。朱志敏『李大釗伝』291頁。唐宝林『陳独秀全伝』244頁
331 羅章龍『椿園載記』73～75頁
332 張国燾『我的回憶（第一冊）』79頁
333 羅章龍『椿園載記』75頁
334 同右
335 「維連斯基―西比里亜科夫関於1919年9月至1920年8月間在東亜各国人民当中開展工作情況給共産国際執委会的報告」中共中央党史研究室第一研究部譯『聯共（布）、共産国際与中国国民革命運動（1920―1925）第一巻』36頁。楊奎松『〝中間地帯〟的革命』28～29頁。唐宝林『陳独秀全伝』248頁
336 張国燾『我的回憶（第一冊）』88頁注②
337 唐宝林『陳独秀全伝』248頁。張静如、馬模貞、廖英、銭自強編『李大釗生平史料編年』104頁
338 張国燾『我的回憶（第一冊）』86頁
339 同右 118頁
340 楊奎松『〝中間地帯〟的革命』28頁
341 「維経斯基給某人的信」中共中央党史研究室第一研究部譯『聯共（布）、共産国際与中国国民革命運動（1920―1925）第一巻』25頁
342 楊奎松『〝中間地帯〟的革命』29頁。唐宝林『陳独秀全伝』251頁。「維経斯基給俄共（布）中央西伯利亜局東方民族処的信」『聯共（布）、共産国際与中国国民革命運動（1920―1925）第一巻』28頁
343 唐宝林『陳独秀全伝』255～256頁。楊奎松『〝中間地帯〟的革命』29頁
344 楊奎松『〝中間地帯〟的革命』30頁
345 「談政治」胡明編選『陳独秀選集』126～127頁
346 唐宝林『陳独秀全伝』249、282頁

347 「談政治」胡明編選『陳独秀選集』118頁
348 中共中央文献研究室編／逢先知主編『毛沢東年譜（１８９３－１９４９）修訂本　上巻』56～60頁
349 張国燾『我的回憶（第一冊）』98頁。『毛沢東１９３６年同斯諾的談話』40～41頁。中共中央文献研究室編／逢先知主編『毛沢東年譜（１８９３－１９４９）修訂本　上巻』72頁
350 中共中央文献研究室編／逢先知主編『毛沢東年譜（１８９３－１９４９）修訂本　上巻』65～66頁。中共中央文献研究室編／金冲及主編『毛沢東伝（１８９３－１９４９）』64頁
351 李鋭『早年毛澤東』298、304頁。周世釗「湘江的怒吼」中国革命博物館、湖南省博物館編『新民学会資料』424頁
352 中共中央文献研究室編／逢先知主編『毛沢東年譜（１８９３－１９４９）修訂本　上巻』65～66頁。李鋭『早年毛澤東』339頁
353 中共中央文献研究室編／逢先知主編『毛沢東年譜（１８９３－１９４９）修訂本　上巻』80頁。李鋭『早年毛澤東』340頁。龍剣宇『毛沢東青春啓示録』189頁
354 中共中央文献研究室編／金冲及主編『毛沢東伝（１８９３－１９４９）』65頁
355 唐宝林『陳独秀全伝』272頁。「文化書社第一次営業報告」中国革命博物館、湖南省博物館編『新民学会資料』256頁。「文化書社社務報告（第二期）」中国革命博物館、湖南省博物館編『新民学会資料』290～291頁。易礼容「毛沢東創辨長沙文化書社」中国革命博物館、湖南省博物館編『新民学会資料』525頁
356 高菊村、陳峰、唐振南、田余糧『青年毛沢東』118頁
357 「文化書社第一次営業報告」中国革命博物館、湖南省博物館編『新民学会資料』257～258頁
358 「文化書社社務報告（第二期）」中国革命博物館、湖南省博物館編『新民学会資料』291～292頁。唐宝林『陳独秀全伝』253～254頁
359 「文化書社銷書目録（１９２１年５月）」中国革命博物館、湖南省博物館編『新民学会資料』263、266頁
360 呉婷「陳望道翻譯『共産党宣言』」『中国共産党新聞網』（２０１８年３月８日）http://dangshi.people.com.cn/n1/2018/0308/c85037-29855166.html

361 易礼容「毛沢東創辨長沙文化書社」中国革命博物館、湖南省博物館編『新民学会資料』527～528頁。高菊村、陳峰、唐振南、田余糧『青年毛沢東』120頁。中共中央文献研究室編／逢先知主編『毛沢東年譜（1893－1949）修訂本　上巻』88頁。

362 李鋭『早年毛澤東』334頁

363 李鋭『早年毛澤東』336頁。易礼容「毛沢東創辨長沙文化書社」中国革命博物館、湖南省博物館編『新民学会資料』529頁。中共中央文献研究室編／逢先知主編『毛沢東年譜（1893－1949）修訂本　上巻』198頁

第三章

湖南自治運動と挫折

湖南自治運動

前述のように、1920年3月、北京にいた毛沢東は、軍閥・張敬尭なき後の湖南の改革について構想を練り、彭璜とともに「湖南改造促成会発起宣言」の作成にとりかかっていた。そして上海に到着すると、〝沢東〟のペンネームで上海『時事新報』に立て続けに寄稿し、「民治（民衆による統治）」と「自決」の必要性を訴えた。

「湖南人は、人格のために戦う」（6月9日）
「湖南人はもう一歩進め」（6月11日）
「湖南人民の自決」（6月18日）[1]

この一連の文章を貫くテーマは、「いかにして軍閥支配を根絶させ、民治を打ち立てるか」だった。張敬尭が去っても「制度」そのものを変えなければ、再発は必至だからだ。

毛沢東は、「湖南人はもう一歩進んで、督軍廃止運動に努力すべきだ。いかにして督軍を廃止し、民治を建設するか、これこそが、湖南人が今後、進んで注意すべき大問題である」と呼びかけた。[2]

毛沢東にとって、「湖南自治運動」は、湖南にとどまらず、最終的には、中国全体の民主化への布石となるものだった。いまは、条件が整っていないので、足元の湖南から着手するということだったのである。彼は、こう言っている。

「中国の民治の総建設は、20年以内は、まったく見込みがない。20年は、準備期間に過ぎない。今回、湖南人が先頭に立ってやれば、陝西、福建、四川、安徽など同じ状況の省も後に続き、十数年、20年後は、それが一つになって、全国がすべて解決に至るのである」[3]

毛沢東は、この構想を、それまで上海の新聞に寄稿していたが、同年7月7日、長沙にもどると、地元メディアで盛んに発信していく。ちょうど湖南に〝凱旋〟するタイミングで、長沙『大公報』に「湖南改造促成会の『湖南改造』に対する主張」(7月6日、7日)が掲載され、湖南自治の構想が明らかにされた。

「中国は今後、20年以内は、民治の総建設の望みはない。この期間中、湖南は境界を守り、自治を行い、湖南を桃源郷にする。他の省があることも、中央政府があることも知らず、100年前の北米諸州の中の一つの州のように生活するのがよい。自分で教育を行い、産業を興し、鉄道、自動車道をつくり、湖南の精神を十分に発揮し、湖南領域内で湖南文明を作るのである」[4]

ただ、毛沢東は、これが容易に実現できるとは思っておらず、「日本人、スイス人の知識力と訓練がないまま、やたらと勇気を鼓舞したところで、消極的で意識が足りないなら、破壊することしかできず、スイスのように輝かしい国や日本のような充実した国は、結局、大江（長江のこと）流域の湖南で見ることはできない」と言っている。[5]

つまり、民衆の自覚が足りないと思っていたのだが、それでも、彼はこの頃、希望に満ち溢れており、胡適に宛てた手紙（7月9日）に、「湖南は、張（敬堯）が去った後、状況が一変しました。教育界は、大いに溌剌としています」と興奮気味に書いていた。[6]

「状況が一変した」というのは、新任の湖南督軍・譚延闓に期待を寄せていたからだ。譚延闓は、期待通り、7月22日、「湘人湘治（湖南人による湖南の統治）」を掲げ、「督軍制度」を廃止して「民選省長制」を実施すると宣言した。[7]

湖南共和国

毛沢東は、譚延闓に勇気づけられたのか、さらに大胆な構想を打ち出す。同年9月3日の長沙『大公報』に掲載された「湖南建設問題の根本問題─湖南共和国」で、「私は『大中華民国』に反対だ。『湖南共和国』を主張する」と言い放った。

「9年間、偽の共和国と大戦乱の経験から、人々は、全国の総建設は、しばらくは、全く望みがないと気づかされた。最良の方法は、総建設を謀るのではなく、いっそのこと分裂を謀り、各省が別個に建設を謀り、『各省人民自決主義』を実行することだ。22行省、3特区、2藩地で合計27の地方（当時の行政区画）である。27か国に分けるのが最良だ」[8]

つまり、中国をバラバラにして、各地方が独立した国家になるべきだという主張だ。毛沢東は、翌月10日にも、「統一に反対する」を上海『時事新報』に発表し、「中国の事は、統一でうまくいくものではない」と主張したが、それは、中国が当時、以下のような惨状だったからである。

「三つの政府（北洋軍閥の北京政府、護国軍が広東に設立した軍務院、孫文らが広州に設立した護法軍政府）、三つの国会（黎元洪による北京の国会、孫文による広州の非常国会、段祺瑞による北京の新国会）」が存在し、「民衆は、毎日、殺され、財産を失い、対外債務は膨大。共和民国と呼んでいるが、なにが共和か分かっている国民は、何人もいない。四億のうち少なくとも三億九千万は、手紙の書き方も新聞の読み方もわからない。湖南、四川、広東、福建、浙江、湖北といった省は、征服され、限りない被害を受けている」[9]

毛沢東は、こうした混乱の原因は、「政治組織」を支える「社会組織」がないからだと考えていた。その結果、「民国が成立して以来、名士や偉人は、憲法、国会、総統制、内閣制と大騒ぎしたが、騒げば騒ぐほどひどくなった」と見ていた。[10]
では、どうすればいいのか？
毛沢東は、ロシア革命を例に挙げ、「レーニンは、百万の党員によって、平民革命の空前の大業を成し遂げた」が、ロシア革命が成功した要因は、「主義（ボルシェビズム）、タイミング（ロシアの敗戦）、準備、真に頼れる党員」だったと主張している。[11]
つまり、毛沢東は、中国にも「主義」と「組織」が必要だと感じ始めていたが、この時はまだロシア革命方式ではなく、民衆運動で可能だと考えていた。

公民制憲運動

このように、毛沢東は当初、言論活動で湖南自治を推し進めていたが、間もなくして政治運動に関わるようになる。そのきっかけは、譚延闓が招集した「自治会議」だった。
1920年9月13日、譚延闓は、世論の高まりに対応するため、官紳（官吏や地方の有力者）と省議員30人余りを招集し、「自治会議」を開くことを決めたが、各新聞が猛反発し、「恩賜の自治に反対する」「偽物の自治に注意せよ」と一斉に非難した。[12]
そこで譚延闓は、省政府と省議会で自治法の起草を行うことにしたが、これもまた、「御前会議だ」「私的な会議は効力がない」と批判されたので、省議会のみに起草を任せることにした。
しかし、議会も信用されておらず、湖南『民国日報』が、「金で買収された議員が、どうやって民意を代表するのか」と報じた。これに反発した省議会が、譚延闓に同紙を取り調べるよう要請し、検察が動いたが、結局、刑法に処罰の根拠となる条文が見つからず、この件は、うやむやになるという騒動があった。[13]

ここで、毛沢東は、直接行動に打って出る。9月14日、龍兼公（長沙『大公報』の主筆）とともに各界に呼びかけ、「公民制憲（憲法制定）運動」を組織したのである。「憲法制定」を掲げたのは、湖南を中国の一地方ではなく、連邦を構成する国家と位置づけたからだ。[14]

次いで同月26日、長沙『大公報』に「湖南自治運動を起こすべきだ」を寄稿し、「いま欠けているのは、実際の運動だ。自治運動は、民衆が発起すべきである」と行動を呼びかけた。

ここで毛沢東は、「湖南は、民衆の知識水準が低く、交通も不便なので自治は難しい」という論調を批判し、「みなさん、そのような謬論《びゅうろん》を信じないように」と書いているが、これは当時、法律の専門家でなければ、自治の問題を議論する資格はなく、自治法を起草するのは、無理だという主張が流布していたからである。[15]

こうした論調に対し、毛沢東は「大きな間違いだ」と反論する。9月27日、長沙『大公報』に「釈疑《しゃくぎ》（疑問を解く）」を寄稿して欧米やロシアを例に挙げ、こう指摘した。

「イタリア、イギリス、アメリカ、フランスの労働者たちは、口々に政府に取って代わるというが、これらの労働者たちが、政治や法律を学んだことがあるのか？　ロシアの政治は、すべて労働者や農民がやっているが、ロシアの労働者や農民は、政治や法律を学んだことがあるのか？　この自治法は、大多数の人間で制定し、議論できる。大多数の人間で制定し、議論してこそうまくいくのである。少数の無職で民衆から遊離した政客が制定し、議論すれば、だめに決まっている。農民であれ、労働者であれ、商人であれ、学生であれ、教員であれ、兵士であれ、警察であれ、乞食であれ、女であれ、発言権を有しているし、発言すべきなのである」[16]

毛沢東は、ここでもロシアに触れ、ロシアを欧米と同列に論じている。のちにロシア革命方式を選択する下地ができていたことがわかるが、この時はまだ民衆運動の可能性を信じており、翌日も長沙『大公報』に掲載された「「促進する運動」再論」で、社会運動の重要性を力説した。

「いかなる国の政治も、野党と与党が相対し、労働者の社会と政治の社会が相対する。野党と労働者の社会があっても、力が足りず、与党や政治社会と相対することができなければ、一国の政治は、九割がたうまくやれない」[17]

これを見ても、この頃の毛沢東は、欧米流の民主主義者だったことがわかる。ロシア革命方式に関心を示しながらも、欧米流の民主主義が中国で実現可能だと信じていたのである。

毛沢東が目指していた自治とは、「完全な郷の自治、完全な県の自治、完全な省の自治」であり、「郷長民選、県長民選、省長民選」だった。それは、「同輩の中で信頼できる者を選出し、公務を執行させる。それこそ、〝湖南人による湖南の自治〟」といったものであり、湖南人の軍閥が統治する「湖南人の統治」との区別がついていない者がいると嘆いている。[18]

湖南人民憲法会議

このように、言論活動で「湖南自治」を呼びかけた後、同年10月に入ると、毛沢東は、本格的な直接行動に出る。10月5日、長沙『大公報』編集長の龍兼公らとともに、総商会で開かれた各界連絡会議に出席し、自治憲法を最短の時間で実現するには、譚延闓を「湖南革命政府」とみなし、同政府に「憲法会議」を招集させた方が現実的だと主張した。[19]

その構想は、同日と翌6日に長沙『大公報』に掲載された「湖南革命政府が湖南人民憲法会議を招集し、湖南憲法を制定し、新湖南を建設する提案」で明らかにされた。

毛沢東は、民衆による「民治」を主張し、「官治」に反対していたはずだが、なぜ譚延闓に希望を託したのか？　毛沢東ら377名が名を連ねたこの提案は、こう説明している。

「湖南人民の自治運動は、いま絶対に行うべきだ。千載一遇のチャンスだ。この機会を逸すれば、今後、このようなチャンスを見つけるのは、難しい。本来は、（省政府、議会、団体ではなく）個人が提案した方がいいが、このチャンスは、ゆっくり議論することを許されない。個人が提案すれば、三千万人が三千万の提案を出せるが、河清を俟《ま》つ（期待して待っても実現できないたとえ。河は黄河のこと。黄河の水が澄むのを待っても思うようにいかない。出典は、『春秋左氏伝』である。いつになったら、湖南憲法は、出現するのか？　いつになったら、新しい湖南を建設できるのか？[20]」

毛沢東が、譚延闓に希望を託したのは、「人民のレベルが低く、強固な人民団体や政党がないので、人民が提案しても、人民の意向と政府の意向が食い違った場合、人民に対抗する力があるのか？」という懸念も背景にあった。[21]したがって、政府と対抗して好機を逸するよりも、政府を巻き込む形で進めた方が得策だと考えたわけである。

もっとも、あれだけ、「民治」を主張しておきながら、政府にまかせるというのは、どう見ても矛盾している。そこで、「譚延闓氏を首領として組織された政府は、実際は、革命政府である」と定義し、つじつまを合わせようとした。同じ軍閥であっても、「北洋政府の張敬堯を倒した」ことは、「革命行動」だったというわけだ。[22]

では、湖南は中国の一地方であるにもかかわらず、なぜ「湖南人民憲法」を制定するのか？　これについては、「中国は、分裂しているので、いつになったら全国の憲法が出現するかわからない」ので、「アメリカの州やドイツの邦の憲法に相当する自治法が必要」であり、「先に各省で憲法を持ち、あとで全国の総憲法を持つのがいい」とした。[23]

だが、それでも、政府が憲法を制定するのなら「民治」とはいえない。そこで、「革命政府には、憲法会議を招集する権限があるが、憲法を起草する権限はない。憲法の起草は、当然ながら憲法会議が行う事である」とし、憲法会議の代表は、「少なくとも省城（＝長沙）の住民の参加が必要」

と定めた。
また、省議会のほか、教育、商業、農業、労働組合、学生、教職員、新聞、弁護士など各団体の意見を聞き、「直接の平等な普通選挙」で「五万人毎に一人代表を選出する」ことを最低条件として提示した。
そして、憲法制定後は、憲法にもとづき、「湖南議会、湖南政府、75県の県議会、県政府、県の最小区域の市・鎮・郷の自治機関を選出」し、「新しい湖南の建設が完成する」としたのである。[24]
この文章が長沙『大公報』に掲載されたとき、これに賛同した署名者は、377名だったが、数日後には、436人に増えた。[25]

直接行動へ

これを受け、10月6日、毛沢東が指導する湖南省学生連合会（湖南学連）は、各団体と学校に書簡を送り、「完全な自治を達成できなければ、政治腐敗は前のままであり、人民の苦痛は減らず、新湖南も建設できない。完全な自治という目的達成のためには、この機会が唯一かつ絶好の機会である」と呼びかけた。

そして、「双十節（10月10日の中華民国建国記念日）に市民デモ大会を行い、政府に警告し、同胞の覚醒を促す。人民憲法会議の早期実現を望む」としてデモの動員をはかり、翌7日の合同会議に代表を出すよう求めた。[26]

同月7日、この書簡は、長沙『大公報』に掲載され、学連が開催した合同会議には、長沙の各団体や新聞社の代表が出席し、双十節に請願デモを行うことを決定し、憲法会議の「組織法」と「選挙法」の要点についても議論した。毛沢東もこの会議に出席し、龍兼公（前述）とともに請願書の起草者に選ばれた[27]。

その日、毛沢東が書いた「湖南自治のために長沙30万の市民に告ぐ」が長沙『大公報』に掲載され、市民に決起してデモに参加するよう呼びかけた。

「湖南自治はいま、唯一の重大な事であり、湖南人の生死栄辱にかかわる事である。長沙市民が今すぐ自治運動をやらないなら、湖南自治は結局、まったく実現の見込みがないだろう。西洋各国の政治改革、社会改革は、すべて市民運動から起きた。中世の自由都市で、専制者の手から自由民の地位を争奪したのは市民である。市民の権威は本当に大きい。市民よ！　立ち上がり、今日こそ、未来の湖南の黄金世界を創造するのだ！[28]」

毛沢東はこの時、欧米流の市民運動に希望を託していたのだ。流血をともなう革命に訴えなくても、請願デモでうまくいくと思っていたのである。

翌8日には、憲法会議の招集に賛同した436名が省教育会に集まって大会を開き、毛沢東を大会の議長に推薦するとともに、ここで選出された15名の代表が、請願書を省政府に提出することが決まった。

毛沢東はこの会議で、「湖南自治の問題は、人民と政府がともに賛同しており、これを提出することは、理論的にも実際にもうまくいく。迅速に実施すべきであり、おくらせてはならない」と発言している。

この大会では、憲法会議の「選挙法」と「組織法」の要点が採択されたが、それによれば、憲法会議は、各県の人民が選んだ代表が組織し、その代表は、普通選挙制（納税額・男女・職業の制限なし）で選ばれ、官吏と軍人は、代表に選ばれた場合、職務を解くと規定されていた。まさに「民衆による自治」を目指していたのだ。

上記の省政府に提出する請願書は、この要点を盛り込んだものであり、翌日、大会で選ばれた代表が譚延闓に面会し、この内容を伝えると、彼は極めて民主的な態度で代表に接し、「みなさんのおっしゃることに賛成です」と即答した。[29]

ちなみに、選挙権の規定といえば、当時の湖南省議会の規定は、以下の通りだった。

- 満21歳以上の湖南籍の男性
- 湖南に満2年以上居住
- 毎年の納税額が2元以上
- 500元以上の不動産を有する者
- 小卒以上およびそれに相当する者

辛亥革命以前の諮議局の規定よりは、かなりハードルが下がった（年齢が満25歳から4歳下がり、所有不動産が5000元から500元になり、高卒が小卒になるなど）が、それでも請願書が求めた普通選挙とは、大きな開きがあった[30]。

請願デモ

譚延闓の回答を聞き、請願デモ参加者は、大いに期待したことだろう。翌10日、大雨にもかかわらず、デモ参加者は、2万人規模に達した。学生、労働者、店員、報道関係者など各界の民衆が結集し、「人民憲法会議の招集を請う」「湖南自治」と書いた赤と白の旗を掲げ、びしょ濡れになって街頭に繰り出した。毛沢東もデモの隊列に加わった。

デモ隊は、「民衆が主人だ」「農民、労働者、商人は、上等人（高い地位を有する支配層を指す。下等人に対する言い方）だ」と書かれたビラを大量にばらまき、「旧勢力打倒！」「旧省議会解散！」「新湖南建設！」「湖南自治」と叫び、譚延闓がいる督軍署（総司令部）へと突き進んだ。

譚延闓は、この時も丁重に応対した。デモを鎮圧することもせず、代表と会って請願書を受け取り、「人民憲法会議の招集は、すぐに行うよう許可済みです。必ず、みなさんの要求に従ってやります」と約束したのである[31]。

しかし、デモの翌日、『大公報』に掲載された「湖南自治運動請願書」は、「湖南省城（長沙のこと）全市民」から「譚総司令」宛になっている。つまり、譚延闓は当時、湖南省長だったが、同時に督軍兼湘軍総司令だったのであり、開明的と期待されていても、「軍閥」に変わりはなかった。毛沢東らは「督軍」の廃止を目標に掲げていたので、譚にとって、権力基盤を失うことを意味していたのである。[32]

したがって、表向きは、自治運動を支持する発言をしていても、その後の対応を見ると、限界があったことがわかる。「みなさんの要求に従ってやります」と約束したにもかかわらず、結局は、民衆の要求を受け入れなかった。

その本音は、デモ隊が省議会の旗をひきおろした事件で明らかになった。デモ行進が省議会に差しかかったとき、「旧議会解散！」と叫び、誰かが旗をひきおろしたのだ。もともと民衆は省議会に不満だった。議員は、任期がとっくに切れているのに居座っていたし、憲法制定も取り仕切ろうとしていたからである。[33]

譚延闓はこの事件をきっかけに、態度を一変させ、引き締めに転じた。デモの翌日、各学校、新聞社など各団体の責任者を集め、「軌道から外れた挙動は、正すべきである」と宣言し、市民に布告を出して、「軽薄な言葉を軽々しく信じてはならない。長期的には、大局を危うくし、短期的には、一身を害する」と警告した。

また、議会を擁護する立場を明らかにし、「別の事にかこつけて議会を侮辱する言論を鼓吹し、自覚せずに法を犯すならば、政府は、法に従って取り締まるべきである」と強硬姿勢をあらわにした。譚は結局、省議会が憲法を制定するという立場であり、民衆の代表に制定させるつもりはなかったのである。[34]

当然、毛沢東ら民衆による憲法制定を期待していた「民治派」は、猛反発した。
譚延闓は10月12日、学校、新聞社、教育・農・労・商など各界のトップおよび請願代表を集めて、会議を開かざるを得なくなり、そこでは一旦、憲法会議の組織法は、省議会を含む各団体が共同で起草するということになったが、それもすぐにくつがえされた。会議後、譚は、配下の「自治期成会」「湘西善後協会」を使って反対させ、結局、省議会が組織法を起草するという方針を押し通したのである。[35]
そもそも、「民治派」も一枚岩ではなかった。デモ隊が省議会の旗をひきおろした事件が起きた時、運動が許容範囲を超えたとして、「文明的な方法」を取るべきだという批判が陣営内から出ていたのだ。彼らは、起草は、省議会にまかせ、各団体の同意を得ればいいと主張した。[36]
同月21日、毛沢東は、憲法制定請願団を代表し、自治期成会などが開いた会議に出席したが、同会など6団体は、省議会が憲法を起草する方針を打ち出し、そこで表決をとることになったため、憲法制定請願団と新聞連合会は、表決に参加しないことにした。[37]
その後、省議会が制定した選挙法や組織法は、請願団が求めた民衆の権利を大幅に削減した。選挙権は、18歳以上から20歳以上に引き上げられ、文字を読めない者には、選挙権も被選挙権もなく、政治と法律の知識と経験がない者には、被選挙権がないと規定されていた。[38]
ここに至り、毛沢東の「湖南自治運動」は、失敗に終わった。10月22日、反発した湖南学連がデモを行い、政府に対し、約束を守って各団体を招集し、組織法を制定するよう求めたが、なしのつぶてだった。[39]

挫折

毛沢東はこの頃、危ない目にあっている。11月下旬に湘軍の内紛で譚延闓が失脚し、趙恒惕が総司令になると、警察に呼び出され、取り調べを受けたのである。

その理由は、省議会の旗を引き下ろしたのは毛沢東だという〝噂〟だった。それに加えて、彼を告発する手紙が省議会に送られ、それには、「（毛沢東が）省立図書館に各団体の代表を集め、某軍隊を動かし、省議会を破壊しようとしている」と書かれていたと言われた[40]。

これに対し、毛沢東は、「第一師範付属小主事（校長）」の肩書で省警察庁に公開書簡を送って抗議し、それが長沙『大公報』（1920年12月3日）に掲載された。

「一、沢東が湖南の憲法制定問題に関し、省議会に不満だったことは〝ある〟。二、旗を引き下ろし、省議会を破壊しようとしたことは、〝ない〟。貴庁の職務は、風紀を正すことであり、悪を駆逐し、嘘を取り締まることである。即座にデマを流し、誹謗する者を取り締まって処罰し、この風習を戒めていただきたい。沢東は、新湖南の自由民である。法律による以外は、いかなる者も、私の体と名誉を侵犯してはならない[41]」

結局、警察はそれ以上、何もしなかったが、毛沢東は、疲れ切っていた。この頃、フランスにいた羅学瓚《らがくさん》（新民学会会員。フランス中部の工場で電気工をしていた）に送った手紙（11月26日）で、「ほんとに疲れた」と弱音を吐いている。[42]

その前日には、同じくフランスにいた欧陽沢（新民学会会員。フランス西北部の学校でフランス語を学んでいた）にも手紙を書き、「七月に湖南にもどって以来、ずっと忙しかった。最近、疲れがたまっているので、萍郷《へいきょう》（江西省にあるが、湖南省に近い）を遊覧しているところだ。旅の最中に手紙を書いているので、意が尽くせない」と書いていた。[43]

ところで、毛沢東はこの時、なぜ萍郷にいたのか？

『毛沢東年譜』には、「11月下旬、醴陵《れいりょう》と萍郷に視察と遊覧に行き、萍郷で向警予など新民学会会員に返信した」と書かれているので、視察も目的だったということである。[44]

その「視察」とは、共産党の活動の一環だった可能性が高い。萍郷には安源炭鉱があり、のちに毛沢東らが労働運動を組織した場所である。近隣の醴陵に師範講習所を設け、労働者に階級闘争史を教えた。[45]

この頃、毛沢東は、共産党の予備軍「社会主義青年団（1925年に共産主義青年団と改名）」を組織するため、第一師範、商業専門学校、第一中学などの学生の取り込みを図っていた。その様子は、当時、第一師範の学生だった張文亮が日記に書き留めている。

11月19日　沢東の手紙を受け取る。青年団の規約を十部持ってきてくれた。その趣旨は、社会改造の研究と実践である。彼の代わりに同志を探すよう依頼された。

11月21日　沢東と会う。まもなく醴陵に行き、教育を視察するとのことだ。青年団は、真の同志を探すよう注意し、ゆっくりやり、急いではならないと指示された。
12月2日　沢東が来た。青年団は、仲甫（陳独秀のこと）が来てから設立会議を開き、二つに分けて進めるとのことだ。一、研究。二、実行。真の同志をたくさん探すよう指示された。
12月15日　沢東から返信を受け取った。「師範（第一師範）は、前から校風がない。君は、同志と団結して中堅分子となり、良い校風を作るよう努めるべきだ。青年団の問題については、学校で団員をつのり、今学期に一度会議を開けるよう努めればよい」。
12月16日　沢東来訪。来週、青年団は、設立会議を開く。
12月27日　沢東が『共産党』を九冊送ってきた。[46]

〝主義〟がなければ、空気がつくれない

前述のように、毛沢東は、萍郷に滞在中、新民学会の仲間に数通の手紙を書いているが、それは、彼の思想的な変化を知る上で、極めて貴重な史料となっている。たとえば、11月25日、フランスにいた向警予（夫の蔡和森とモンタルジ公学でフランス語を学んでいた）に宛てた手紙でこう告げている。

「ここ一年、僕は蔭柏（彭璜のこと）らと間接的に尽力したが、大きな効果はなかった。教育はだめだし、民智は開かれていない。湖南人の多くは、まだ熟睡している。知識があると称する人間で

さえも、理想も計画もまったくない。僕と蔭柏らが、湖南は自立して国になるべきであり、進化していない北方各省と情勢が異なる南方各省から離れ、からっぽで組織がない大中国を打破し、直接、世界の目覚めた民族と手を組むべきだと主張しても、わかる人間は、極めて少ない。自治問題が起きた時は、空気は暗澹としていたが、「湖南革命政府が湖南人民憲法会議を招集し、湖南人民憲法を制定し、新湖南を建設する」と言うと、いくらか気勢が上がった。でも、多くの者は、訳が分からず、大騒ぎする者までいて、変な考えだと怪しんだりする。湖南人の頭は、はっきりしていない。理想もなければ、長期的な計画もない。ここ数か月で見限った。政界は無気力。腐敗はひどい。政治改良の道は、絶望的だと言っていい。すべて無視して、別の道を切り開き、他の環境を作るしかない[47]」

同じ日、李思安（シンガポール坤成《こんせい》女学校で教えていた）に書いた手紙にも、「他の方法を考え、他の環境をつくる。長期的な準備をして、精密な計画を立てる。実力が養われれば、効果は自然と出る。彼らと競い合う必要もない」と書いている[48]。

この「彼ら」とは、譚延闓や趙恒惕といった軍閥を含めた湖南の政界のことである[49]。彼らに対抗するには、「請願」ではだめであり、「実力」をつけなければだめだと悟ったのである。そして、そのためには「主義」が必要だという結論に達した。同日、羅章龍（北京大学に在学していた）に宛てた手紙で、「主義」が大事だと力説している。

「バラバラに解決することに反対はしないが、主義がなくて、頭が痛ければ頭を治療し、足が痛ければ足を治療するという解決法には賛成しない。僕は、湖南人は外の事にはかかわらず、湖南のことだけやればいいと主張したけど、それには、二つの意味がある。一つは、中国は大きすぎるということ。各省の感情、利害、民智の程度も同じではない。うまくやろうと思っても、着手できない。康有為、梁啓超の維新運動から孫中山、黄興の革命まで（両者にもそれ自身の価値はあるけどここでは議論しない）、すべてこの大組織の上で頑張っただけで、その結果は、どちらも失敗だった。この際、路線を改め、各省と言う小組織から始めるべきだ。これが総合的な解決に進むための手段である。中国の悪い空気は、あまりにも深い。我々が勢いのある新しい空気をつくってこそ、転換できる。そのような新しい空気は、一生懸命頑張る人が必要であり、特に全員がともに信奉する『主義』が必要である。主義がなければ、空気をつくれない。我々の学会（新民学会のこと）は、漠然と修養につとめる集まりであってはならない。感情の結合は、主義の結合になってこそ、いいと言える。主義は、旗のようなもので、旗が立てば、みんなが目指すところができ、どこに向かうべきなのかわかると思う」[50]

毛沢東はこの時、「共産主義」とは言っていないが、すでに社会主義青年団の組織化に着手していたので、ここで言う「主義」とは、ロシア流の共産主義のことだろう。彼はこの頃、陳独秀の呼びかけに応じ、社会主義青年団だけでなく、共産党組織の設立準備に取りかかっていた可能性がある。[51]

この手紙に、「我々の学会は、漠然と修養につとめる集まりであってはならない。感情の結合は、主義の結合になってこそ、いいと言える」と書いているように、新民学会を党組織に改造しようとしていたのである。

フランスからの手紙

当時、フランスにいた新民学会のメンバーのうち、もっとも共産主義に心酔していたのが蔡和森である。彼は、同地で共産主義の資料を読み漁り、毛沢東より一足先に共産主義者になっていた。蕭子昇によれば、蔡和森の共産主義に対する「熱烈な信仰は、次第に人々の間にひろがっていった」という。特に湖南出身の新民学会員の中には、彼の「信仰」に感化される者が増えていった。蔡は、「各地にちらばっている中国人学生たちに、説得の手紙を書いた」というが、毛沢東に宛てた手紙（後述）もその中の一通だったのだろう。[52]

その頃、フランスの新民学会は、「ロシア型共産主義を取り入れるべきか？」という問題をめぐり、意見が真っ二つに割れていた。蔡和森は「全面的に取り入れる」と主張したが、蕭子昇は「共産主義の理論には賛成するが、ロシアの例は中国に当てはまらない」と反論した。

フランス在住の新民学会会員は、1920年7月5日から10日まで、パリ郊外のモンタルジの森に集まり、これについて議論したが、結論は出なかったため、蕭子昇が毛沢東に手紙を書いて報告し、中国に帰国して会員と話し合うことになった。[53]

8月初旬、蕭子昇は毛沢東に手紙を書き、蔡和森は「共産党を組織し、プロレタリアに独裁させるべきだと主張し、その趣旨と方法の多くは、いまのロシアに傾いている」が、自分は、「ロシア式―マルクス式は、正当と思っておらず、無政府―無強権―プルードン式の新式革命に傾いている。比較的温和だ」と伝えた。[54]

この時、蔡和森も毛沢東に手紙（8月13日付）を送っているが、それは、まさに「熱烈な信仰」の宣言書と言うべきものだった。

「最近、各種の主義を総合的かつ詳細に考察して感じたことは、社会主義こそが真に世界を改造する治療法であり、中国もその例外ではないということだ。社会主義に必要な方法は、階級戦争―無産階級独裁。今の世界は、革命こそが唯一の勝利を制する方法だ[55]」

蔡和森のキーワードは、「階級」と「独裁」である。その議論は、「今の世界は、まさに二つの対抗する階級が存在する」という大前提から始まるが、その階級とは、「有産階級」と「無産階級」を指し、前者は打倒される対象とみなしている。

「独裁」の必要性を説くのは、革命の「重要な使命は、資本主義の経済制度を打破することであり、その方法は、無産階級独裁」と考えていたからだが、革命後も無産階級の独裁が必要だと言っている。それは、「打倒した階級が復活し、革命がゼロになってしまう」からだという。彼はこの時、無産階級の「ソビエト」を建設すると主張しており、ロシア革命をイメージしていたことは明らかである。[56]
ここで蔡和森は、革命を語るだけでなく、毛沢東に行動を起こすよう呼びかけている。
「まず、党—共産党を組織すべきだと思う。君にロシア十月革命の準備をしてほしい。では、どうやって党の組織を準備するのか？　昔のように革命機関を組織するのはうまくいかない。同志を何人か募り、資本家の工場に行かせ、全国の職業機関、議会機関へも行かせる。そこで何をするのか？　労働や事務に従事し、代表や議員になる。中産階級の既存の職業機関、議会機関を革命機関にすればいい。この方法は、ボルシェビキから得たものだ。僕はすでに組織を作る準備をしており、二年以内に組織でロシアに向かうつもりだ。将来、ロシアを大本営にし、少なくとも一万人の若い男女をつのり、長期滞在して活動したいと思っている。中国は二年以内に、主義が明確で、方法が適格で、ロシアと一致した党を設立すべきだ。これは重大な事である。注意してほしい」[57]
これは、その後の共産党の活動を先取りしたものである。たとえば、既存の組織に党員を送り込み、内部から革命組織に変えるという「浸透工作」がそうである。
また、中国革命の可能性に触れ、「中国には階級がないという人がいるが、僕は認めない。最底辺の労働者や農民には何もわかっておらず、貧しさと悲惨さを運命と思っている。だが、いったん、階級的覚悟が生まれれば、その気炎は、西欧・東欧に劣るものではない」と言っている。[58]つまり、階級意識を植え付ければよいということであり、これは、のちに労働者対象の夜学などで教え込んだ。

最後に蔡和森は、毛沢東にこうアドバイスしている。

「いま、内地でこの事を組織するなら秘密にすべきだ。烏合の衆はだめだ。工業界からは離れてはだめだ。中産階級の文化運動者はだめだ（変わらない限りは）[59]」

毛沢東の返信

蕭子昇と蔡和森の手紙は1920年8月に書かれたものだが、毛沢東の元に届いたのは、同年11月頃だとみられている。[60]

毛沢東の返信の日付は、同年12月1日なので、すでに「湖南自治運動」は失敗に終わり、彼が「政治改良の道」に「絶望」していた頃だ。「別の道を切り開き、他の環境を作るしかない」と仲間に打ち明け、「主義」の重要性を力説し、陳独秀の誘いに応じて共産党組織の立ち上げにも着手していた頃である。[61]

したがって、毛沢東の答えは、明快だった。

「（蕭子昇の）主張には同意できないが、（蔡）和森の主張には深く賛同する[62]」

この毛沢東の返信は、極めて重要である。なぜなら、これは、「欧米流民主主義」から「ロシア流共産主義」への「転向宣言」だからだ。毛沢東がこの時、蔡和森の意見に「深く賛同」したのは無理もない。彼も蔡と同じく、この世界は、資本家が無産階級を支配しており、それを打ち倒すには、「強権」と「組織」が必要だと認識するようになっていたからだ。[63]

毛沢東は、ちょっと前までは、欧米流の民主主義を掲げ、「湖南自治運動」に奔走し、人民憲法会議を招集し、「流血革命の悲惨さを免れる」と考えていたが、いったい、何が彼を変えたのか？毛沢東は、「事実」と「現実」だったと返信している。

「子昇（蕭子昇のこと）と和笙《わしょう》（李維漢のこと。フランス在住の新民学会会員。ロシア革命方式に反対する手紙を毛沢東に送っていた）の二人の意見（平和的な手段を用いて全体の幸福を求める）は、真理としては賛成だが、事実上、実行できないと思う。ラッセル（イギリスの哲学者バートランド・ラッセル）は、長沙で講演したが、その意味するところは、子昇と和笙と同じだ。ラッセルは、共産主義を主張するが、労農独裁には反対であり、教育的方法でブルジョアに自覚させれば、自由が妨げられ、戦争が起き、革命で血が流れることにはならないと言う。だが、僕は、ラッセルの講演の後、蔭柏や礼容（易礼容。新民学会会員。毛沢東と文化書社を立ち上げた）らと極めて詳細な議論をしたが、ラッセルの主張に対する僕の見方は、「理論上は成り立つが、実際はやれない」の二つの評語に尽きる。ラッセル、子昇、和笙の主張の要点は、「教育の方法を使う」だが、教育には、一に金がかかり、二に人が必要だ。そして三に機関が必要である。現在、世界においては、金はすべて資本家の手にあり、教育を取り仕切っている者は、すべて資本家か資本家の奴隷たちだ。教育が資本家の手に落ちているのは、資本家が『議会』を持ち、資本家を守り、無産階級を制する法律を制定しているからである。その法律を執行する『政府』があり、積極的に保護と禁止を行っている。たとえば、『軍隊』と『警察』があり、資本家の安楽の保障と無産者の要求の禁止を積極的に実施している。『銀行』があり、財貨流通の政府の金庫となっている。『工場』があり、生産品独占の機関となっている」[64]

毛沢東はこの時、「理想はもとより重要だが、現実は特に重要だ。平和的方法で共産の目的を達成しようとすれば、いつになったら成功するのか?」「徳謨克拉西《デモクラシー》主義は、いまの私の見方では、理論上は聞こえがいいが、事実上は、実行できない」と言い切っている[65]。

ここで毛沢東は、民主主義を捨て去り、独裁を選んだのである。「湖南自治運動」に失敗し、教育や民主主義といった平和的な方法では、何も変わらないと考えるようになり、「歴史上の専制主義者、帝国主義者、軍国主義者は、打倒されるまで、決して自分から身を引くことはない」という結論に達したのである[66]。

ただ、毛沢東は、依然として「ロシア式革命」は、「恐怖の方法」だと考えており、「窮地に陥り、すべての道が閉ざされた時にとった対応策だった」と言っている。「理想」は、流血を伴わない欧米流民主主義だが、「現実」は、「恐怖の方法」である「ロシア式革命」しか選択肢はないというわけである[67]。

陳独秀の転向

いくら民主化運動に挫折したからといって、これほど短期間で思想が変わるだろうか？実は、ちょうどこの時、彼にロシア革命方式を選択させるような働きかけがあった。それが思想の急変を促したのである。

決定的な役割を果たしたのが、陳独秀の呼びかけである。陳独秀がソビエトの誘いに応じ、共産党組織の設立に動いていたことは、すでに述べたが、1920年9月、陳独秀の〝転向〟を象徴する出来事があった。

それは、「民主」と「科学」を掲げ、「新文化運動」の旗手となった『新青年』（前述）が、中国共産党の機関誌へと変貌を遂げたことである。同誌は、1920年9月1日、第8巻第1号として復刊したが、その出版経費は、ソビエトの使者ヴォイチンスキーから支払われていた[68]。陳独秀が『新青年』の復刊号に寄稿した「政治を語る」は、ロシア革命路線への「転向宣言」ともいうべきものだったが、彼が転向したきっかけは何だったのか？

陳独秀は当初、ロシア革命の手法に批判的な態度をとっていた。彼は、中国の多くの知識人と同様、無政府主義の影響を色濃く受けており、北京を追われて上海に行くまでは、階級闘争に反感を抱いていた。

たとえば、前年11月の『新青年』（第7巻第1号）に寄稿した「民治を実行する基礎」（前述）では、「我々は階級闘争の発生を望んでおらず、純粋な資本作用――労働力を離れた資本作用――が徐々に消滅し、階級闘争に至らないことを渇望している」と述べていたのである。[69]

では、陳独秀は、何がきっかけで階級闘争を受け入れたのか？

それには、いくつかの要因がある。

一つは、すでに述べたように、「北京大学の同人と袂を分かち、上海で失業」し、「(『新青年』の)編集だけが、唯一の職業となった」という事情があった。[70]

もともと「カラハン宣言」(前述)に感銘し、ソビエトロシアに惹かれるようになっていたところに、ソビエトの使者が訪れ、共産党設立の話を持ちかけられたこともあるだろう。

とりわけ、ヴォイチンスキーの影響は大きかった。彼は、本場のマルクス主義の文献を大量に持参しただけでなく、アメリカから『ソビエト・ロシア』などの英語の文献を取り寄せる資金も提供した。当時、陳独秀の周りには、ロシア語が読める者がほとんどいなかったので、これは大いに役立った。[71]

また、ヴォイチンスキーの謙虚な人柄も影響したようだ。彼は、陳独秀ら中国人革命家を敬い、自分は、事情がわからないと言い、中国の政治問題について持論をまくしたてることもなかった。こうした態度が気に入られ、協力できる相手だと認められ、陳独秀らと親密な関係を築くことができたといわれている。[72]

また、日本に滞在していた施存統や周仏海らの影響も無視できない。彼らは、日本で出版されたマルクス主義の著作を中国語に訳し、陳独秀に送っていた。その中には、山川均《ひとし》がソビエトの労農独裁を評価した「カウツキーの労農政治反対論」なども含まれていた[73]。

強権と組織

陳独秀の思想的転換は、当然ながら、彼を敬慕する毛沢東に大きな影響を与えたはずである。その痕跡は、前述の毛沢東の返信（1920年12月1日付）に、くっきりと刻み込まれている。

毛沢東は、その中で、無政府主義者を批判し、「強権がなく組織がない社会状態は不可能だ。絶対的な自由主義、無政府主義、およびデモクラシーは、理論上はよく聞こえるが、事実上、不可能だと考えている」と述べていたが、「強権」と「組織」という言葉は、まさに陳独秀の「政治を語る」（前述）に出てくるものだ[74]。

陳は、「強権」と「組織」の必要性について、こう言っている。

「わが中国は、政治を語らない者が多い。（無政府党員は）根本的に、人類は一切の政治組織を持つべきではないと絶対的に主張する。各国の資産階級は、数千年あるいは数百年の基礎を有しており、優位な地位に立っている。彼らの知識と経験は、労働者階級よりもはるかに優れている。労働者階級が彼らを征服するのは難しいし、征服後、永久に征服し、復活しないようにするのは、もっと難しい。その時、政治の強権を利用し、彼らの陰謀活動を防止し、法律の強権を利用し、彼らの怠惰、略奪を防ぎ、彼らに習慣、思想を強制することは、すべて必要な方法である。その時、強権の圧迫に反対し、政治、法律はいらないと主張し、自由組織の社会を提唱すれば、資産階級に恩赦を出すようなものだ。……だから、各国で共和革命の後、民主派が旧党を制圧するに足る強い力を失えば、すぐに復辟《ふくへき》運動が起きるのだ。その時、ロシアでクロポトキンの自由組織がレーニンの労働者独裁に取って代われば、すぐに資産階級が勢力を回復するだけでなく、帝政復興でさえも免れなくなる[75]」

陳独秀は、「強権が悪なのは、その用法による」のであり、「それを使って弱者と正義を擁護し、強者と非道を排除すれば、必ずしも悪とは言えない」と述べている。なぜなら、「強い力を主張せず、階級戦争を主張せず、日々、自由組織の社会の出現を空想するだけなら、あの資本階級は、依然として、国家の地位に立ち、政治、法律を利用している」と考えていたからだ。

しかし、それでは、「あと一万年たっても、圧迫を受けている労働者階級は、転身する機会を持てない」。したがって、「革命の手段を用いて労働階級（生産階級）の国家を建設し、内外で一切の略奪を禁止する政治、法律を創造することが、現代社会にとって一番必要なことだ」という結論に達していた[76]。

これは、前述の毛沢東の返信に出てくる次のくだりに似ている。

「平和的方法で共産の目的を達成するなら、いつになったら、成功するのか？　もし百年かかるなら、その百年の間、苦しみうめく無産階級に対して、我々はどう対処するのか？　その百年に、手をこまねいて資本家のえじきにさせておけるのか？　事実は目の前にあり、消えさることはない。わかっているなら、すぐに行動すべきだ。ロシア革命と各国の急進派共産党員が日々増加し、その組織が日増しに密になっているのは、自然の結果なのである[77]」

無産階級独裁

もちろん、陳独秀のみならず、蔡和森の存在も無視できない。前述のように、蔡がフランスから送ってきた手紙には、「重要な使命は、資本主義の経済制度を打破することであり、その方法は、無産階級独裁」と書かれていた。そして、「打倒した階級が復活し、革命がゼロになってしまう」ので、革命後も無産階級の独裁が必要だと断言していた。これは、陳独秀と全く同じ見解であり、毛沢東に与えた影響は大きかったはずである[78]。

同時に、マルクス主義関連の本にも触発されたことだろう。毛沢東はのちに、「三冊の本（カール・マルクス、フリードリッヒ・エンゲルス『共産党宣言』、カール・カウツキー『階級闘争（原題は『エルフルト綱領解説』）』、トーマス・カーカップの『社会主義史』）」が「特に心に刻み込まれ、マルクス主義に対する信仰を打ち立てた」と回想したが、この頃までに、『共産党宣言』（1920年8月）と『社会主義史』（1920年10月）の翻訳は出版されていたので、読んでいた可能性が高い（『階級闘争』の訳書は、1921年1月出版[79]）。

「湖南自治運動」が挫折し、「政治改良の道は、絶望的だと言っていい。すべて無視して、別の道を切り開き、他の環境を作るしかない」と落胆していた毛沢東にとって、残された「道」は、「革命」しかないように見えた。ちょうどその頃、陳独秀から、長沙に共産党組織を設立する話が舞い込んできたことも大きかったはずである。[80]

実際、当時の急進化した若者と同様、ロシア革命方式を毛沢東が受け入れた動機は、極めて現実的なものだった。マルクス主義の思想に共鳴して革命を選んだのではなく、中国の現実をかえるために革命を「手段」として選んだのである。たとえば、張国燾（前述）なども、自分が共産主義者になった経緯を、次のように回想している。

「最初、私は愛国主義者だった。当時の志ある若者と同じように、中国の富強を望んでいたのである。私の思想は急進的で、新文化運動を支持し、旧勢力に反対し、革命で国を救うことを主張していた。その時からマルクス主義の道に向かって邁進した。私は熱心にマルクス主義を研究し、ロシア革命を理解しようとした。それには、救国救民の方法が含まれていると信じていたからである。当時の急進的な若者の多くが、私と同じようにこの道を歩んだのだった[81]」

毛沢東も、そうした若者の一人だったわけである。彼らは当時、「無産階級独裁」は、理想の社会を築くための有効な手段だと信じていたのである。

しかし、その後、張国燾は、共産主義と決裂し、晩年、異郷の地で、こんな言葉を言い残している。

「私は、共産主義の理想に夢中になり、中国共産党の発起人の一人として18年間、いばらの道を歩んだが、中国共産党が変質してしまい、自分がそれを捨て去ることになるとは思いもよらなかった。少数の人間が武装暴動、暴力革命を発動し、革命政権を打ち立て、独裁的統治をおこなえば、初期の理想主義、人道精神と道義を捨て去り、権力観念、計略、恐怖、残忍が取って代わることは、必然的である。共産主義運動と無産階級独裁は、密接不可分だ。それにより、独裁の醜悪な現実が、必然的に、共産主義の美しい理想を消滅させてしまうのである[82]」

陳独秀も、これに気づいたのは、晩年になってからだった。死期を目前にひかえ、こう書き残している。

「いわゆる〝プロレタリア独裁〟など存在しない。それは党の独裁であり、結果は、領袖独裁だ。いかなる独裁制も、残虐、ごまかし、偽り、汚職、腐敗の官僚政治と不可分である[83]」

【注】

1　中共中央文献研究室、中共湖南省委『毛沢東早期文稿』編輯組編『毛沢東早期文稿』481～487頁。中共中央文献研究室編／逢先知主編『毛沢東年譜（1893－1949）修訂本　上巻』58頁

2　「湖南人再進一歩」中共中央文献研究室、中共湖南省委『毛沢東早期文稿』編輯組編『毛沢東早期文稿』483

頁

3 同右484頁

4 「湖南改造促成会復曽毅書」中共中央文献研究室、中共湖南省委『毛沢東早期文稿』編輯組編『毛沢東早期文稿』488頁

5 同右

6 「致胡適信」中共中央文献研究室、中共湖南省委『毛沢東早期文稿』編輯組編『毛沢東早期文稿』494頁

7 中共中央文献研究室編／逄先知主編『毛沢東年譜（1893－1949）修訂本 上巻』60頁

8 「湖南建設問題的根本問題―湖南共和国」中共中央文献研究室、中共湖南省委『毛沢東早期文稿』編輯組編『毛沢東早期文稿』504頁

9 同右503～504頁

10 「打破没有基礎的大中国建設許多的中国従湖南做起」中共中央文献研究室、中共湖南省委『毛沢東早期文稿』編輯組編『毛沢東早期文稿』507頁

11 同右507～508頁

12 李鋭『早年毛澤東』316頁

13 同右317頁

14 喩春梅『大道為公―長沙「大公報」（1915－1927）与湖南社会思潮』83頁。熊杏林「湖南自治運動評述」『近代史研究』（1990年第3期）（中国社会科学院近代史研究所）137頁

15 「〝湖南自治運動〟応該発起了」中共中央文献研究室、中共湖南省委『毛沢東早期文稿』編輯組編『毛沢東早期文稿』517～518頁。李鋭『早年毛澤東』318頁

16 「釈疑」中共中央文献研究室、中共湖南省委『毛沢東早期文稿』編輯組編『毛沢東早期文稿』519頁

17 「再説〝促進的運動〟」中共中央文献研究室、中共湖南省委『毛沢東早期文稿』編輯組編『毛沢東早期文稿』522頁

18 「〝湘人治湘〟与〝湘人自治〟」中共中央文献研究室、中共湖南省委『毛沢東早期文稿』編輯組編『毛沢東早

期文稿』524頁
19 中共中央文献研究室編／逢先知主編『毛沢東年譜（1893－1949）修訂本 上巻』66頁。高菊村、陳峰、唐振南、田余糧『青年毛沢東』133頁
20 「由〝湖南革命政府〟召集〝湖南人民憲法会議〟制定〝湖南憲法〟以建設〝新湖南〟之建議」中共中央文献研究室、中共湖南省委『毛沢東早期文稿』編輯組編『毛沢東早期文稿』689頁
21 同右
22 同右690頁
23 同右692頁
24 同右693、695頁
25 中共中央文献研究室編／金冲及主編『毛沢東伝（1893－1949）』69頁
26 同右50頁。中共中央文献研究室編／逢先知主編『毛沢東年譜（1893－1949）修訂本 上巻』67頁。李鋭『早年毛澤東』322頁
27 高菊村、陳峰、唐振南、田余糧『青年毛沢東』134頁。李鋭『早年毛澤東』322頁。中共中央文献研究室編／逢先知主編『毛沢東年譜（1893－1949）修訂本 上巻』67頁
28 「為湖南自治敬告長沙三十万市民」中共中央文献研究室、中共湖南省委『毛沢東早期文稿』編輯組編『毛沢東早期文稿』528～529頁
29 「昨日建議召集人民憲法会議之会議」中共中央文献研究室、中共湖南省委『毛沢東早期文稿』編輯組編『毛沢東早期文稿』698～699頁。黎永泰『毛沢東与大革命』（四川人民出版社、1991年）50頁。中共中央文献研究室編／逢先知主編『毛沢東年譜（1893－1949）修訂本 上巻』67頁
30 劉建強『湖南自治運動史論』（湘潭大学出版社、2008年）30、40～41頁
31 中共中央文献研究室編／逢先知主編『毛沢東年譜（1893－1949）修訂本 上巻』67頁
李鋭『早年毛澤東』322～323頁。中共中央文献研究室、中共湖南省委『毛沢東早期文稿』編輯組編『毛沢東早期文稿』715頁。高菊村、陳峰、唐振南、田余糧『青年毛沢東』135頁

32 「湖南自治運動請願書」中共中央文献研究室、中共湖南省委『毛沢東早期文稿』編輯組編『毛沢東早期文稿』701頁、702頁注4

33 李鋭『早年毛澤東』323頁

34 同右323〜324頁

35 陳先枢（湖南省文史研究館館員）「近代民権思想在湖南的社会実践」湖南日報社『新湖南』（2020年4月24日）https://www.hunantoday.cn/news/xhn/202004/14436698.html

36 熊杏林「湖南自治運動評述」『近代史研究』（1990年第3期）137頁

37 中共中央文献研究室編／逄先知主編『毛沢東年譜（1893―1949）修訂本 上巻』68頁

38 熊杏林「湖南自治運動評述」『近代史研究』（1990年第3期）137頁

39 陳先枢（湖南省文史研究館館員）「近代民権思想在湖南的社会実践」湖南日報社『新湖南』

40 中共中央文献研究室編／逄先知主編『毛沢東年譜（1893―1949）修訂本 上巻』73〜74頁。中共中央文献研究室編／金冲及主編『毛沢東伝（1893―1949）』69頁。李鋭『早年毛澤東』324頁。高菊村、陳峰、唐振南、田余糧『青年毛沢東』135頁

41 同右

42 「毛沢東給羅学瓚」中国革命博物館、湖南省博物館編『新民学会資料』11、120頁。中共中央文献研究室編／金冲及主編『毛沢東伝（1893―1949）』70頁

43 「毛沢東給欧陽沢」中国革命博物館、湖南省博物館編『新民学会資料』85頁

44 中共中央文献研究室編／逄先知主編『毛沢東年譜（1893―1949）修訂本 上巻』69頁

45 同右93頁

46 高菊村、陳峰、唐振南、田余糧『青年毛沢東』150頁。李鋭『早年毛澤東』370頁。中共中央文献研究室編／金冲及主編『毛沢東伝（1893―1949）』79頁

47 「毛沢東給向警予」中国革命博物館、湖南省博物館編『新民学会資料』75〜76頁。中共中央文献研究室編／逄先知主編『毛沢東年譜（1893―1949）修訂本 上巻』70頁

48 「毛沢東給李思安」中国革命博物館、湖南省博物館編『新民学会資料』13、104〜105頁
49 中共中央文献研究室編／金冲及主編『毛沢東伝（1893－1949）』70頁
50 「毛沢東給羅璈階」中国革命博物館、湖南省博物館編『新民学会資料』96〜97頁
51 中共中央文献研究室編／逄先知主編『毛沢東年譜（1893－1949）修訂本　上巻』72頁
52 シャオ・ユー著／高橋正訳『毛沢東の青春』193頁
53 同右 200〜201頁
54 「蕭旭東給毛沢東」中国革命博物館、湖南省博物館編『新民学会資料』137頁
55 「蔡林彬給毛沢東」中国革命博物館、湖南省博物館編『新民学会資料』129頁
56 同右 130頁
57 同右 130〜131頁
58 同右 132頁
59 同右
60 中共中央文献研究室編／金冲及主編『毛沢東伝（1893－1949）』72頁
61 中国革命博物館、湖南省博物館編『新民学会資料』76、96〜97頁
62 「毛沢東給蕭旭東蕭［蔡］林彬並在法諸会友」中国革命博物館、湖南省博物館編『新民学会資料』150頁
63 同右
64 同右 147〜148頁
65 同右 147〜150頁
66 同右 149頁
67 同右 148頁
68 唐宝林『陳独秀全伝』284頁
69 「実行民治的基礎」胡明編選『陳独秀選集』99頁
70 唐徳剛譯注『胡適口述自伝』217〜218頁

71 唐宝林『陳独秀全伝』235頁
72 張国燾『我的回憶（第一冊）』118頁
73 唐宝林『陳独秀全伝』233頁
74 「毛沢東給蕭旭東蕭［蔡］林彬並在法諸会友」中国革命博物館、湖南省博物館編『新民学会資料』150頁
75 「談政治」胡明編選『陳独秀選集』122頁
76 同右120〜121、127頁
77 「毛沢東給蕭旭東蕭［蔡］林彬並在法諸会友」中国革命博物館、湖南省博物館編『新民学会資料』149〜150頁
78 「蔡林彬給毛沢東」中国革命博物館、湖南省博物館編『新民学会資料』130頁
79 『毛沢東1936年同斯諾的談話』39頁
80 「毛沢東給向警予」中国革命博物館、湖南省博物館編『新民学会資料』76頁。中共中央文献研究室編／逄先知主編『毛沢東年譜（1893―1949）修訂本　上巻』70頁
81 張国燾『我的回憶（第一冊）』79頁
82 同右102頁
83 「我的根本意見」胡明編選『陳独秀選集』266頁。「我的根本意見」張永通、劉伝学編『後期的陳独秀及其文章選編』（四川人民出版社、内部発行、1980年）204〜205頁

第四章
ソ連の影

新民学会の分裂

毛沢東や蔡和森らが「ロシア革命方式」を信奉するようになると、「新民学会」内部に思想的な対立が生じ、活動を維持することが難しくなっていく。

蕭子昇は、当時を振り返り、こう回想している。

「1920年になると、新民学会の分裂は、はっきりしていた。毛沢東以下、共産主義に共鳴する会員は、別に秘密の組織を作った。共産主義者でない会員で、これを知っていたのは多分私一人だろう。毛が私もメンバーに加えようと、この秘密組織のことを打ち明けたからである[1]」

この「秘密組織」というのは、「長沙共産主義小組（グループ）」のことである。設立にかかわったのは、毛沢東、何叔衡ら数名だけであり、新民学会の他のメンバーには、知らされていなかった[2]。

毛沢東に設立を呼びかけたのは、陳独秀だった。彼は、かねてより、毛沢東の「才能を高く評価」していたからだ[3]。

共産党設立の経緯については、すでに述べたが、簡単におさらいすると、1920年5月、ロシア共産党の命を受けたヴォイチンスキーが、上海に「コミンテルン東亜書記処」を設け、共産党設立に取りかかったことに始まる。彼は、極東局にこう報告した。

「華北の社会主義者と無政府主義者の連合代表会議を開くべく準備に着手しているところです。当地の声望が高く大きな影響力がある教授（陳独秀）は、会議の地点と時間を確定すべく、各都市の革命者に手紙を送っています。したがって、今回の会議は、7月初頭に開催することができるでしょう」（前述235頁）

これを受け、同年7月、ソビエト外務人民委員部極東事務全権代表のV・D・ヴィレンスキーが、ウラジオストクから北京に出向き、ヴォイチンスキーら中国在住のロシア共産党員十数名を招集して会議を開いて「中国共産党設立の作業を完成させる」方針を決めた。

この方針にしたがい、上海で「社会主義者会議」が開かれ、ヴォイチンスキーの提案に基づき、共産党設立について議論し、「革命局」を設け、陳独秀ら中国人4名とヴォイチンスキーが指導部のメンバーとなることが決まった。

そして8月以降、ロシア共産党員みずから活動に参加し、上海、北京、広州、武漢、長沙、日本などで組織化を進めた。

陳独秀が毛沢東に声をかけたのは、こうした経緯があったからである。

毛沢東は、1920年11月頃、陳独秀と李達（1890～1966。日本に留学し、第一高等学校で学び、帰国後は、陳独秀の側近として活動し、第一回党大会で宣伝主任となる。のちに離党）の手紙を受け取り、共産党設立に関する正式な依頼を受け、長沙共産主義小組を設立したとみられている。

上海で共産主義小組を設立したことや『中国共産党の宣言』を起草していることなど、その都度、毛沢東に連絡があり、月刊の『共産党』と社会主義青年団の規約なども送ってきた。[4]

毛沢東や蔡和森、何叔衡など中心的なメンバーが共産党に傾倒するようになると、当然ながら、新民学会の活動も影響を受けた。彼らは、「『中国と世界の改造』という革命の真理を、新民学会会員の共通の認識と奮闘目標」にするため、会員を招集して会議を開き、意思統一をはかった。[5]

毛沢東は、何叔衡らと相談し、会議の期間を1921年元旦から3日の3日間とし、新年大会を開催することに決めた。その時期なら、職場や学校が休みなので、集まりやすいからである。場所は、文化書社にした。

会議の通知は、前年の年末、長沙の会員に宛てて送付されたが、それには、悪天候でも開催すると書かれており、各自が事前に検討する事項として、パリの新民学会の提案や緊急に解決を要する問題を踏まえ、14項目が列挙されていた。[6]

元旦は、雪が降り、曇って寒い天気だったが、十数人のメンバーが集まった。冒頭で毛沢東が開会の理由を述べ、しばらく会議を開いていないので、長めの会期をとって、「もっとも緊急の問題について議論する」と告げ、司会の何叔衡が上記14項目の議題を提案した。
この時、トップに挙げられていた「(一)新民学会の共通目的」「(二)目的達成の方法」「(三)いかにして直ちに着手するか」の三点について、参加者の陳啓民(1898〜1970。当時、長沙の周南女学校の教師)から「内容が重大なので、明日議論すべきだ」という意見が出たが、毛沢東は、「重大だからこそ、今日議論した方がいい。ただし、表決はとらない」と反論し、他の参加者もそれに賛成したので、初日からこの議題について話し合うことになった。[7]
おそらく、新民学会を革命組織に改造すべく、結論を急いでいたのだろう。毛沢東は、さっそく、モンタルジ会議の結論を参加者に提示し、次のように切り出した。
「みんなにパリの会友の討論の結果を報告する。パリの会友の討論の結果は、(一)については、中国と世界の改造を共通目的とすることを主張、(二)については、一部の会友は急進的方法を主張し、一部の会友は、漸進的方法を主張、(三)については、一部の会友は、共産党を組織することを主張、一部の会友は、工学(労働と学問)主義と教育による改造の実施を主張となっている。これらはすべてパリからの手紙に書かれている」[8]
これに対し、熊瑾玎《ゆうきんてい》(1886〜1973。『湖南通俗報』で編集担当)が「目的は中国と世界の改造となっており、新民学会はもともとこの主張を抱いてきたのだから、討論の必要はないと思う」

と述べたが、毛沢東は、それに同意せず、こう主張した。

「第一の問題は、まだ討論の必要がある。なぜなら、いま中国では、社会問題の解決に対して、明らかに二派の主張があるからだ。一派は、改造を主張し、もう一派は、改良を主張している。前者は、陳独秀などで、後者は、梁啓超、張東蓀《ちょうとうそん》などだ[9]」

張東蓀——過激主義の穏健化

ここで挙げている梁啓超は、著名な思想家であり、毛が影響を受けた人物として前にも触れたが、張東蓀（1886〜1973）については、あまり知られていないので、紙幅を割いて説明してみたい。

張東蓀も陳独秀らと同じく、日本留学帰りである。1904年、清朝の国費留学生として日本に派遣され、東京帝国大学哲学科で学んだ。もともとは、仏教に興味があったが、同哲学科で西洋哲学を学び、思想的な転換を遂げたといわれている。

帰国後、張東蓀は、社会主義思想を中国に紹介し、上海を中心に論壇で一躍有名になった。陳独秀と交流があり、共産党設立に当たっては、陳の誘いを受けてヴォイチンスキーとも会っている[10]。ただ、社会主義といっても、ロシア流の共産主義には、反対の立場であり、「過激主義」だと批判していた。それは、中国に合わないと考えており「穏健な社会主義」で「過激主義を穏健化」すべきだと主張したため、のちに共産党と袂を分かった。

当初は、陳独秀らと共産党設立にかかわっていたが、途中で活動から離脱したため、1920年10月のイギリスの哲学者・バートランド・ラッセルの訪中をきっかけに巻き起こった「社会主義論戦」(後述)で、陳独秀ら共産主義者の批判を浴びた[11]。

ちなみに、梁啓超と張東蓀は、日本で知り合った旧知の間柄であり、社会主義に対する見解も一致していた。

張東蓀は、陳独秀ら共産主義者の批判に対し、資本主義を発展させてこそ社会主義を実現できると主張し、それを「現在と未来」と題して、1920年12月15日発行の『改造』3巻4号に寄稿した。

この文章を受け取った梁啓超は、「張東蓀の書簡に返答し、社会主義運動を論ずる」と題し、1921年2月15日発行の同誌(3巻6号)に寄稿し、「資本階級によって労働者階級を養う」と主張した。彼は、中国の問題は、階級対立の問題でも、有産か無産の問題でもなく、仕事があるかないかの問題であると指摘した。

梁啓超と張東蓀は、いずれも、中国にとって資本主義の方式で実業を発展させることが急務だと主張したので、階級対立を前提とする共産主義者から批判を浴びせられた[12]。

毛沢東が二人の名前を挙げているのは、こうした背景があったからである。陳独秀の誘いを受け、共産党組織の設立に着手していた毛にとっても、彼らは、批判すべき「改良派」だったのだ。かつて毛沢東は、梁啓超を崇拝していたが、いまは、批判の対象となったのである。

ラッセルか、レーニンか

さて、ここで話を新民学会の新年会にもどそう。

「改造」がいいのか、「改良」がいいのか——。

この毛沢東の問いかけに対し、陳啓民がこう切り出した。

「改造と改良に関しては、僕は前者だ。資本主義の長年の弊害は、改めにくいので、くつがえさねば、建設できない。したがって、僕は、労農独裁を主張する。自由すぎては、改造は語れない。ゆえに、自由を語ると、結果として自由が得られない[13]」

これこそ、毛沢東が待っていた発言だ。彼は、ここぞとばかり、自説をぶちまける。

「改良は、補修の方法である。大規模な改造を主張すべきだ。方法については、啓民が主張するロシア方式に大賛成だ。なぜなら、ロシア方式は、すべての道が通れなくなった時に発明された道だからである。この方法だけが、ほかの改造方法に比べ、含まれた可能性が多い[14]」

ここで、この議論は、いったん打ち切りとなり、会の規約の修正や会費についての話し合いが行われ、続きは、翌2日に持ち越された。そこで改めて議論した結果、賛成多数で「中国と世界の改造」を共通目的とすることに決まった。

次に、それを実現する「方法」についての議論に移ったが、冒頭で、毛沢東が「方法を決めるための参考」として、蔡和森が提案した「世界の社会問題を解決する方法」を発表し、議論を喚起した。

(1)社会政策
(2)社会民主主義
(3)激烈な方法による共産主義（レーニンの主義）
(4)温和な方法の共産主義（ラッセルの主義）
(5)無政府主義

これを受け、毛沢東と共産党の設立に着手していた何叔衡が、「私は、激烈主義を主張する。一回の騒乱は、20年の教育に等しい。この言葉を深く信じている」と口火を切ると、毛沢東が畳みかけるように後に続く。

「何君の意見と大体同じだ。社会政策は、補修政策であり、方法にはならない。社会民主主義は、議会を借りて改造の道具とするが、事実上、立法は、常に有産階級を保護するものだ。無政府主義は、権力を否定するが、このような主義は、永遠に実行できないだろう。温和な共産主義は、ラッセルのように極端な自由を主張するが、資本家を放任するので、これも永遠にやれない。強烈な方法の共産主義は、いわゆる労農主義であり、階級独裁の方法を使うので、効果が予測でき、最も採用に適している[15]」

要するに、ラッセルの「温和な共産主義」は、ダメであり、独裁的なレーニンの「激烈な共産主義」の方が「効果がある」と言っているわけだが、そもそもなぜ、ロシア型共産主義を批判したイギリスの哲学者・バートランド・ラッセルの話をしているのか?

これには当時、ラッセルの訪中をきっかけに巻き起こった「社会主義論戦」が背景にあるので、ここでちょっと説明しておく必要があるだろう。

社会主義論戦

ラッセルが訪中したのは、1920年10月である。それから翌年7月まで長期滞在し、上海、南京、杭州、漢口、長沙、北京で一連の講演を行った。

講演を主催した「講学社」は、欧州視察で西欧思想の導入の必要性を痛感した梁啓超らが1920年9月に設立した団体であり、その活動の一環として、毎年一回、西洋から学者を中国に招いて講演会を主催することになっていた。

ラッセルの受け入れ担当は、講学社の発起人の一人である張東蓀（前述）がつとめ、講演に同行したが、彼の文章が波紋を呼び、「社会主義論戦」が巻き起こった[16]。

論戦に火をつけたのは、各地の講演が終わって上海にもどった後、張東蓀が『時事新報』（1920年11月6日）に寄稿した「内地旅行から得たもう一つの教訓」である。同紙は、張が主筆をつとめ、梁啓超率いる「憲法研究会」の上海における拠点となっていた[17]。

この文章が論争の引き金になったのは、ちょっと前まで著名な社会主義者だった張東蓀が、こう言い切ったからである。

「私は今回、地方を旅行し、奥地までは行っていないが、中国を救う道はただ一つしかないということが分かった。それは、一言で言うと、富の力を増すことである。つまり、実業を開発するということだ。中国の唯一の病状は、貧困と欠乏であり、極点にまで達している。ラッセル先生は、各地の状況を見た後、中国は実業の開発以外に自立の道はないとおっしゃったが、私はこの言葉は、実に的を射ており、非常に痛みを伴うものであると思う。もし大多数の人々に人間らしい生活を送らせることができないなら、主義をただ語るだけでは決して何の結果も生まない。あるいは、主義を持ってもよいが、それは、中国人の中で人間らしい生活を送ったことがない人々に人間の生活を送らせることであり、欧米の既成の社会主義、国家主義、無政府主義、ボルシェビズムなどではない」[18]

つまり、中国にとって大事なのは、ボルシェビズムなどの「主義」ではなく、経済を発展させ、貧困をなくすことだという主張だが、コミンテルンの肝いりで共産党の設立に着手していた陳独秀らにとっては、許しがたい発言であり、一斉に猛反発した。

「実業の開発、つまり資本主義を用いようと思っているのか？」
「この時評が転向宣言ではないかと恐れている」
「彼（ラッセル）の話の半分だけを使ってはいけない。社会主義は、真の実業開発の方法だ[19]」

こうした中、筆頭格の陳独秀が、ラッセルに直接手紙を送り、真意を問いただした。

「ラッセル先生、中国人の知識面、物質面は、発達しておらず、中国を改造したいと思っている者は、以前から教育と工業を発展させることが最も重要だと感じておりますし、これは議論するまでもありません。しかし、一つ議論すべきことがあります。それは、資本主義を相変わらず用いて、教育と工業を発展させるのか、それとも社会主義を用いるのかということです。私個人の意見では、資本主義は、欧米、日本で教育と工業を発展させたとしても、欧米、日本の社会をがめつく、卑しく、ウソに充ち、薄情な社会にしてしまったと思います。また、過去の大戦争および将来の経済大革命は、すべて資本主義の産物であり、これはみな知っていることです。幸い、中国は、資本制度が未発達な時に教育と工業を創造するので、ちょうど社会主義を用いて、教育および工業を発展させ、欧米、日本の過ちを避けることができます。しかし、最近、中国の資本家政党の機関紙が、あなたの主張を何度もほめたたえ、こう言っています。「中国は第一に教育を重視し、第二に実業を開発すべきであり、社会主義を提唱する必要はない」。我々は、この言葉が本当にあなたのものかどうかわかりません。他の人が誤解したのでしょうか？　私は、このことは、中国の改造の方針にかかわる重要なことだと思います。もし、誰かほかの人が間違えたのなら、あなたの方から声明を出していただくのがいいと思います。それによって、中国人に誤解され、進歩的な人があなたに失望するのを避けることができます[20]」

自由への道

これにラッセルはどう答えたのだろうか？

陳独秀に返信したが、その手紙は紛失したと言われているので、わからないが、中国に長期滞在し、ラッセルがたどり着いた結論は、最終講演の「中国の自由への道」（China's Road to Freedom）に垣間見ることができる。１９２１年７月７日の『北京導報』が報じた講演の要旨は、以下のようなものだった。

「ロシアの方法は、中国に適している」

「国家社会主義を中国の活路とする」

「社会主義は、自由を守るべきである」

これをみた張東蓀は、愕然とした。崇拝してやまないラッセルが、「ロシアの方法は、中国に適している」と明言したからである。張は当惑し、ラッセルが中国を去った後、『時事新報』（1921年7月31日）に寄稿した文章で不満をあらわにした。

「ラッセル先生の中国の自由への道は、これまでの主張と矛盾したところが多い。中国は、ギルド社会主義を採用すべきだという仮説を立てず、自由に向かう道において、中国は、労農独裁を採用しなければならないと言われた」[21]

だがこれは、張東蓀がラッセルの真意を誤解した面もあった。「ロシアの方法は、中国に適している」と言われれば、ロシア流の革命路線を支持していると思うのも無理はないが、ラッセルは、「社会主義は、自由を守るべきである」とも強調していた。

ラッセルがいう「国家社会主義」にしても、政府主導で工業化を推進するために必要なものであって、一党独裁のボルシェビズムのことではなかった。だからこそ、毛沢東らロシア流の共産主義者は、ラッセルの方法を受け入れなかったのである。[22]

以上が、毛沢東がラッセルの「温和な共産主義」を選択肢から排除した理由だが、ここで議論の流れが決まり、他の出席者も毛沢東に相次いで賛同した。

「僕も何叔衡、毛沢東の両人の主張に賛成だ」

「教育から着手することを以前は夢見たが、中国のいまの経済状況では無理だ」

「僕もロシアの方法に賛成だ。ロシアが採用した方法だけが、実際に試された」

「革命をやらなければダメだ。その後は、指導者が独裁をやらねばダメだ」

「理論上は無政府主義が最高だが、事実上無理だ」

「社会政策は無理だとわかった。僕もボルシェビズムを主張する」

「第一歩は、過激主義を採用する。なぜなら、ロシア人の自由は、平等のために犠牲になったからだ。第二歩で、ラッセルのギルド社会主義を採用する」

「第一歩は激烈革命、第二歩は労農独裁」

「中国社会はマヒしており、人間が堕落しているので、過激な方法を採用する」

「一切の資本家と官僚を打倒する」

「フランスの組合主義、イギリスのギルド主義、アメリカのIWW、ドイツの社会民主主義は、全て中国ではやれない。中国の国情、たとえば、社会組織、工業の状況、人民の性質は、全てロシアに似ている。だからロシアの過激方式は、中国でうまくいく」

「現在は破壊だけが必要だ。建設はいらない[23]」

このように新民学会の大多数は、ロシアの「過激な方法による共産主義」に賛成だったが、その方法に疑問を呈する声もあった。

それは、「ロシアの労農政府の方法は、たいへん疑問に思う。ラッセルの温和な方法で教育から着手し、個性の改造をなすべきだ。大多数が理解してから、全体の改造を実施する」という意見だったが、大勢は変わらず、表決の結果は、以下のようになった。[24]

ボルシェビズムに賛成　12名
デモクラシーに賛成　2名
温和な共産主義に賛成　1名
未定　3名

こうして、「方法」については、3の「激烈な方法による共産主義（レーニンの主義）」を採用することに決まったので、3日目（1月3日）の会議では、さっそく、「いかに着手するか」について話し合うことになった。ここでも口火を切ったのは、議長の何叔衡である。

「労働者、兵士から着手する。軍人、政客、財閥の腐敗、利益の独占を思う存分宣伝する。労働者は神聖だと呼びかけ、衝突、暴動を促す。次にロシア人と頻繁に連絡をとる」[25]

これを受け、陳啓民が「党を組織することが必要だ」と言うと、表決時には「未定」に票を投じた熊瑾玎も「党を組織する必要がある」と同調した。そして、毛沢東、何叔衡、賀民範（1866〜1950。日本に留学し、陳独秀と知り合う。のちに毛沢東らと湖南の党組織設立に関わる）らとともに、共産党の設立準備に加わっていた彭璜が、「社会主義青年団はやる気満々だ」と述べたが、それでもまだ、「過激な方法」に同意しない者もいた。

「未定」と投票した周世釗（第一師範で毛沢東と知り合う。当時、『湖南通俗報』編集者）は、「下から着手し、漸進的にやるのがよい」と述べ、「デモクラシー」に一票を投じた鄒泮耕《すうはんこう》（修業小学校教師）は、「世界は漸進的に進化した。ちょっとずつ改造し、温和なのがいい。いまいる場所から始める。教育と実業を重視する」と主張した。同じく「デモクラシー」に投票した任培道（1895〜1988。文化書社勤務）は、「自分で読書することから始める」という立場を表明した。[26]

周世釗は結局、毛沢東らの誘いを断り、「社会主義青年団」の準備活動に参加せず、共産党に入党することもなかった。のちに国民党に入党するが、1946年に離党し、台湾には行かず、大陸に残り、湖南第一師範の校長となった。文化大革命では、自宅が紅衛兵の襲撃を受けたが、迫害されずにすんでいる。

任培道は、国民党に入党し、アメリカ留学をへて重慶女子師範学校の教授となり、1945年、台湾に行き、台北女子師範学校校長となった。

　このように、各自が意見を述べた後、毛沢東が、最後に締めくくった。

「諸君が挙げた研究、組織、宣伝、連絡、経費、事業といった着手する方法に、すべて賛成だ。連絡については、〝同志〟に連絡としたらいい。同志でなければ、個人であっても団体であっても無益である[27]」

〝同志〟になった会員

「会員」ではなく「同志」、つまり、新民学会は、革命組織に変貌したということだ。この会議で決まった「着手する方法」については、「研究と修養」のトップに「主義」が置かれ、「組織」は、「社会主義青年団を組織する」と明示された[28]。彼らはもはや〝会員〟ではなく、一つの〝主義〟を信奉する革命の〝同志〟となったのだ。

　もちろん、周世釗や任培道のように〝主義〟に同意できず、去った者もおり、会員74名のうち、初期の共産党に入党した者は31人だった。

　毛沢東の恋人だった陶毅も去って行った一人である。その後、彼女は、教育に従事し、上海、南京、長沙などで女学校を設立したが、1931年、35歳の若さで病死した。蕭子昇によれば、彼女は「新民学会最初の女性会員であり、マルクス主義に反対した最初の会員だった」という[29]。その蕭子昇も、袂を分かった一人であり、のちに次のように回想している。

「毛沢東は私が共産主義に改宗したばかりのメンバーを、また元に引き戻すのではないかと心配していたふしが多分にあるが、正面切って、そう言ったことはなかった。私がいない席で、彼はメンバーに向かって、「蕭さんは尊敬すべき人だし、親友であることには変わりないが、ブルジョア思想の持主だし、プロレタリア出身でないから共産主義者にはなれない」と言っていたそうだ[30]」

実は、こうした意見の対立は、フランスの新民学会でも起きており、蕭子昇は、フランスにいた時、共産主義を受け入れるかどうかについて、蔡和森と激論を交わしていた。蕭の回想によれば、二人はこんな議論をしたという。

蕭：しかし、どうして中国はソ連の息子にならなきゃいけないんだい？

蔡：そりゃ、共産主義の父はソ連だからさ。われわれはソ連に従うべきだ。まず第一にそれが手っ取り早い方法だから。第二に、中国で革命が起これば、ソ連からの資金や武器援助をあてにできるから。地理的にいっても、ソ連と中国は手を結ぶべき運命にある。両国の間の輸送や交通は簡単だ。つまり、中国の共産革命を成功させるには、全国的にソ連に従う必要があるんだ。本当だぜ。ぼくはそう信じてるんだ。

蕭：きみの気持ちはわかるよ。しかし、ぼくたちは、まず中国のこと、中国人自身のことを考えなけりゃいけない。問題はきみがいうほど簡単じゃないよ。これはぼくたち個人の問題じゃない。一体、中国が他国の衛星国になるのをだまってみていられるかい？　まともな国民なら、どうしてそんな計画に賛成する気になれる？

蔡：革命を実行するには一番便利な方法を選ばなくちゃならないんだ。ぼくは潤之（毛沢東の字）にもそう手紙で書いてやったが、彼も同じ意見だと思う。きみはあまりに理想主義的すぎるよ。理屈にばかりこだわって、そのくせ感傷的で安易だよ。

蕭：潤之は賛成でも、ぼくは賛成しないよ。ぼくはぼくなりに誠実であるほかないし、良心に反するようなことはできないからね。ぼくはただ、中国をソ連の属国にするような党には、加われないと言っているんだよ。

蔡：そりゃいいさ、ぼくたちはきみの人柄をよく知っているし、尊敬もしているからね。だからこそ、こうしてできるだけ話し合いたいと思ってるんだ。

蕭：しかし、きみの態度は話し合いなんていうものじゃないよ。……つまり、無条件できみの言うことをきけって言うことじゃないか。きみは、いわばぼくを改宗させようと、躍起になっている宣教師みたいなもんだよ。[31]

唯物史観は、わが党の哲学的根拠

これは、蕭子昇が後年、当時の記憶をたどって再現した会話だが、蔡和森が毛沢東に送った手紙の内容とほぼ一致している。蕭子昇との議論で、蔡和森は、「ぼくは潤之（毛沢東）にもそう手紙で書いてやったが、彼も同じ意見だと思う」と言っているが、蔡は、前述の手紙（8月13日）に次いで9月16日にも毛沢東に手紙を書いており、革命の必要性をあらためて熱く語っていた。

「必ずロシアが使っている方法を経過しなければならない。無産階級独裁が唯一無二の方法だ。これを捨てれば、他の方法はない。政権が手になかったら、どうやって社会を改造するというのか？[32]」

そして、「党の組織がとても重要だ」と力説し、共産党設立までのシナリオを、以下のように指し示していた。

「きわめて深い思想と主張をもつ人々を結合」させ、「研究と宣伝の団体および出版物を組織」し、「集会、結社、出版の自由を求める運動で治安警察法と新聞条例を廃止」させ、「党員を厳格な態度」で探し出し、「各職場、工場、農場、議会などに配置」し、「有力な出版物を普及」させ、「公然と正式に中国共産党を設立する[33]」

蔡和森が蕭子昇に告げたように、毛沢東も蔡と「同じ意見」だった。毛は、1920年の年末、フランスから帰国した蕭から蔡の手紙を受け取り、年明けの1月21日に返信を書いた。蕭が長沙にもどったのは3月だと言っているので、滞在先の北京から送ったのかもしれない。[34] 1921年の1月21日といえば、毛沢東は、すでに共産党の活動に着手していた頃であり、蔡和森への返信には、その痕跡がくっきりと刻み込まれている。

「唯物史観は、我が党の哲学的根拠だ。これは事実である。唯理観（理性主義）が事実を証明できず、簡単に動揺させられるのとは違う。政権を獲得しなければ革命を発動できず、革命を守れず、革命を完成できない。手段という面で十分必要な理由がある。君のこの手紙の見解は、極めて適切だ。一字一句すべてに同意する。党に関しては、陳仲甫（陳独秀のこと）先生らがすでに組織化を始めているところだ。出版物に関しては、上海で出た『共産党』がそちらでも手に入ると察するが、それは『旗幟鮮明』という四文字（宣言は仲甫先生が書いたものだ）に恥じないものだ。詳しい事情はまた知らせる[35]」

「我が党」と言っているくらいだから、本格的に活動を始めていたことがわかる。すでに述べたように、前年の1920年11月頃には、陳独秀の誘いに応じ、「長沙共産主義小組」を設立していたし、この手紙を書く約1週間前の1月13日には、「社会主義青年団」を設立していた。同団は、毛沢東が書記となり、団員は、設立時には16人だったが、勧誘に力を入れ、7月には39人に増えた。[36]

毛沢東は、共産党の活動に従事していることを、新民学会の仲間には秘密にしていたが、それは、蔡和森のアドバイスによるものだった。蔡は、前述の手紙（1920年8月13日）で、「事は秘密にすべき」だと伝えていたのである。[37]

蕭子昇は、この頃の毛沢東について、こう回想している。

「私が長沙に戻って彼に会うことができたのは、ようやく1921年3月になってからのことだった。彼は第一師範付属小学校の校長になっていたが、かげではもっぱら青共（社会主義青年団）の組織のために働いていた。3月から7月にかけて、私たちは暇さえあれば社会主義革命の議論にふけっていたが、二人の意見は話し合えば話し合うほど食い違っていった。……毛沢東は、従来の新民学会には、もはや興味を失っていた。新民学会は政治的な集まりではなかったので、政治に関心の深い連中は、ひそかに青共の集まりに出席するようになり、やがてそこで聞いた話を真に受けるようになった。つまり青共の誕生とともに新民学会は死んだのである。私が長沙に戻ったのはちょうどこの頃のことで、私はいわば新民学会の葬儀に招かれたようなものだった」[38]

秘密活動

この頃、毛沢東は、共産主義小組の活動にかなり力を入れていたようである。

第一回党大会（後述）で、党中央局の一人となった李達は、「長沙の小組は、宣伝と労働運動のいずれでも初歩的な成績を収めた。当時の各地の小組の状況をみれば、長沙の組織は、比較的統一され、統率がとれていた」と評価している。[39]

共産主義小組設立の誘いがあったのは、上記のように、1920年11月頃である。陳独秀と李達から書簡で正式に依頼され、毛沢東は、何叔衡、彭璜ら6人で結党の文書に署名し、「長沙共産主義小組」を設立した。[40]

活動は、外部に気づかれないように、団体や個人の名義で行い、文化書社などを隠れ蓑にした。たとえば、宣伝活動については、友人の龍兼公が主筆をつとめる『大公報』に頼んで、上海発起組の『共産党月刊』に掲載された文章（「ロシア共産党の歴史」「レーニンの歴史」など）を転載してもらったりした。[41]

また、何叔衡が館長を務めていた大衆紙『湖南通俗報』（同紙は、湖南省教育館発行。1921年6月、何叔衡は、趙恒惕政府によって解任され、同紙は停刊に追い込まれた）を通して「労働者神聖」などの思想を広めていった。[42]

党の組織化については、多感な若者にアプローチするため、社会主義青年団の活動に力を入れた。ちょうど毛沢東は、第一師範付属小学校の校長だったので、学生に接触するには有利だった。第一師範、第一中学、商業専門学校など学生の中から団員候補を探した。

同時に、労働者の組織化にも着手したが、それには、「夜学」が役立った。毛沢東は、第一師範民衆夜学を復活させ、自ら教鞭をとり、労働者に革命意識を植え付けた。その際、いきなり革命思想を吹き込むのではなく、字が読めない労働者に読み書きを教えるふりをして誘導した。たとえば、黒板に「工」と「人」を書き、それらを組み合わせて「天」という文字にし、「労働者は立派だ。団結すれば、力は天と同じくらい大きくなる」と教えたりした。[43]

こうした活動は、長沙だけでなく各地の小組で行われていたものである。上海では『労働界』、北京では『労働音』、済南では『済南労働月刊』などが発行され、労働者夜学も設立された。その中でもっとも有名だったのが、北京小組と上海小組の労働者夜学だった。

その目的は、労働者に接近し、組合を組織することだった。小組のメンバーの大部分は知識人だったが、身なりや話し方を変え、労働者の中に潜入して宣伝活動を行い、1920年11月、最初の労働組合である上海機器工会が設立されている。[44]

こうした活動は、ソビエトの方針と合致していた。前述のように、ソビエトは、上海に「コミンテルン東亜書記処」を設けたが、その任務は、「⑴共産党を組織し、大学生と沿海地帯の労働者の間に共産主義支部を組織する。⑵軍隊の中で共産主義を宣伝する。⑶労働組合の建設に影響を及ぼす。⑷出版事業を組織する」だったのである。[45]

夜学や出版など、活動に必要な経費もコミンテルンが支給しており、その事実は、中国の公式資料に記されている。陳独秀がコミンテルンに提出した報告書によれば、1921年10月から翌年6月の中国共産党中央の支出は1万7655元だったが、そのうちコミンテルンが1万6655元を拠出しており、中国側が自分でまかなった経費は、1000元に過ぎなかった。[46]

軍閥に賭けるソビエト

このように、中国共産党は、コミンテルンなくしては、活動もままならないほどだったので、歴史的な「第一回党大会」にしても、コミンテルンの意向次第だった。
１９２０年から１９２１年にかけて、党員は56名しかおらず、すべて知識人や学生であり、活動は秘密裏に行われていたため、労働者に対する影響力はなかった。
活動資金も自分で調達できず、１９２０年12月に陳独秀とヴォイチンスキーが上海を離れると、資金提供が絶たれるほどだった。翌年6月3日、コミンテルンが正式な代表のマーリンを上海に派遣し、やっと活動が再開されたほどである。[47]
その時、陳独秀は、上海を離れて広州にいた。北京政府と対立した孫文が広州に樹立した護法政府の広東省長に任命した軍閥の陳炯明《ちんけいめい》に招かれ、教育改革にかかわることになったからである。陳独秀は12月17日、船で広州に向かったが、上海に不在の間の共産党書記の業務は、李漢俊が引き受け、１９２１年2月からは、李達が代理した。
陳炯明は当時、軍閥間の抗争で劣勢に置かれ、陳独秀とソビエトの支援を必要としていたため、親ソビエトの姿勢を見せ、社会主義を支持する立場をとっていた。[48]
同様に、ソビエトも陳炯明に期待をかけていた。ソビエトは、陳が福建省の漳州《しょうしゅう》で軍隊を率い、ロシア革命を絶賛していると聞き、１９２０年4月、使者を派遣してレーニンの書簡を渡していたのである。
レーニンは、その使者に陳炯明への伝言を託したが、その内容は、農民運動に力を入れ、民衆動員に気を配るようにというものだった。また、必要であれば、ウラジオストクにある武器を提供できるとも伝えていた。陳独秀が招かれた背景には、こうしたソビエトと陳炯明の思惑もあったのである。

したがって、陳独秀の広州行には、ヴォイチンスキーが同行しており、陳炯明と会って協力関係を築き、広州共産党小組を設立したが、その後、陳炯明との関係は絶たれた。１９２２年４月、孫文と陳炯明が対立すると、ソビエトは孫文を支持する方針に転換したからである。[49]

第一回党大会

陳独秀が広州に滞在していた１９２１年6月、コミンテルン代表のマーリンが上海にやってくる。これはコミンテルンの指示であり、中国で共産党を設立することが目的だった。

コミンテルンは、前年7～8月の第二回代表大会で、「民族および植民地問題に関するテーゼ」を採択し、東方の共産主義運動と解放運動をコミンテルンの活動に加えており、アジアで革命を促進するため、共産党を設立する方針が打ち出されていたのである。

上海に到着したマーリンは、中国の党組織がバラバラの状態であり、本格的な組織活動が行われていないことに気づき、上海と北京で李達、李漢俊、李大釗、張国燾らと党設立について話し合い、上海で第一回全国代表大会を開催することを決めた。[50]

これを受け、陳独秀の代理をつとめていた李達は、広州の陳独秀と北京の李大釗に連絡した後、各地の小組に書簡を送り、7月に上海で開く党大会に代表を二人ずつ派遣するよう伝えた。毛沢東もその通知を受け取り、6月29日午後6時、何叔衡と長沙の小西門埠頭《ふとう》から船に乗り、上海に向かった。[51]

中国の公式版『毛沢東伝』には、旅費は、新民学会会員の熊瑾玎が募ってくれたと書かれているが、マーリンも支給した可能性がある。各代表には、往路は１００元ずつ、復路は50元ずつ支給されたからだ。マーリンはこの時、広州にいた陳独秀に旅費を２００元送ったと言われている。[52]

毛沢東と何叔衡は、ひそかに旅立ったので、友人の見送りもなかったが、何叔衡の『湖南通俗報』の同僚・謝覚哉《しゃかくさい》（新民学会会員）には知らせていたようである。謝の日記に「午後六時、叔衡が上海に行く。同行者は潤之。全国○○○○○の招き」と記されているからだ。この五つの○は、「共産主義者」のことだったが、謝は外に漏れることを恐れ、○にしたという。[53]

毛沢東らが上海に到着したのは、7月初頭である。宿舎は、フランス租界にある博文女学校だった。代表たちは、「北京大学夏期旅行団」という偽名を使って宿泊した。[54]

当時、全国の党員は、五十数名しかおらず、12名の代表が国内外の七つの共産主義小組から派遣されてきた。その顔触れは、上海の李達と李漢俊、北京の張国燾と劉仁静、長沙の毛沢東と何叔衡、武漢の董必武《とうひつぶ》と陳潭秋《ちんたんしゅう》、済南の王尽美と鄧恩銘、広州の陳公博、日本の周仏海だった。このほか、広州にいた陳独秀の代理で包恵僧が参加し、コミンテルンからは、代表のマーリンとコミンテルン極東書記処代表のニコルスキーが参加した。[55]

ところで、この時、肝心の陳独秀は、なぜ参加しなかったのか？

彼は、大会の議長を務めることになっていたが、公務で多忙という理由で、広州を離れなかった。李大釗も出席していない。いまでこそ、「歴史的な大事件」とされているが、当時は、あまり重視されていなかったようである。

党の創立記念日ですら、当初ははっきりしなかった。いまでこそ、7月1日が党の創立記念日になっているが、それも関係者の記憶違いによるものだ。実際は、7月23日だったが、それは、後で調査した結果、1978年になってやっと明らかになったのである。[56]

中国共産党は〝早産児〟

では、なぜ中国共産党の設立は、重視されていなかったのか？
一つには、黒幕のソビエト自身が、それほど期待していなかったからである。当時、マーリンは、中国共産党を「早産児」とみなし、むしろ国民党との連携の方に力を入れていた。
陳独秀が上海を離れて広州に行ったのも、ソビエトの意向が背景にあったということは、すでに述べた通りである。ソビエトは、陳炯明を支持していたので、陳独秀が招聘されると、党設立の作業を後回しにして、ヴォイチンスキーが同行し、広州に駆け付けた。ソビエトは、陳独秀が、広州政府の一員となり、国共合作の任務に当たることを期待していたからである。[57]
ソビエトは当時、中国の異なる政治勢力に同時にアプローチしており、陳炯明はそのうちの一人に過ぎなかった。取り込みの優先順位は、呉佩孚、孫文、陳炯明であり、設立間もない共産党には、それほど期待をかけていなかったのである。[58]
もっとも、マーリンから「早産児」とみなされていた割には、第一回党大会の決定内容は、極めて野心的なものであり、採択された「綱領」は、以下のようになっている。

・本党を中国共産党と命名する。
・革命軍は無産階級と共に資本家階級の政権を覆し、社会階級の区分が消滅するまで労働者階級を支援しなければならない。
・階級闘争が終了するまで、すなわち社会の階級区分を消滅させるまで、無産階級独裁を承認する。
・資本家私有制を消滅させ、機械、土地、工場、半製品などの生産手段を没収し、社会の公有に帰する。
・コミンテルンと連合する。[59]

この内容は、孫文ら共産党以外の勢力と連携するというコミンテルンの方針と大きく食い違っているので、不可解だという見方がある。綱領が採択された党大会の最終日に、マーリンとニコルスキーは欠席しており、彼らが不在のまま決めたことが原因だという見方もあるが、詳細は不明である。

また、この綱領は、入党に当たって、「本党の綱領に反対する党派や集団と一切の関係を断つべきである」「党の許可を経ずして政府官員や国会議員になってはならない」と規定しているが、これに従えば、陳独秀は、広東政府の官員になっていたので規定違反である。党大会では、そうした意見も出たが、大多数の代表は、了承したという。[60]

前述のように、この党大会が開催される前に開かれた「コミンテルン第二回大会」では、東方問題についての決議が採択され、東方の共産主義運動と解放運動がコミンテルンの活動内容に含まれることになり、反帝国主義の勢力と連携する方針が打ち出されていた。

その方針に基づき、ソビエトは、弱小の中国共産党が力をつけるまでには、国民党を利用することが必要だと判断していた。

レーニンは、共産主義が中国の国民に無縁であることを理解しており、「共産主義にベールをかぶせ、民族主義を利用するのが、共産主義を中国で普及させるのによい方法だとの結論に達した」という経緯があったのである。だからこそ、国民党と連携し、広東の孫文と接触するようコミンテルンに指示したのだった。[61]

君臨するコミンテルン

では、第一回党大会では、なにが議論されたのか？

これについては、詳細な記録が見当たらないので、当時の出席者の回想や駐コミンテルン中国代表団のファイルに保存されているロシア語の記録の中国語訳（署名無しだが、第一回党大会出席者が1921年後半に書いたと見られている）を参考にするしかない。

陳独秀の代理で出席した包恵僧の回想によれば、大会の初日、マーリンが「コミンテルンの使命と中国共産党の問題」というテーマで、長時間にわたる報告を行った。
その内容は不明だが、コミンテルンの指示を伝えた可能性が高い。なぜなら、駐コミンテルン中国代表団の記録には、マーリンとニコルスキーが「貴重な指示を与えてくれた。ニコルスキー同志の提案にしたがい、我々は、イルクーツク（コミンテルン極東書記処所在地）に打電し、代表大会の経過を報告することに決めた。スキフリスト同志（マーリンのこと）の提案にもとづき、綱領と任務計画を起草する委員会を選出することを決めた」と記されているからだ。[62]
また、もう一つの史料には、マーリンは、「中国共産党が正式に成立したことは、重大な世界的意義を有する。コミンテルンは、東方支部が増えた。ソビエトロシアボルシェビキ党は、東方の戦友が一人増えた。中国の同志が努力し、コミンテルンの指導を受け、全世界のプロレタリアの連合のために貢献するよう希望する」と述べたと記されている。[63]
マーリンはこの時、中国共産党は、知識分子からなっており、労働者が少なすぎるので、労働運動に注意し、労働組合を組織し、労働者の中の積極分子を党内に吸収すべきだと述べたという。
マーリンが裏で指図していたことは、張国燾の回想を見てもわかる。綱領の草案をみたマーリンは、「厳しく批判」し、理論面における原則はよくできているが、欠点は、「中国共産党の現段階における政治綱領を明確に規定していないことだ」と指摘したという。
しかし、党大会後、張国燾の報告を受けたマーリンは、党綱領について、共産主義の立場を明示していると評価し、労働運動の決議についても、実現可能だとほめるなど、大会の成果に満足している様子だったとのことだ。[64]

包恵僧によれば、マーリンは、レーニンの命令にしたがい、コミンテルンの命令を執行するために訪中したのであり、党大会の「計画制定、経費の支給は、すべてマーリンが行った」という。[65]

大会では、陳独秀の代理として張国燾を議長に推薦したが、これも事前にマーリンが同意したものだった。意見が対立すると、議長は、「発言を記録しておき、論争のある問題は、次回の会議の時にマーリンが来てから結論を出す」と言ったという。指導部人事についても、選挙の形式はとったが、陳独秀、張国燾、李達が中央局のメンバーになることは、事前にマーリンと張国燾がある程度決めていたと言われている。[66]

このように、第一回党大会の影の主役は、マーリンだったわけだが、包恵僧によれば、張国燾以外の出席者は、これに不満だった。

「実際はマーリンが取り仕切っていたが、大会開催中は、張国燾が表で一切を取り仕切っていた。金はマーリンが出し、張が使っていた。当時、我々が上海に来る際、各代表に百元の旅費が出され、帰りも五十元支給された。……張国燾以外は、みんなコミンテルン、特にマーリンに対して不満だった。コミンテルンが中国共産党の上に君臨していると思っていたからである[67]」

決まっていた結論

では、第一回党大会では、出席者の間でどのような議論が行われたのか？

陳譚秋の回想によれば、党の任務や組織の原則をめぐり、激しい意見のぶつかり合いがあったという。

李漢俊は、プロレタリア独裁に反対であり、プロレタリア階級の政党を設立することに異議を唱えた。中国のプロレタリア階級は未熟であり、マルクス主義を理解しておらず、長期にわたる宣伝と教育が必要だと考えていたからである。したがって、まずブルジョア民主主義を実現し、民主制度の下で、公開でプロレタリア階級を組織すべきだと主張した。李達と陳公博がこの意見に賛同した[68]。

これに真っ向から反対したのが、劉仁静だった。彼はプロレタリア独裁を闘争目標とし、ブルジョア階級の民主運動に参加することを拒否し、いかなる合法運動にも反対し、知識分子は、ブルジョア階級なので入党を拒絶すべきだと主張した。

包恵僧がこれに賛同したが、大多数の出席者は、この二つの意見を批判し、プロレタリア独裁の実現を党の基本任務とするが、過渡期の戦略としては、プロレタリア階級を組織すると同時にブルジョア階級の民主運動にも参加し、指導するという方針に賛成した[69]。

このほか、大会では、孫文にどう対応するかについても異論が出た。包恵僧は、「孫文は敵対する階級の代表であり、妥協の余地はない。北洋軍閥と同じように対応するか、もっと厳しく対応すべきだ。なぜなら、民衆に対する欺瞞性が高いからだ」と主張したが、これも一蹴され、孫文に対しては、批判的態度をとるが、彼の進歩的な運動に対しては、党外協力の方式で支援するという方針が決まった[70]。

これは、まさにコミンテルンが指示した国共合作の方針だった。要するに、結論は最初から決まっていたということである。だからこそ、包恵僧は、「実際は、マーリンが取り仕切っていた」と指摘したのである。

目立たない毛沢東

ところで、毛沢東は、この大会で、どのような発言をしたのだろうか？

中国共産党の公式版『毛沢東伝』が「とくに目立った存在ではなかった」と明言しているように、論争に加わった形跡はみられない。[71]

それもそのはず、参加した代表は、「インテリ」ばかりであり、外国語に精通している者も少なくなかった。李漢俊は、東京帝国大学に留学し、日、仏、英、独の4カ国語に通じていただけでなく、日本留学時代に河上肇の影響でマルクス主義を研究していた。

李達も、第一高等学校（旧制一高）に留学経験があったし、劉仁静は、北京大学の学生で、英語でマルクス主義の文献を読み漁っていたほどである。彼らは、マルクス主義の著作を引用しながら議論したので、毛沢東の出番はなかった。

陳独秀の代わりに議長を務めた張国燾は、毛沢東について、「湖南の野暮ったさが抜けない活発な書生だった」と述べている。「常識が大変豊富」だが、マルクス主義に関する理解は、王尽美と鄧恩銘（済南代表）ほどでもなく、「大会の前も大会中も、具体的な主張を何もしなかった」という。ただ、「議論好きで、人と無駄話をするとき、常に相手を陥れるのが好きだった。相手が不注意でその中に落ち込み、自己矛盾の窮地にはまると、得意がって笑った」と言っている。[72]

毛沢東が発言しなかったのは、無理もない。彼は脇役の記録係に過ぎなかったからだ。会議では一度だけ発言したが、長沙共産主義小組の状況を報告しただけである。出席者の記憶によれば、口数は少なく、部屋の中を歩きながら思いにふけっている様子で、挨拶をしても気づかず、「神経質」だと思われていたほどだ。[73]

出席者は当時、毛沢東がのちに中国共産党の最高指導者となり、中華人民共和国を打ち立て、神格化される存在になるとは、思いもよらなかっただろう。

皮肉にも、この大会で指導部・中央局のメンバーに選ばれた陳独秀、張国燾、李達は、その後、いずれも共産党と袂を分かっている。陳独秀と張国燾は、党を除名され、李達は離党した。李達はのちに復党したが、「文化大革命」で迫害される憂き目を見ている。

党大会が終わり、毛沢東が長沙にもどったのは、8月中旬である。途中、杭州と南京一帯を旅し、南京では、周世釗や陶毅と会っている。[74]

長沙にもどった毛沢東は、体調を崩し、9月末に蕭子昇に送った手紙には、「湖南にもどると、船山学社に寄宿し、病気の療養に専念していた。病気はだいぶよくなった」と書いている。ただ、「気分爽快」で、好きな本が読めるので楽しいと上機嫌だった。

この時、「英語を主要な科目とし、毎日、数句を読むことにしている。絶対に読まないとだめだとわかった」と書いているので、党大会の出席者が外国語を操り、自分はろくに発言できなかったことが、気になっていたのかもしれない。[75]
もっとも、ここで英語の学習に熱中していれば、のちの「毛沢東」はいないだろう。彼は、学究タイプではなく実践家だった。長沙にもどると、党の活動に没頭し、実績を築き上げ、晴れて党指導部入りを果たす。中国共産党の公式版『毛沢東伝』が、当時の毛沢東を「実幹家（口先だけでなく、地道に仕事をこなす実務家）」と呼んでいるのは、そのためである。

学校が〝隠れ蓑〟――党員リクルート

それでは、長沙にもどった後、毛沢東は、どのような活動に従事したのか？

第一回党大会の決議には、党の任務として、労働者組織の設立、宣伝活動、労働者学校の設立などの方針が列挙されていたので、各地の党組織は、党員が職場を利用して宣伝活動を行い、党員を勧誘し、労働者に近づいて労働運動を組織する活動に着手した。[76]

毛沢東の活動もこの方針に従って行われ、最初に着手したのが、「宣伝と党員のリクルート」だった。そのために利用したのが「学校」である。

8月中旬、毛沢東は、何叔衡と相談し、政府から運営資金が支給されている船山学社を〝隠れ蓑〟にし、「湖南自修大学」を開校することにした。見かけは普通の学校だったが、実際は、マルクス・レーニン主義の理論を教える「党員養成学校」だった。

ところが、これが怪しまれ、湖南省政府に対し、船山学社への経費支給を止めるよう求める声が上がったため、毛沢東らは、貧しくて学校にいけない子供のためと称して、同大学に付設の補習学校を開校した。もちろん、それも〝党校〟である。

たとえば、国語の教材には、「中国の農民に告ぐ」という文章が含まれており、農村には「大金持ち」「中等農民」「下級農民」「貧民」の四つの階級が存在するので、農民は立ち上がって、地主から土地を奪い返すべきだと呼びかけていた。

課外必読教材には、『嚮導《きょうどう》』『中国青年』など共産党や社会主義青年団の発行物が指定され、優秀だとみなした学生は、勧誘の対象となり、社会主義青年団の団員や党員にリクルートされるという仕組みになっていた。

湖南自修大学は、『新時代』という月刊誌も発行し、共産党の宣伝活動も行っていた。その創刊号には、毛沢東の論文が掲載され、共産主義者と知識人や商人は、共通の敵を倒すために国民党と協力する「一大民主派」であり、相対するのは、「反動的な軍閥派だ」と書かれていた。[77]

こうした動きを危険視した趙恒惕省長は、1923年11月、「学説が正しくなく、治安に有害である」として湖南自修大学と補習学校を閉鎖させたが、200人以上の党員を養成した。[78] その後、毛沢東は、湘江中学を新規開校している。

こうして、毛沢東は、さっそく共産党員としての活動を開始したわけだが、そのためには、司令塔が必要だった。そこで、小呉門外清水塘22号の平屋を借りて「秘密活動機関」とし、2021年10月10日、中国共産党湖南支部を設立した。メンバーは、毛沢東、何叔衡、彭平之、陳子博、易礼容の5人で、毛が支部書記となり、活動を取り仕切った。[79]

その後も党員のリクルートに力を入れ、湖南第一師範（毛沢東は、上海から戻った後、国語の教員に招聘されていた）、岳雲中学、甲種工業学校、長沙第一紡績工場、電灯公司、造幣廠などでも党員をリクルートし、学校の中に党支部を設けた。

毛沢東は、自ら衡陽第三師範に二度出向き、党支部を設立し、学生や教員と座談会を開いて宣伝工作を行っている。歴史を例にとり、「黄巾の乱」は、反乱ではなく、封建王朝の圧迫に農民が反抗した「農民革命」であり、政党の指導がなかったので失敗したが、ロシア革命は、労働者階級が指導したからこそ成功したと述べ、革命の必要性を説いた。[80]

コミンテルンが資金源

このように、毛沢東が積極的に活動を行ったのは、党中央局から「ノルマ」が課されてからである。1921年11月、陳独秀が中央局書記の名義で出した「中央局通告」が各支部に通達され、以下のような指示が出されていた。

- 上海、北京、広州、武漢、長沙の五区は、早ければ本年内、おそくとも来年7月の大会開催前までに、同志30人を獲得し、区執行委員会を設立すること。
- 社会主義青年団は、来年7月以前に全国で団員数が2000人を超えること。
- 各区は、直接管理する労働組合を一つ以上有すること。来年の大会で、各区の代表は、労働状況について、統計を提示して報告すること。
・中央局宣伝部は、来年7月以前に、（純粋な共産主義者に関する）書籍を20種類以上出版すること。
・労働運動に関しては、全力で全国鉄道組合を組織すること。上海、北京、武漢、長沙、広州、済南、唐山、南京、天津、鄭州《ていしゅう》、杭州、長辛店の諸同志は、この計画に尽力すること。[81]

要するに、党員や団員を増やし、労働組合の組織化を急げということだが、これは、コミンテルンの指示を受けたものである。それは、陳独秀がコミンテルンに提出した1922年6月30日の報告書を見ればわかる。それには、活動資金の大半がコミンテルンから支給され、その約6割が労働運動に使われていたことが明示されていた。

「1921年10月から1922年6月まで、中央機関は、1万7655元を支出した。収入は、国際支援金が1万6655元、自ら募った資金が1000元である。用途は、各地方の労働運動1万元、印刷所の整備に1600元、印刷物が3000元、労働大会が1000元、その他が約2000元余りである[82]」

「国際支援金」とは、コミンテルン（中国名は「共産国際」）の支援金のことであり、これについて陳独秀は、翌年6月の第三回党大会の報告で、こう説明している。

「党の経費は、ほとんど全てコミンテルンから得ており、党員が収めた党費は少ない。今年、コミンテルンからは、約1万5000元を得ており、そのうち今回の大会では、1600元使う。経費は、各小組に配分され、同時に中央委員会の業務、連絡と週刊の出版に使う」[83]

陳独秀がコミンテルンに提出した報告書には、「労働運動」という項目があり、長沙で黄愛と龐《ほう》人銓《じんせん》が殺害されたこと（後述）や「粤漢鉄道労働者クラブと学校」「萍郷鉄道炭鉱労働者クラブ」を組織したことが実績として記されている。

また、「将来計画」としては、「全国の各都市で支部を増設」「労働者の党員を増やし、全労働者の半数以上を占めるようにする」「中央集権制を励行する」「党員の毎週の業績を厳しく審査する」ことを挙げ、鉄道、海員、電気、機器、紡績労働者を組織し、「全国で五大産業組合を全力で組織する」という目標も掲げている[84]。

当時、コミンテルンは、中国共産党は、知識人が中心であり、「労働者と重要な関係がない」ので、宣伝活動が「労働者の苦しみに触れていない」と批判していた。そうした状況を変えるため、陳独秀が報告した翌月、コミンテルンは、上海の党中央局に書簡を送り、次のように指示した。

「労働者は、各種の重大な事件において、党の宣言、呼びかけ、党のストライキ運動に対する支持、デモへの参加などを通して党のことを理解すべきである。党は、自らそのようなデモを組織すべきである。外国の資本主義列強に反対する活動において、党は革命的民族運動と提携すべきである[85]」

コミンテルン中国支部

この頃、コミンテルンの指示は、中国共産党にとって絶対的なものとなっていた。1922年7月の中国共産党第二回党大会で、コミンテルン加盟に関する決議案が採択され、中国共産党は「コミンテルンの中国支部」となったからである。その加盟条件には、以下のような項目が記されていた。

「コミンテルンに加盟する党は、労働組合、合作社およびその他のすべての労働者大衆の組織において、忍耐強く系統的な宣伝運動に従事すべきである。忍耐強くその組織の中に共産党の核心を組織し、すべての組合を共産主義化すべきである。すべての共産党の核心は、完全に党の統制を受けるべきである。……コミンテルンに加盟する党は、全力でソビエト共和国の反革命に対する戦いを擁護すべきである[86]」

ではなぜ、労働者を組合に組織することが必要なのか？
その理由は、1920年11月の「中国共産党宣言」に明記されている。

「共産党は、革命的プロレタリアートが資本家と闘争するよう導き、資本家の手から政権を奪わねばならない。その政権を労働者と農民の手に置かねばならない。それが1917年にロシア共産党が行ったことだ。革命的プロレタリアートの産業組合は、大ストライキの方法を用い、不断に資本家の国家をかく乱し、労働大衆の敵を日々弱めていく。資本家の手から政権を奪う最後の闘争の時機に至れば、共産党が呼びかけ、総ストライキを宣言するのである。これが、資本制度への致命的な打撃となるのだ。資本家が打倒された後は、これらの産業組合が共産主義社会で経済生命を主管する機関となるのだ[87]」

これは、まさにロシア革命の手法そのものであり、ソビエトロシアはその革命方式を海外に輸出し、ソビエトの影響下に置くつもりでいたのである。のちにソ連の支援を受けた共産党との内戦に負け、台湾に逃れた蔣介石は、これを「組織戦」と位置づけ、こう指摘している。

「共産党の非軍事的武器のうちで組織という武器は重要な存在の一つである。……中共は特定の大衆の中に特定の団体を組織し、特定の任務を与えてこれを実行させた。労働組合、商業組合、農民協会、婦女会、学生会その他各種の大衆団体は、ひとたび共産党の策動と操縦の対象となったが最後、いずれも彼らの組織という武器になってしまうのである[88]」

ノルマをこなす毛沢東

前述のように、共産党設立のために中国に派遣されたヴォイチンスキーは、ソビエト外務人民委員部極東事務全権代表のV・D・ヴィレンスキー（シビリャコフ）の指示を受け、上海で「コミンテルン東亜書記処」を設置し、中国部、日本部、朝鮮部を置いたが、中国における任務は、「⑴共産党を組織し、大学生と沿海地帯の労働者の間に共産主義支部を組織する。⑵軍隊の中で共産主義を宣伝する。⑶労働組合の建設に影響を及ぼす。⑷出版事業を組織する」だった。[89]

長沙にもどった毛沢東は、与えられた任務を忠実にこなしていった。

たとえば、党組織の拡大については、党中央の「早ければ本年内、おそくとも来年7月の大会開催前までに、同志三十人を獲得し、区執行委員会を設立する」というノルマを早々と達成し、湖南党支部は、7月よりも2カ月早い5月に30人を超え、中共湘区執行委員会を設立し、毛沢東が書記に就任した。そして、翌1923年初頭には、党員数が40名を超え、全国の党員数の3分の1以上を占めるまでになった。[90]

労働運動でも大きな成果を挙げ、労働組合や労働者夜学を設立し、1922年から23年までに20以上の労働組合を組織し、会員は、4万〜5万人に達した。ストライキについても、1923年2月までに大規模なストライキを8回も発動し、安源（後述）の労働者クラブは、「小モスクワ」と呼ばれたほどだった[91]。

ではなぜ、毛沢東は、短期間でこれだけの成果を挙げることができたのだろうか？

それは、既成の労働組合の〝取り込み〟と〝改造〟に成功したからである。毛沢東は、第一師範で労働者夜学を運営したことはあるが、労働運動を組織した経験はなかったので、既成の労働者組織を利用することにした。その際、取り込みの対象となったのは、黄愛と龐人銓が1920年11月に立ち上げた「湖南労工会」だった。この組織は、すでに7000人の会員を有しており、労働者の幅広い支持を得ていた。

労働者は、リーダーの黄愛と龐人銓を信頼していたため、取り込みは容易ではなかったが、陳独秀の存在が役に立った。黄愛と龐人銓は、五四運動の世代であり、陳独秀の影響を受けており、湖南労工会を立ち上げる際、陳の支持を得ていたからである。

また、労工会が当時、省政府に対する抗議運動に失敗したことも、いいタイミングだった。労工会は、省政府が湖南第一紡績工場を華実公司にリースしようとした際、抗議運動を組織したが、省政府を阻止することができず、外部の支援を必要としていたのである。

これをチャンスとみなした毛沢東は、黄愛と龐人銓にアプローチし、労工会を「階級闘争」を信奉する厳密な組織に改造しようとした。もともと労工会は、権力集中に批判的で、「合議制」と「領袖観念と男女の区別を打破する」ことをモットーとする緩やかな組織だったが、毛沢東はそれを改造することにした。合議制を廃止し、8部門を書記、教育、組織の3部門に集約させたのである。毛沢東に説得され、黄愛と龐人銓は、社会主義青年団に加入し、労工会は、共産党の指導下に置かれることになった。

毛沢東は、黄愛と龐人銓を説得するに当たり、コミンテルンのマーリンに会わせて、話を聞かせたりもしている。

1921年12月中旬、マーリンが桂林で孫文と会談する際、長沙に立ち寄ったが、毛沢東はその時、二人を文化書社に呼んで、マーリンの話を聞かせた。マーリンは、「一晩かけて階級闘争とロシア革命」について説明したという。その後、毛沢東は、清水塘の党支部に二人を招いて話をし、協力関係を結んだ[92]。

こうした取り込みが功を奏し、労工会を共産党の政治運動に動員することが可能になった。ソビエトロシアを擁護し、ワシントン会議に反対するデモ（後述）では、黄愛と龐人銓が先頭に立ち、労働者を大規模なデモに動員することができたのである。

だが、これは、黄愛と龐人銓にとっては、悪夢にほかならなかった。

1922年1月、二人は、軍閥の趙恒惕に逮捕され、瀏陽門外で密かに処刑されたのだ[93]。

つまり、黄愛と龐人銓が殺されたのは、共産党の活動に関わったからだが、毛沢東は、この事件を趙恒惕に反対する政治運動に利用した。部下の李立三（1899〜1967。フランス勤工倹学をへて中国共産党入党。党宣伝部長等を歴任。文化大革命で迫害され、死去）に命じ、黄愛の父親を上海に連れて行かせ、黄愛と龐人銓の追悼会を開き、世論の動員をはかる。

追悼会は、全国各地で開かれ、趙恒惕の労働運動弾圧に抗議する世論が巻き起こった。毛沢東はこの時、上海の社会主義青年団が開催した追悼会に出向き、「黄愛と龐人銓に学べ」と呼びかけた[94]。

合法組織の利用

こうして労工会の取り込みに成功した毛沢東は、さらなる労働者の組織化に着手する。1922年後半から翌年初めにかけて、安源鉄道・炭鉱、粤漢鉄道、水口山鉛・亜鉛鉱の労働者や長沙の左官・大工を動員し、一連の大規模ストライキを発動した。

そのパターンには、共通点がある。それは、合法組織の利用だ。「合法的な組織を設立し、それを隠れ蓑として秘密活動を行う」のである。その「隠れ蓑」とは、補習学校と労働者クラブだった。

まず、ターゲットにした労働現場に党員を送り込み、「合法的」に補習学校を設立し、国語と算数を教えると宣伝し、労働者をひきつける。そこで、集まった労働者に階級闘争の思想教育を行い、めぼしい労働者をリクルートして入党させる。そして、「合法的」に「労働者クラブ」を設立し、ストライキ発動の拠点とする。「労働者クラブ」とは名ばかりで、実際は、党組織だったのである。

もちろん、メリットがなければ、労働者は、クラブに入らない。だから、ストライキに成功し、賃上げ要求を実現することが大事だ。それができれば、労働者は、労働者クラブに加入し、入党する者も増える。これで、党中央から課されたノルマも達成できるというわけだ。

毛沢東が、安源鉄道・炭鉱に乗り込んだのは、1921年12月のことである。安源鉄道・炭鉱とは、江西省萍郷の「安源炭鉱」と湖南の株州から萍郷にいたる「株萍鉄道」のことであり、労働者は、合計で約1万7000人いた。

安源鉄道・炭鉱は、湖南の党支部が管轄する地域においては、最大の鉱工業企業だった。株州・長沙間は、鉄道が敷設され、江西省の行政府所在地の南昌から行くよりは便利だったので、湖南の党支部が管轄していた。[95]

毛沢東が同地に赴いたのは、党中央から派遣されたからだ。これは、党が同年8月に上海で設立した「中国労働組合書記部」の指示によるものだった。毛沢東は、同書記部の湖南支部主任になっていた。ちなみに、当時、中国労働組合書記部主任だった張国燾によれば、「中国労働組合書記部」の名称は、コミンテルンのマーリンが提案したものだという。[96]

毛沢東は、安源鉄道・炭鉱を労働運動の立脚点と位置づけ、部下の李立三を送り込み、労働者の組織化を推し進めた。その後、劉少奇（１８９８〜１９６９。モスクワの東方勤労者共産大学で学び、中国共産党入党。帰国後、中国労働組合書記部に配属。毛沢東の後継者とみなされ、のちに国家主席に就任するが、文化大革命で迫害され、死去）や弟の毛沢民らも派遣し、活動を強化した。[97]

李立三は、毛沢東と同じ湖南出身であり、フランス「勤工倹学」帰りだった。のちに劉少奇と同じく文化大革命で迫害され、非業の死を遂げた。自殺説もあるが、いまだ真相は不明である。[98]

李立三は１９２１年に帰国し、共産党に入党した後、湖南に派遣され、毛沢東の指揮下で安源での活動を開始したが、最初の任務は「労働者補習学校」の設立だった。

毛沢東は当時、合法的な活動を利用し、徐々に労働運動を始めるのが得策だと考えていた。そこで、当時はやっていた「平民教育運動」に目をつけ、補習学校を設置し、それを隠れ蓑にして、労働運動の幹部を養成しようとしたのである。

これを受け、李立三は、湖南省教育会と湖南平民教育促進会の書簡をたずさえて安源に出向き、萍郷県政府とかけあい、補習学校設立の許可を得ることに成功した。1922年1月、労働者補習学校が開校の運びとなり、入学者は60人を超え、社会主義青年団の支部の設立にもとりかかった。

これを足がかりとし、翌月には、安源党支部を設け、李立三が書記に就任した。次いで5月には、安源鉄道・炭鉱労働者クラブも立ち上げ、李が主任になり、労働者の組織化を推し進め、5月1日のメーデーにデモを発動したが、毛沢東はこの時、労働者が叫んだスローガンが気になり、注意している。

同月中旬、安源を訪れた毛沢東は、党支部の会議で報告を受けたが、デモで「共産党万歳と叫んだ」と聞くと、以下のように戒めた。

「必ず穏当にやるべきだ。一挙に共産党を公開すれば、反動派は、共産党を出せと言ってくる。そうなったら、どうする？　恐がる者も出てくる。このような複雑な環境においては、闘争の策略に注意すべきだ。そうしなければ、損をする。いま重要なのは、労働者を組織することだ[99]」

階級意識を植え付ける

合法的組織を「隠れ蓑」にして非合法活動をする――。これが毛沢東の戦法だった。共産党の正体を明かさず、学校やクラブに労働者をひきつけ、取り込んでいくのである。

だが、組織に取り込むだけでは、労働者は動員できない。そこで重視したのが「思想教育」だった。労働者に「階級闘争」を教え込むのである。

労工会（前述）を取り込むときも、そこに重点を置いた。1921年11月、毛沢東は、労工会の刊行物『労工週刊』に寄稿し、「労働組合の目的は、労働者を団結させ、ストで賃上げと労働時間の短縮を勝ち取るだけではない。特に階級の自覚を養い、全階級が団結し、全階級の根本的利益を図ることにある」と呼びかけていた[100]。

毛沢東は、安源に派遣された時、炭鉱労働者にたとえ話をして、階級意識を植え付けている。

「道に石ころがあって、親方は、なんなく蹴っ飛ばした。だが、小石を集めて砂と石灰を混ぜたらどうなる？　固まって岩になれば、動かせなくなるんだ[101]」

労働者補習学校は、見かけは、算数と国語を教える学校だったが、中身は「党校」だった。教員は、毛沢東が派遣した党幹部であり、運営費用は、党支部が出していたのである。

毛沢東は、李立三に、「先に夜学を開き、労働者を啓発して目覚めさせ、それから彼らを組織せよ」と指示しており、授業では、「労働者は、連合し、団体を組織し、資本家と戦い、苦痛を減らし、圧迫を取り除く必要がある」と教えるなど、共産主義の思想教育が行われていた[102]。

労働者の勧誘も巧みで、最初に労働者の子弟のための学校を設け、そこで親たちと親しくなり、それから夜学に誘った。労働者クラブにしても、労働者は当初、関心を示さなかったが、「消費合作社」を併設し、会員になれば、物が安く買えると宣伝すると、クラブに加入する者が増えた。同社の社長は、毛沢東の弟の毛沢民がつとめた[103]。

もちろん、労働者クラブは、ただの社交クラブではない。実際は、労働者を動員するための党の司令塔だった。その役割は、ストライキ発動でフルに発揮されることになる。

扇動

こうして、補習学校や労働者クラブを通して、労働者の組織化を進めていた毛沢東らは、じっとストライキのタイミングを見計らっていたが、1922年夏、ついにそのチャンスが訪れる。安源の労働者は、賃金未払いが数カ月続き、怒っていたが、その時、湖北の漢陽製鉄所のストライキが成功したというニュースが舞い込んでくる。これをチャンスと見た労働者クラブが、「労働者の利益を守り、圧迫と苦痛をなくそう」と宣言すると、労働者は、さらに勢いづいた。

これを見た毛沢東は、9月初め、安源入りし、党支部と検討した結果、「機が熟した」と判断し、ストライキ発動を決定し、醴陵で活動していた李立三を呼び戻した。毛はこの時、「哀兵必勝」の戦術で行くよう指示したが、それは、人の同情を買うようなスローガンを掲げ、世論を味方につけ、経営側を孤立させるという手法である。この指示にしたがい、安源党支部は、「昔は牛馬だった。今こそ人間になるんだ！」というスローガンを掲げることにした[104]。

9月9日、李立三が安源にもどると、毛沢東は、他の活動もあったので、長沙に舞い戻り、中国労働組合書記部の指示を受け、劉少奇を安源に送り込む。そして、ストライキ指揮部を設け、李立三が総指揮、劉少奇が労働者クラブ全権代表となり、ストライキ発動の態勢に入った。[105]

当時、安源の鉄道・炭鉱当局は、労働者クラブを「暴徒」と呼び、解散しなければ、軍隊を呼ぶと脅していたので、ストライキ指揮部は、当局に要求を突きつけ、それに応じなければ、ストライキを発動することにした。要求の内容は、未払い賃金の支払い、労働者クラブの保護、手当ての支給であり、2日以内に応じなければ、ストライキを発動すると宣言した。

これに対し、当局は、労働者クラブを保護し、手当てを支給することには同意したが、財政難を理由に未払いの賃金については同意しなかったため、ストライキ発動に向けた動きが加速した。ちょうどこの時、粤漢鉄道のストライキを軍が鎮圧し、死傷者が出る事件が起きたため、労働者の反発が強まっていた。

これを見た労働者クラブは、当局に賃上げを要求して回答を迫り、中国労働組合書記部が、安源の労働者に書簡を送り、「我々は君たちに無限の同情を表し、いかなる手段を講じても支援する」と激励し、ストライキへの動員をはかった。

だが、当局は要求に応じなかったため、9月13日夜、労働者クラブは、ストライキ発動を指示した。当時、労働者クラブに入っている労働者は、少なかったが、労働者が一斉に立ち上がると見込んでいたからである。

炭鉱の現場では、夜中に破壊工作を行った。機関車の部品を取り外し、列車の運行を阻止し、電源を切断して石炭運搬車が使えないようにしたのである。そのため、労働者が一斉に坑道の外に出てきたので、坑道の入り口をふさぎ、「ストライキ」と書かれた旗を掲げ、坑道にもどらないよう見張りを立てて監視した。

翌朝、毛沢東が指示した「昔は牛馬だった。今こそ人間になるんだ！」というスローガンが鉱山のあちこちに張り出され、労働者は、ストライキ宣言と17項目の要求を目にした。その宣言文は、長沙の新聞にも掲載されたが、その内容は、以下のようなものだった。

「我々が受けている圧迫は、極点に達している。だから『待遇改善』『賃上げ』『団体（クラブ）の設立』を求めている。いま、我々の団体は、デマで破壊されようとしている」[106]

労働者クラブ、つまり、党の司令塔を守ることが目的の一つに入っていたのである。もちろん、労働者クラブがなければ、ストライキを発動できなかったし、労働者の賃上げも実現できなかっただろうが、労働者クラブは、ストライキを嫌がる労働者を摘発する組織でもあった。

労働者クラブは、ストライキ発動後、「観察隊」を組織してパトロールを行い、「クラブが通知するまで作業を始めてはならない」と労働者に命令し、作業現場には見張りが置かれ、労働者は、中に入ることができなかった。鉄道・鉱山当局ですらも、労働者クラブの許可がなければ、作業現場に入れなかったほどである。[107]

これに対抗するため、鉄道・鉱山当局は、戒厳司令部を設け、1人当たり2元の日当を出して数百人規模の軍隊を動員したが、これが労働者の怒りを招き、結局、軍隊は、手出しができず、鎮圧に失敗した。

勢いづいた労働者は、9月17日、ボイラー室に突入し、鉱山側に対し、「要求をのまなければ、ボイラー室の火を消す」と警告したため、鉄道・鉱山側は、ストライキが続けば、損失が拡大すると判断し、地元の商会に調停を依頼した。翌日、鉄道・鉱山側は、要求を全面的に受け入れ、ストライキは、成功した[108]。

ストライキに勝利した結果、労働者クラブの会員は、700人から1万7000人以上に一挙に膨れ上がった。労働者クラブは、安源鉄道・鉱山における実質上の〝最高権力機関〟となり、労働者を管理する規則が定められ、賭博や喧嘩を禁止した。鉄道・鉱山当局は、労働者の雇用や解雇に際し、労働者クラブの許可が必要となり、労働者間のトラブルについても労働者クラブが裁定し、鉄道・鉱山当局は、介入できなくなった[109]。

ストライキで党員を増やす

こうして、ストライキは、うまくいったが、もともとストライキそのものが目的だったわけではない。それは党の勢力を拡大するための手段に過ぎなかった。

この年の冬、毛沢東は、安源の党支部を訪れ、ストライキの勝利に乗じて党員を増やせと命じ、ストライキで活躍した優秀な労働者を入党させるよう指示した。これを受け、安源の党組織は急拡大し、1923年末までに13の党支部と26の社会主義青年団支部が設けられただけでなく、党の地方委員会も設立された。[110]

その後、労働者クラブは、武力鎮圧されたが、党員は、広東に逃れ、毛沢東が管理していた農民問題講習所に入ったり、北伐軍に参加したりした。毛沢東が井岡山に潜伏した後は、安源の党支部が党中央との連絡役を務めたが、これも後に国民党によって弾圧された。[111]

この時期、毛沢東が指揮したストライキは、これだけではない。粤漢鉄道ストライキ（1922年9月）、長沙左官・大工ストライキ（同年10月）、長沙活字印刷工ストライキ（同年11〜12月）、水口山鉛・亜鉛鉱ストライキ（同年12月）、手工業者のストライキ（1922〜23年）と立て続けに発動したが、手法はすべて同じだった。

党員を労働現場に送り込み、労働者クラブや組合を組織し、ストライキを発動する。そして、労働者を入党させ党組織を拡大していく。この方式で進めていった。

「鉄道労働者の組織化」も党中央から指示された「ノルマ」だったので、毛沢東は、さっそくそれにも着手したが、「粤漢鉄道ストライキ」は、武力鎮圧で流血の事態が発生するなど、激しい攻防が繰り広げられた。

前述のように、1921年11月の党中央の通告には、「労働運動に関しては、全力で全国鉄道組合を組織すること。上海、北京、武漢、長沙、広州、済南、唐山、南京、天津、鄭州、杭州、長辛店の諸同志は、この計画に尽力すること」と明示されていた。[112]

したがって、粤漢鉄道で組合を組織することは、毛沢東にとって極めて重要な「任務」だったわけだが、同鉄道では、武漢の党組織が一足先にストライキを成功させており、1921年10月、武漢・長沙間の武長区間で、賃上げを実現させていた。

これを見た毛沢東は、同鉄道の長沙・新河総駅に目を付け、党幹部を送り込み、労働者の組織化をはかった。いつものように、夜学を開校し、翌年5月には新河労働者クラブを設立した[113]。

毛沢東はこの時、粤漢鉄道の新河だけでなく岳州（現在の湖南省岳陽市）でも労働者の組織化を進めるため、党員の郭亮を送り込んだ。彼は、毛沢東の誘いで新民学会に入り、共産党に入党した人物で、毛と同じ湖南第一師範の出身でもあった[114]。

1922年夏、毛沢東は、岳州に調査に出向き、同地の労働者が組合に関心があるという感触を得たので、郭亮を派遣して労働者クラブを設立し、労働者補習学校も開校した。

その際、労働者を勧誘するため、娯楽施設も設けたが、それだけでは不十分である。労働者をストライキに動員するには、〝火種〟が必要なのだが、それもすぐに見つかった。賃金未払いと物価高で労働者の不満が高まっていたのである。もちろん、それだけでは、労働者は、報復を恐れて決起しないので、意識改革が必要だ。その役割を担ったのが補習学校だった。勉強を教えると見せかけて、階級闘争を教え込み、動員に備えるのである[115]。

毛沢東がストライキの機が熟したと判断したのは、1922年9月である。労働者クラブを立ち上げたばかりだったが、同クラブの設立を危険視した鉄道当局との対立が激化していた。当局は、「労働者クラブは、違法な団体である。加入すれば、重罪となる」と警告を発し、それに対抗して「職工連合会」を立ち上げ、労働者を組織する動きに出たのだ。

そうしたなか、ストライキの引き金となる事件が勃発した。現場監督と通訳（イギリス技術者を雇っていたので通訳がいた）が労働者とトラブルになり、労働者が殴られて負傷したのだ。これを知った郭亮が労働者クラブの名義で、鉄道当局に抗議し、現場監督と通訳の解雇を要求したが、拒否された。それどころか、殴られた労働者が解雇されたので、これを知った労働者が激怒したのである。[116]

この話は、戦後、中国の公式メディア『工人日報』に掲載された記事によるものであり、共産党側の言い分に基づくものなので、鉄道当局の言い分は不明だが、いずれにしても、これを見た郭亮は、ストライキ発動のチャンスだと判断した。

郭から報告を受けた毛沢東は、この機に乗じて、粤漢鉄道全域に運動を拡大しようと画策し、さっそく指示を出す。それに従い、岳州労働者クラブは9月5日、他地域の労働者と連携し、交通省に3日以内に現場監督と通訳を解雇するよう求め、鉄道当局には、要求に応じなければ、鉄道全域でストライキを発動すると迫った。

そして翌日、新河、岳州、株萍、徐家棚の労働者クラブが「粤漢鉄道労働者クラブ連合会」を立ち上げ、鉄道当局に対し、現場監督の解雇、賃金未払いの禁止、月給制の導入、病欠の際の給与支給などの要求を出したが、これが無視され、交通省からの回答もなかったため、9日、ストライキに突入し、列車の運行を止めた。

これに対し、当局は、軍を動員して武力鎮圧に出た。職工連合会所属の労働者に列車を運転させ、軍を輸送し、徐家棚に向かわせたが、10日夜、惨劇が起きる。労働者と家族およそ数百名が線路に横たわり、これを阻止しようとしたため、軍と衝突し、１００名以上が負傷し、うち30名余りが重傷を負う事態となったのだ。このほか、10名が失踪し、9名が逮捕されたと言われている。

岳州でも軍が動員され、流血の惨事が繰り広げられた。翌11日朝（10日という説もある）、ストライキにもかかわらず、列車が動いているのを見た郭亮らは、徐家棚の労働者と同じく、線路に横たわって止めようとした。

軍は、これを追い払おうとしたが、抵抗されたため、発砲する事態となり、約70名の労働者が負傷し、そのうち6人は、重傷を負い、のちに死亡したと言われている。郭亮ら労働者クラブの幹部と労働者およそ30名が逮捕され、投獄された[117]。

これを受け、毛沢東は、さっそく行動を起こし、各地の党組織と連携し、「労働者の統一組織」の設立を推し進めていった。何叔衡を武漢に派遣し、湖北の党組織および労働組合書記部と連絡を取り、逮捕された労働者の救出とストライキの続行について協議した。

新河労働者クラブは、毛の指示にしたがい、労働者大会を開き、岳州労働者クラブの労働者代表を招いてストライキ弾圧の状況を聞き、新河労働者クラブの名義で全国に打電し、助けを求めるとともに、3人の代表を徐家棚労働者クラブに派遣し、活動を支援した[118]。

一方、粤漢鉄道労働者クラブ連合会も、鉄道局に対し、労働者を弾圧した軍の撤退、鉄道局長の処罰、労働者の要求の受け入れなどを突きつけ、全国に打電した。

そして共産党は、各地の鉄道労働者の代表を漢口に招集し、9月25日までに問題が解決されなければ、ストライキを行い、決死隊200名を組織するという方針を打ち出した。

その後、京漢鉄道と粤漢鉄道の労働者が、北京政府にストライキ発動を予告すると、ストライキが全国に飛び火することを恐れた政府は、28日、要求を受け入れ、郭亮ら逮捕された労働者を釈放した。こうして、約20日間に及んだストライキは、成功を収めた。

毛沢東はこの時期、相次いでストライキを発動し、労働者の組織化を推し進めている。1922年10月までに、湖南省全省で労働者4万人を14の労働者クラブや組合に組織し、そこに党幹部を送り込み、労働者を入党させたのだ[119]。

一連のストライキの成功を受け、毛沢東は、運動をさらに拡大させるため、統一組織の設立に着手した。11月1日、長沙左官・大工工会、長沙活字印刷工工会、中国労働組合書記部湖南支部など約30団体の代表八十数名を招集し、鉄道労働者の統一組織「粤漢鉄道総工会」と15の工会を管轄する「湖南全省工団連合会」の設立を決め、同連合会の主席に選出された。同連合会は、共産党が地方で組織した〝二大労働組合〟の一つとなった（もう一つは湖北工団連合会[120]）。

浸透工作

こうした組織化の目的は、労働運動にとどまらない。その最終目的は、革命である。既成の政治・社会組織に対して「浸透工作を進めて党組織を拡大」し、革命によって政権を奪うためだった[121]。

蔣介石は、共産党が組織した「大衆運動」について、こう指摘している。

「我々民主法治国家の国民は、憲法と法律によって政治上の自由権を保障され、政府は国民の集会、結社、居住、信仰、言論、出版の自由を保護し、これに干渉することはできない。しかし共産党は自由の名を借りて自由を破壊する。およそ共産分子の浸透を受けた大衆団体や共産党が提唱した大衆運動はすべて彼ら少数の組織が多数を支配し利用するものである。もし政府がこの種（の）団体や、共産党の息のかかったデモ、スト、同盟休校、集団的請願、各種の暴行などを取締り、あるいはこれに解散を命じたりすれば、一般民衆は直接、間接に共産党の影響を受けているので、政府が人権を尊重せず、人民の政治の自由を保障しないと非難するのだが、政府がもし共産党とその外郭団体が組織した大衆団体を取締らず、また彼らが策動した大衆運動を解散させないならば、実際上多数のものの自由権を保障し得ず、社会の安寧秩序を維持することもできないことを一般民衆は知らないのである[122]」

ここにある「集団的請願」こそが、まさに毛沢東が「湖南全省工団連合会」設立後に行った「請願運動」である。これについて、党の公式版『毛沢東伝』は、趙恒惕政府に対して「三日間道理を説いた請願闘争」と書いている[123]。

では、いったいどのような〝請願闘争〟だったのか？

それは、「結社と集会の自由」など10項目について、湖南当局と交渉したものである。毛沢東は、「湖南全省工団連合会」総幹事の立場で、11の組合代表を引き連れ、1922年12月11日から13日までの3日間、長沙県、省警察庁、政務庁のトップと会い、最後に省長の趙恒惕とも直談判した。

この背景には、労働運動の高まりに危機感を抱いた省政府が、警察に人力車組合の看板を撤去させるなど取り締まりを強化したことがあり、当時、次のような噂が世の中に出回っていた。

「ストライキを専門にやっている者がいて、彼らは、雇われた過激派だ。政府が一人でも殺せば、彼らは、五百元の見舞金を払っているが、その金は、外から入ってきたものだ。ストライキをやっている者は、無政府主義者で、政府を転覆しようとしている[124]」

政府が取り締まりを強化したため、黄愛や龐人銓のような目にあうことを恐れた労働者は、ストライキに参加することを恐がり始めたので、毛沢東は、こうした流れを変える必要があったのである。

この時、毛沢東が利用したのが「省憲法」だった。その第12条は、結社と集会の自由を保障していたからである。これを盾にして交渉に臨んだ。矛盾を突かれた趙恒惕政府は、結社と集会の自由は、「いかなる特別な法令の制限」も受けず、「完全に有効である」と宣言し、労働者を保護する態度を表明したため、〝請願闘争〟は成功した。[125]

ソビエトを擁護せよ

こうした活動に加えて、ソビエトロシアを擁護する抗議活動に民衆を動員することも「コミンテルン中国支部」である中国共産党の任務だった。前述のように、コミンテルンの加盟条件には、「コミンテルンに加盟する党は、全力でソビエト共和国の反革命に対する戦いを擁護すべきである」と明記されていたからである。[126]

その任務の遂行が求められたのが、「ワシントン会議（1921〜22年、アメリカの提唱で開かれた国際軍縮会議。日本・イギリス・アメリカ・フランス・イタリア・中華民国など9カ国が参加したが、ソビエトは呼ばれなかった）」をめぐる米、英、仏、日に対するデモだった。

これは、民衆の自発的なデモではなく、党が仕掛けた政治運動だった。その事実は、前述の陳独秀のコミンテルンへの報告書（1922年6月30日）を見れば明らかである。

それには、このデモが「政治宣伝」として報告されており、「コミンテルンのワシントン会議に対する宣言5000部を翻訳し、印刷した」「上海の労働者集会で、ワシントン会議に関するビラ5000枚を配った」と事細かく記されている。[127]

1921年12月25日、中国共産党湖南支部は、党中央の指示を受け、湖南労工会、湖南省学連を通して労働者、市民、学生1万人を動員し、ワシントン会議に抗議するデモを発動した。デモ隊は、アメリカと日本の領事館の前で、「ワシントン会議反対」「国際資本主義打破」「ブルジョア階級の仮面を引き剝がせ」とスローガンを叫んだ[128]。

陳独秀のコミンテルンへの報告書には、各地の抗議運動の中で、毛沢東が指揮した長沙の抗議活動だけに触れているが、それは犠牲者が出たからである。その報告書には、黄愛と龐人銓が殺害されたことが書かれている。

この出来事は、報告書で二度触れられており、湖南の抗議運動がコミンテルンに評価された要因となっていた。陳独秀は、「湖南の労働者がもっとも猛烈だった。ワシントン会議に反対し、ソビエトロシアの承認を唱えるデモに参加し、紡績工場のストに参加したため、（社会主義）青年団の団員黄愛と龐人銓の二人が督軍に殺された」と報告した[129]。

コミンテルンのマーリンも湖南の活動に注目した。彼は、コミンテルンへの報告（1922年7月11日）の中で、「少数の都市ではデモがあり、我々の党が参加した」と書いており、デモが党の活動だったことを明言しているが、全国的には「ワシントン会議に直接反対する普遍的な運動にならなかった」と不満だった。しかし、毛沢東らが組織したデモは評価しており、「長沙の青年団体は、ワシントン会議に反対するデモを組織し、紡績労働者の協会を設立し、1921年末にストライキを行った」と特記している[130]。

この時、マーリンが、背後で党中央に影響力を行使していたことは明らかである。1922年11

月2日、党中央機関紙『嚮導』に「ロシア革命五周年記念」と題する論評が掲載されたが、これは、マーリンが〝孫鋒〟という中国名のペンネームで寄稿したものだった。

そもそも、この機関紙そのものが、コミンテルンの出資によって創刊されたものだったが、この論評は、ロシア革命を賛美する内容になっており、党員にこう呼びかけている。

「11月7日、この日には、中国革命のリーダーの同情と賛美は、必ずやモスクワに向かうだろう。なぜなら、モスクワは、人類の進歩を誠実に促進する新たな中心だからだ。……中国共産党の知識階級と労働者は、新ロシアと密接な協力と親善関係を結ぶ必要がある。そうしてこそ、解放と独立の奮闘が栄光ある勝利を獲得できるのである！」[131]

これに呼応するかのように、11月7日、毛沢東率いる中共湘区委員会は、労働者と学生を動員して「ロシア十月革命記念大会」を開催し、「11月7日は、唯一人類を解放したソビエトロシアの革命記念日である。敬愛なる労働者、学生の皆さん、被圧迫階級に属する全ての同胞のみなさん、労働者が権利を獲得し、人類が解放を獲得した日を記念すべきです」と呼びかけた。

会場には、「全世界のプロレタリアは連合せよ」「国際資本帝国主義を打倒せよ」「社会主義万歳」などのスローガンが掲げられたが、大会は、警察によって中止させられたため、参加者は、街頭でビラを配布することにした。[132]

最高指導部に抜擢

こうして、毛沢東は、コミンテルンが党中央を通して課したノルマを着実にこなしていったが、その業績が陳独秀の目に留まり、党中央指導部に大抜擢されることになる。

毛沢東は、第一回党大会に出席した後、１９２１年8月中旬に長沙に帰り、10月に湖南党支部を設立し、書記に就任するが、11月に前述の「中央局通告」が通達されると、次から次にノルマを達成していった。

前述のように、「早ければ本年内、おそくとも来年（１９２２年）7月の大会開催前までに、同志30人を獲得し、区執行委員会を設立する」という党中央の指示については、１９２２年5月末に党員が30人を超え、区執行委員会を設立し、早々とノルマを達成した。そして翌年初頭には、40人を上回り、全国の党員の3分の1以上を占めるまでになった。

労働運動については、「直接管理する労働組合を一つ以上有すること」「労働運動に関しては、全力で全国鉄道組合を組織すること」というノルマが言い渡されていたが、１９２２年から１９２３年までに20以上の組合を組織して会員は4万～5万に達し、自ら全省工団連合会の総幹事に就任した。また、鉄道組合についても「粤漢鉄道」でストライキを発動し、労働者の組織化を進めた。[133]

陳独秀は、１９２３年6月の第三回党大会の報告で、「湖南は、3万人以上いる組合のほとんどすべてが、我々の影響下に置かれている」と称賛した。他の地方については、批判したが、湖南だけを絶賛したのである。

「地域について言えば、上海の同志は、党のためにした仕事が少なすぎる。北京の同志は、建党の任務を理解しておらず、多くの困難を生み出した。湖北の同志は、衝突を適時防ぐことができず、労働者の勢力が増えなかった。湖南の同志だけがうまくやったと言っていいだろう[134]」

毛沢東の業績に注目したのは、陳独秀だけではない。マーリンもコミンテルンへの報告で評価しており、コミンテルンに送った報告は、湖南の活動を次のように絶賛している。

「週報（1922年9月創刊の中共中央機関紙『嚮導』のこと）は順調。第7期は、湖南が最も良い。すでに3500部売った。長沙小組が最も良い。そこの団員（社会主義青年団）数は230である。上海は110、広州は40、浙江40、済南府20、安徽15、山西20[135]」

党の経費の調達についても、マーリンは、湖南を絶賛し、コミンテルンにこう報告している。

「湖南だけに最も良い組織がある。同地の支出の約半分は、現地の財源である。ずっと自給できるよう頑張っている[136]」

これだけコミンテルンと陳独秀から評価されれば、毛沢東が〝出世〟しないはずがない。1923年1月、陳独秀は、毛沢東を党中央に抜擢することを決め、後任の湘区委員会書記としてフランスから帰国した李維漢を湖南に派遣した。その後、毛は李に引継ぎを行ったが、その際、次のような指示を出している。これこそ、毛沢東が〝出世〟したコツだった。

一、趙恒惕政府の省憲法の民主的な条文を利用し、闘争を行うこと。
二、大衆に接近すること。労働者に対しては、夜学と読書クラブをつくり、学生に対しては、刊行物や団体を組織し、積極分子を見つけて養成し、徐々に拡大させ、労働組合・学生会設立の核心とすること。[137]

党中央へ

李維漢への引継ぎを終え、毛沢東が上海に向かったのは、同年4月である。妻の楊開慧と生まれて間もない息子の毛岸英を連れ、密かに長沙を後にしたが、その時、長沙の街頭には、〝過激派・毛沢東〟を懸賞金付きで指名手配する趙恒惕の布告が張り出されていた。[138]

陳独秀は、第三回党大会の開催と「国共合作」に着手しており、毛沢東は、その任務をサポートすべく、党中央に抜擢されることになった。

ソビエトは当時、中国共産党が勢力を拡大するには時間がかかると判断し、とりあえず、国民党を利用しようとしていたのである。

レーニンは、共産主義が中国にとってなじみがないので、民族主義を利用して共産主義をカモフラージュするのが、共産主義を浸透させる上で得策だと考えていた。それを受け、コミンテルンは、広東の革命政府の臨時大総統になっていた孫文と接触するようマーリンに指示したのだった。[139]

孫文の方にも、ソ連と接近したい事情があった。陳炯明と対立していたからだ。陳はもともと孫文の同志であり、彼の軍隊は、広西軍閥を打ち倒し、孫文が広東に返り咲く上で大きな功績を挙げたため、孫文が臨時大総統になると、広東軍総司令に任命されていたが、北伐を行おうとする孫文に反対したため、関係が悪化していた。

総司令の職を解任された陳炯明が反旗を翻したため、孫文は、上海に逃れた。そして、この事件がきっかけとなり、孫文は、国民党の組織を強化する必要があると痛感し、ロシア革命を成し遂げたボルシェヴィキにならい、国民党を再編することにしたのである。[140]

1922年7月、コミンテルンは、中国共産党員が国民党に加入すべきであるというマーリンの提案を承認し、中国共産党中央に手紙を送り、「革命的民族運動と連携して行動する」よう指示した。[141]この指示は、植民地問題に関する「コミンテルン第二回大会」(1920年)の決議に基づくものであり、コミンテルンは、「国民党を革命党」と見なし、共産党員は国民党を支持し、「国民党自体の中に信奉者を作る」方針を打ち出し、マーリンを再び中国に派遣した。

だが、中国共産党内には、これに反発する声が強かった。同年8月、マーリンの指示で、中国共産党中央執行委員会は、杭州で会議を開き、国民党加入について検討したが、党員の大多数が反対した。
この時、マーリンは必死に説得を試み、国民党は「ブルジョア階級の政党」ではなく、「各階級の革命分子の連盟」と主張したが、陳独秀は、国民党は、ブルジョア階級の政党であり、共産党員が国民党に加入すれば、「多くの複雑かつ解決し難い問題を引き起こし、その結果、革命勢力の団結を害する」と反論した。
そこで、マーリンは、これはコミンテルンの決定であり、服従すべきであると一蹴したため、陳独秀は、「コミンテルンの変えられない決議なら、服従するしかない」と受け入れざるを得なかった。[142]
それもそのはず、前述のように、これに先立つ7月、中国共産党第二回大会で、中国共産党は「コミンテルン中国支部」となり、コミンテルンの指導を受けることが決まっていた。その加入条件の第17条には、「コミンテルンに加入する党は、コミンテルン代表大会と執行委員会の全ての決議を執行しなければならない」と明記されていたのである。[143]
その後、ソ連は、孫文支援を決め、コミンテルンは、国共合作を推し進めていった。
翌1923年1月、マーリンの報告を受けたコミンテルン執行委員会は、「コミンテルン執行委員会の中国共産党と国民党の関係に関する決議」を正式に打ち出し、マーリンは、この決議を携えて同年2月、北京にもどり、中国共産党に通達するが、その内容は、以下のようになっていた。
「中国の唯一の重大な民族革命集団は、国民党である。……現状では、中国共産党が国民党内に留まることが適当である。ただし、これは、中国共産党の独特な政治的様相を取り消すことを代価とするものではない。……中国共産党は、国民党がソビエトロシアの勢力と連合し、欧州・アメリカ・日本帝国主義と闘争するよう影響を与えるべきである[144]」

これらはすべて、毛沢東が党中央に抜擢される前に起きていたことであり、彼が党中央に来た時には、国共合作の方針は決まり、第三回党大会の準備段階に入っていた。

1923年6月、毛沢東は、マーリンらとともに一足早く広州に向かい、陳独秀、李大釗、張国燾、譚平山、蔡和森、陳潭秋、羅章龍、マーリン等と第三回党大会の準備会議に出席したが、その会議では、マーリンが国共合作に関するコミンテルンの指示を伝え、中央委員の人事についても話し合った。

国共合作については、前述の杭州の特別会議で決まっていたが、その後、京漢鉄道労働者のストライキが軍閥の呉佩孚によって武力鎮圧される事件（二・七事件）が起きると、労働者階級だけでは革命は無理だとわかり、国民党との合作が推し進められていた[145]。

上記の準備会議で、マーリンは、コミンテルンの指示を伝えたが、それでも第三回党大会では、国共合作について異論が出た。マーリンの記録をみると、張国燾と蔡和森が名指しで批判されているのである。

「コミンテルンの決議が議論の基礎となるべきだ。コミンテルン執行委員会は、国際運動の総参謀部である。コミンテルン執行委員会が出した指示は、党が順守すべき命令だが、議論の際の張国燾と蔡和森の発言は、この指示をきれいさっぱり忘れ去っていることを証明している」[146]

マーリンの記録を見ると、張国燾は、「共産党を発展させる唯一の道は、独立行動であり、国民党内で活動することではない」と真っ向から反論し、蔡和森も「国民党以外に民族政党がないわけではない。孫中山は、軍閥に妥協し、帝国主義に妥協する傾向がある」と否定的だった。マーリンは、よほど気にさわったのだろう。「(蔡)和森と張国燾の二人は、我が党の策略を幻想の基礎の上に打ち立てている」と非難している。[147]

マーリンは、他の出席者の発言も記録しているが、陳独秀は、コミンテルンの指示に従う姿勢を見せ、「コミンテルン執行委員会の決定は、連合戦線問題ではなく、国民党内で活動するということだ。我々は国民党内で活動すべきである」と述べている。李大釗も「国民運動に参加することを恐れるべきではない。我々はすでに国民党に加入したが、まだ活動していない。希望がないという形跡はない」と支持する立場をとった。[148]

権力への道

では、毛沢東はこの時、どのような発言をしたのか？

彼は、「我々は国民党加入を恐れるべきではない」と明言し、党大会後に共産党機関紙に寄稿した論文でも「現段階の革命は、国民党がもっとも重要な革命の責任を負うべきである」と強調した。[149]これは、コミンテルンの指示と一致しており、マーリンは、毛沢東に好印象を持ったはずである。マーリンの記録には、毛沢東が語ったこんな言葉が記録されている。

「毛同志は、私にこう言った。湖南には3000万人いて、3万から4万の現代的労働者がいる。彼は、労働組合組織をどうしていいか分からないので、大いに悲観的になっている。中国を救う唯一の方法は、ロシアの干渉に頼るしかないと考えているほどだ[150]」

「中国を救うには、ロシアの干渉しかない」と言われれば、悪い気はしないだろう。毛沢東は当時、中国に派遣されたロシア人から「マーリン側の人間」と見なされていたという。[151]

これで毛沢東の評価は定まり、結果は、すぐに出た。マーリンの指導下で開かれた第三回党大会（1923年6月）では、マーリンににらまれた張国燾が中央局（後の政治局に相当）から外され、毛沢東が中央執行委員に選ばれ、中央局入りしたのである。[152]

さらに毛沢東は、中央局秘書にも任命されたが、これはただの〝秘書〟ではなかった。中央局秘書は、「党内外の文書と通信および会議記録」の責任者であり、「本党の文書を管理し、本党の一切の書簡は、委員長と秘書の署名が必要」と規定されていたのである。中央局委員長の陳独秀と二人で中央局を取り仕切る絶大な権限を与えられたのだ。[153]

第一回党大会では、ろくに発言もできないほど周囲に圧倒されていた毛沢東だったが、わずか2

年で最高指導部入りを果たした。陳独秀の信任は厚く、翌年には、陳が兼任していた組織部長も任され、党人事の責任者にもなった。こうして毛沢東は、中国共産党の最高指導者の地位に上り詰める第一歩を踏み出したのである。

【注】

1 シャオ・ユー著／高橋正訳『毛沢東の青春』63〜64頁
2 中共中央文献研究室編／金冲及主編『毛沢東伝（1893―1949）』78頁
3 張国燾『我的回憶（第一冊）』98頁。
4 中共中央文献研究室編／金冲及主編『毛沢東伝（1893―1949）』78頁
5 李鋭『早年毛澤東』357頁
6 「新民学会会務報告（第二号）」中国革命博物館、湖南省博物館編『新民学会資料』15〜16頁
7 同右16〜17頁
8 同右17頁
9 同右
10 左玉河『張東蓀伝』（紅旗出版社、2009年）82〜83頁
11 同右79〜84頁
12 同右89、94、97頁
13 「新民学会会務報告（第二号）」中国革命博物館、湖南省博物館編『新民学会資料』17頁
14 同右18頁
15 同右23頁
16 左玉河『張東蓀伝』67〜68頁

17 同右 57頁
18 林代昭、潘国華編『馬克思主義在中国―従影響的伝入到伝播（下冊）』（清華大学出版社、1983年）138頁
19 同右 141～144頁
20 同右 146～147頁
21 馮崇義「羅素訪華平議」『近代史研究』（1991年第4期）165頁
22 同右 169頁
23 「新民学会会務報告（第二号）」中国革命博物館、湖南省博物館編『新民学会資料』23～25頁
24 同右 25～26頁
25 同右 26頁
26 同右 26～28頁
27 同右 28頁
28 同右
29 シャオ・ユー著／高橋正訳『毛沢東の青春』61～62頁
30 同右 63～64頁
31 同右 191～192頁
32 「蔡林彬給毛沢東」中国革命博物館、湖南省博物館編『新民学会資料』162頁
33 同右 161頁
34 「毛沢東給蔡林彬」中国革命博物館、湖南省博物館編『新民学会資料』162頁。シャオ・ユー著／高橋正訳『毛沢東の青春』201頁
35 「毛沢東給蔡林彬」中国革命博物館、湖南省博物館編『新民学会資料』163頁
36 中共中央文献研究室編／金冲及主編『毛沢東伝（1893―1949）』79頁
37 「蔡林彬給毛沢東」中国革命博物館、湖南省博物館編『新民学会資料』132頁
38 シャオ・ユー著／高橋正訳『毛沢東の青春』201～202頁

39　中共中央文献研究室編／金冲及主編『毛沢東伝（１８９３－１９４９）』81頁

40　中共中央文献研究室編／逢先知主編『毛沢東年譜（１８９３－１９４９）修訂本　上巻』72頁。中共中央文献研究室編／金冲及主編『毛沢東伝（１８９３－１９４９）』78頁

41　高菊村、陳峰、唐振南、田余糧『青年毛沢東』147～148頁。中共中央文献研究室編／金冲及主編『毛沢東伝（１８９３－１９４９）』80～81頁

42　中共中央文献研究室編／逢先知主編『毛沢東年譜（１８９３－１９４９）修訂本　上巻』82頁。高菊村、陳峰、唐振南、田余糧『青年毛沢東』148頁

43　高菊村、陳峰、唐振南、田余糧『青年毛沢東』148頁

44　中共中央党史研究室著／胡縄主編『中国共産党的七十年』（中共党史出版社、１９９１年）24～25頁

45　「維連斯基―西比里亜科夫関於１９１９年９月至１９２０年８月間在東亜各国人民当中開展工作情況給共産国際執委会的報告」中共中央党史研究室第一研究部訳『聯共（布）、共産国際与中国国民革命運動（１９１７－１９２５）第一巻』36頁

46　「中共中央執委会書記陳独秀給共産国際的報告（１９２２年６月30日）」中共中央党史研究室第一研究部訳『聯共（布）、共産国際与中国国民革命運動（１９１７－１９２５）第二巻』（中共党史出版社、２０２０年）322頁。陳独秀「在中国共産党第三次全国代表大会的報告」中共中央文献研究室、中央檔案館編『建党以来重要文献選編（１９２１－１９４９）第一冊』（中央文献出版社、２０１１年）243頁

47　楊奎松『〝中間地帯〟的革命』37頁

48　唐宝林『陳独秀全伝』297頁

49　向青、石志夫、劉徳喜主編『蘇聯与中国革命』42～45頁。唐宝林『陳独秀全伝』298頁

50　ボリス・スラヴィンスキー、ドミートリー・スラヴィンスキー著／加藤幸廣訳『中国革命とソ連』102頁。向青、石志夫、劉徳喜主編『蘇聯与中国革命』46頁

51　中共中央文献研究室編／金冲及主編『毛沢東伝（１８９３－１９４９）』81頁。中共中央文献研究室編／逢先知主編『毛沢東年譜（１８９３－１９４９）修訂本　上巻』82～83頁

52 中国社会科学院現代史研究室、中国革命博物館党史研究室選編『〝一大〟前後 中国共産党第一次代表大会前後資料選編（二）』（人民出版社、内部発行、1980年）377頁。唐宝林『陳独秀全伝』306頁。中共中央文献研究室編／金冲及主編『毛沢東伝（1893―1949）』81頁

53 中共中央文献研究室編／金冲及主編『毛沢東伝（1893―1949）』81頁

54 同右82頁

55 中共中央文献研究室編／逄先知主編『毛沢東年譜（1893―1949）修訂本 上巻』83頁。中共中央文献研究室編／金冲及主編『毛沢東伝（1893―1949）』81～82頁

56 唐宝林『陳独秀全伝』308頁。中共中央文献研究室編／金冲及主編『毛沢東伝（1893―1949）』81頁

57 向青、石志夫、劉徳喜主編『蘇聯与中国革命』44頁。唐宝林『陳独秀全伝』308～309頁

58 唐宝林『陳独秀全伝』309頁

59 中共中央文献研究室、中央檔案館編『建党以来重要文献選編（1921―1949）第一冊』1～3頁。中共中央文献研究室編／逄先知主編『毛沢東年譜（1893―1949）修訂本 上巻』83頁。

60 楊奎松『〝中間地帯〟的革命』37頁。唐宝林『陳独秀全伝』307頁

61 ボリス・スラヴィンスキー、ドミートリー・スラヴィンスキー著／加藤幸廣訳『中国革命とソ連』102～104頁

62 包恵僧「中国共産党第一次代表大会的幾個問題」中国社会科学院現代史研究室、中国革命博物館党史研究室選編『〝一大〟前後 中国共産党第一次代表大会前後資料選編（二）』375頁。「中国共産党第一次代表大会（1921年）」中共中央文献研究室、中央檔案館編『建党以来重要文献選編（1921―1949）第一冊』21～22頁

63 向青、石志夫、劉徳喜主編『蘇聯与中国革命』46頁

64 同右47頁。張国燾『我的回憶（第一冊）』137、151頁

65 包恵僧「回憶馬林」中共中央党史研究室第一研究部譯『聯共（布）、共産国際与中国国民革命運動（1917―1925）第二巻』272頁

66 同右273、275頁

67 包恵僧「中国共産党第一次代表大会的幾個問題」中国社会科学院現代史研究室、中国革命博物館党史研究室選編『〝一大〟前後 中国共産党第一次代表大会前後資料選編（二）』377、380頁
68 同右286～287頁
69 同右
70 同右289頁
71 中共中央文献研究室編／金冲及主編『毛沢東伝（1893－1949）』82頁
72 張国燾『我的回憶（第一冊）』135～136頁
73 中共中央文献研究室編／金冲及主編『毛沢東伝（1893－1949）』82～83頁
74 中共中央文献研究室編／逢先知主編『毛沢東年譜（1893－1949）修訂本 上巻』83頁。
75 中共中央文献研究室編／金冲及主編『毛沢東伝（1893－1949）』83頁。中共中央文献研究室編／逢先知主編『毛沢東年譜（1893－1949）修訂本 上巻』85頁
76 「中国共産党第一個決議」中共中央文献研究室、中央檔案館編『建党以来重要文献選編（1921－1949）第一冊』4～5頁。中共中央文献研究室編／金冲及主編『毛沢東伝（1893－1949）』83頁。
77 高菊村、陳峰、唐振南、田余糧『青年毛沢東』164頁
78 同右159～165頁。中共中央文献研究室編／逢先知主編『毛沢東年譜（1893－1949）修訂本 上巻』117頁
79 高菊村、陳峰、唐振南、田余糧『青年毛沢東』153～154頁
80 同右154頁。中共中央文献研究室編／逢先知主編『毛沢東年譜（1893－1949）修訂本 上巻』86頁。
81 中共中央文献研究室編／金冲及主編『毛沢東伝（1893－1949）』84頁
「中国共産党中央局通告」中共中央文献研究室、中央檔案館編『建党以来重要文献選編（1921－1949）第一冊』47～48頁
82 「中共中央執委会書記陳独秀給共産国際的報告」中共中央党史研究室第一研究部譯『聯共（布）、共産国際与中国国民革命運動（1917－1925）第二巻』322頁

83　陳独秀「在中国共産党第三次全国代表大会上的報告」中共中央文献研究室、中央檔案館編『建党以来重要文献選編（1921－1949）第一冊』243頁

84　「中共中央執委会書記陳独秀給共産国際的報告」中共中央党史研究室第一研究部譯『聯共（布）、共産国際与中国国民革命運動（1917－1925）第二巻』326～327頁

85　「共産国際執行委員会給中国共産党中央執行委員会的信」中共中央党史研究室第一研究部譯『聯共（布）、共産国際与中国国民革命運動（1917－1925）第二巻』329頁

86　「中国共産党加入第三国際決議案」中共中央文献研究室、中央檔案館編『建党以来重要文献選編（1921－1949）第一冊』141、143～144頁

87　「中国共産党宣言」中共中央文献研究室、中央檔案館編『建党以来重要文献選編（1921－1949）第一冊』487頁

88　蔣介石著／寺島正訳『中国のなかのソ連』（時事通信社、1962年）374～375頁

89　「維連斯基－西比里亜科夫関於1919年9月至1920年8月間在東亜各国人民当中開展工作情況給共産国際執委会的報告」中共中央党史研究室第一研究部譯『聯共（布）、共産国際与中国国民革命運動（1920－1925）第一巻』36頁。

90　中共中央文献研究室編／逢先知主編『毛沢東年譜（1893－1949）修訂本　上巻』93頁。唐宝林『陳独秀全伝』358頁

91　唐宝林『陳独秀全伝』358頁

92　中共中央文献研究室編／逢先知主編『毛沢東年譜（1893－1949）修訂本　上巻』88～89頁

93　中共中央文献研究室編／金冲及主編『毛沢東伝（1893－1949）』87頁

94　中共中央文献研究室編／金冲及主編『毛沢東伝（1893－1949）』90～92頁。高菊村、陳峰、唐振南、田余糧『青年毛沢東』168頁

95　中共中央文献研究室編／金冲及主編『毛沢東伝（1893－1949）』88頁

96　張国燾『我的回憶（第一冊）』151頁

97 中共中央文献研究室編/金冲及主編『毛沢東伝（1893－1949）』89頁
98 李思慎『李立三後半生（下冊）』（大山文化出版社、2009年）262～270頁
99 中共中央文献研究室編/金冲及主編『毛沢東伝（1893－1949）』89頁
100 中共中央文献研究室編/逄先知主編『毛沢東年譜（1893－1949）修訂本 上巻』87～88頁
101 高菊村、陳峰、唐振南、田余糧『青年毛沢東』172頁
102 同右 172～173頁
103 李鋭『早年毛澤東』429、431、440～441頁
104 同右 433頁。高菊村、陳峰、唐振南、田余糧『青年毛沢東』176～177頁。中共中央文献研究室編/逄先知主編『毛沢東年譜（1893－1949）修訂本 上巻』98頁
105 中共中央文献研究室編/逄先知主編『毛沢東年譜（1893－1949）修訂本 上巻』97～98頁
106 李鋭『早年毛澤東』435頁
107 同右 436頁
108 同右 436～438頁
109 同右 434～442頁。中共中央文献研究室編/逄先知主編『毛沢東年譜（1893－1949）修訂本 上巻』99頁
110 中共中央文献研究室編/金冲及主編『毛沢東伝（1893－1949）』90頁。李鋭『早年毛澤東』441頁
111 李鋭『早年毛澤東』442頁
112 「中国共産党中央局通告」中共中央文献研究室、中央檔案館編『建党以来重要文献選編（1921－1949）第一冊』47頁
113 中共中央文献研究室編/逄先知主編『毛沢東年譜（1893－1949）修訂本 上巻』87、92頁
114 李鋭『早年毛澤東』459頁
115 同右 460頁。中共中央文献研究室編/逄先知主編『毛沢東年譜（1893－1949）修訂本 上巻』93頁
116 李鋭『早年毛澤東』461～462頁

117 同右458〜468頁
118 高菊村、陳峰、唐振南、田余糧『青年毛沢東』184頁
119 李鋭『早年毛澤東』493〜494頁
120 中共中央文献研究室編／金冲及主編『毛沢東伝（1893－1949）』92頁。中共中央文献研究室編／逢先知主編『毛沢東年譜（1893－1949）修訂本　上巻』102頁
121 蔣介石著／寺島正訳『中国のなかのソ連』378頁
122 同右376〜377頁
123 中共中央文献研究室編／金冲及主編『毛沢東伝（1893－1949）』92頁
124 李鋭『早年毛澤東』497頁
125 中共中央文献研究室編／金冲及主編『毛沢東伝（1893－1949）』92〜93頁。李鋭『早年毛澤東』496〜502頁
126 「中国共産党加入第三国際決議案」中共中央文献研究室、中央檔案館編『建党以来重要文献選編（1921－1949）第一冊』144頁
127 「中共中央執委会書記陳独秀給共産国際的報告」中共中央党史研究室第一研究部譯『聯共（布）、共産国際与中国国民革命運動（1917－1925）第二巻』322頁
128 中共中央文献研究室編／逢先知主編『毛沢東年譜（1893－1949）修訂本　上巻』88頁
129 「中共中央執委会書記陳独秀給共産国際的報告」中共中央党史研究室第一研究部譯『聯共（布）、共産国際与中国国民革命運動（1917－1925）第二巻』322、326頁
130 「給国際執委会的報告」中国社会科学院現代史研究室、中国革命博物館党史研究室選編『〝一大〟前後　中国共産党第一次代表大会前後資料選編（一）』（人民出版社、内部発行、1980年）424頁
131 孫鋒「俄国革命五周［年］記念」中共中央党史研究室第一研究部譯『聯共（布）、共産国際与中国国民革命運動（1917－1925）第二巻』353〜354頁
132 中共中央文献研究室編／逢先知主編『毛沢東年譜（1893－1949）修訂本　上巻』102頁

133 同右 93頁。李鋭『早年毛澤東』403頁

134 陳独秀「在中国共産党第三次全国代表大会上的報告」中共中央文献研究室、中央檔案館『建党以来重要文献選編（1921－1949）第一冊』245～246頁

135 「馬林工作記録（1922年10月14日－11月1日）」中共中央党史研究室第一研究部訳『聯共（布）、共産国際与中国国民革命運動（1917－1925）第二巻』350～351頁

136 「致共産国際執行委員会和薩法羅夫的信（1923年7月3日）」李玉貞主編／杜魏華副主編『馬林与第一次国共合作』（光明日報出版社、1989年）278頁

137 中共中央文献研究室編／逢先知主編『毛沢東年譜（1893－1949）修訂本　上巻』111頁

138 中共中央文献研究室編／金冲及主編『毛沢東伝（1893－1949）』94頁

139 ボリス・スラヴィンスキー、ドミートリー・スラヴィンスキー著／加藤幸廣訳『中国革命とソ連』104頁

140 同右 106頁

141 「共産国際執行委員会給中国共産党中央執行委員会的信（1922年7月）」中共中央党史研究室第一研究部訳『聯共（布）、共産国際与中国国民革命運動（1917－1925）第二巻』329頁

142 唐宝林『陳独秀全伝』333頁。張国燾『我的回憶（第一冊）』242～243頁

143 「中国共産党加入第三国際決議案」中共中央党史研究室第一研究部訳『聯共（布）、共産国際与中国国民革命運動（1917－1925）第二巻』336頁

144 「共産国際執行委員会関於中国共産党与国民党的関係問題的決議（1923年1月12日）」中共中央党史研究室第一研究部訳『聯共（布）、共産国際与中国国民革命運動（1917－1925）第二巻』470頁

145 中共中央文献研究室編／金冲及主編『毛沢東伝（1893－1949）』95頁

146 「斯内夫利特筆記（1923年6月12日－20日之間）」中共中央党史研究室第一研究部訳『聯共（布）、共産国際与中国国民革命運動（1917－1925）第二巻』500頁

147 同右

148 同右 506～513頁

149 同右508頁。楊奎松『毛沢東与莫斯科的恩恩怨怨』（江西人民出版社、１９９９年）６頁
150 「斯内夫利特筆記（１９２３年６月12日－20日之間）」中共中央党史研究室第一研究部譯『聯共（布）、共産国際与中国国民革命運動（１９１７－１９２５）第二巻』503頁
151 楊奎松『毛沢東与莫斯科的恩恩怨怨』７頁
152 同右。中共中央文献研究室編／金冲及主編『毛沢東伝（１８９３－１９４９）』96頁。唐宝林『陳独秀全伝』360頁。張国燾『我的回憶（第一冊）』297頁
153 「中国共産党中央執行委員会組織法（１９２３年６月）」中共中央文献研究室、中央檔案館編『建党以来重要文献選編（１９２１－１９４９）第一冊』268～269頁

終章
毛沢東と陳独秀
——二つの道

スターリンの影

こうして、毛沢東は、党中央に大抜擢され、陳独秀の右腕として「国共合作」を推し進めていくことになるが、二人はその後、全く異なる道を歩むことになる。

その「分かれ道」こそが、いまの中国を読み解くためのカギである。

毛沢東は、激烈な党内闘争に勝ち抜き、最高指導者の地位に上り詰めた。国民党との内戦にも勝利し、中華人民共和国を打ち立てた。そしていまでも、国家のシンボルとして天安門に肖像画が掲げられ、広場の紀念堂には、遺体が安置されている。

一方、陳独秀は、共産党トップの座から追い落とされ、除名処分を食らい、最後は、四川の山奥に隠棲し、静かに息を引き取る。

いったい、何が二人の命運を分けたのか？

それは、モスクワの「スターリン」だ。

二人の背後には、スターリンの影がちらつく。

実は、毛沢東のキャリアも、当初は危なかった。１９２３年の第三回党大会で党指導部入りしたが、2年後の第四回党大会で、いきなり〝失脚〟している。

その原因は、コミンテルンの人事異動だった。

中国共産党の公式版『毛沢東伝』には、「過労で病気になったので、（1924年）12月に休暇をとって湖南の実家に帰って療養した。……（第四回党大会では）中央執行委員会と中央局に当選しなかった」と書かれているが、これは不可解だ[1]。

会議に出席できないほどの重病なら、家族を引き連れ、はるばる湖南まで帰省する余力はないし、病欠で失脚するはずもない。実際は、後ろ盾だったコミンテルンのマーリンがロシアに呼び戻され、後任のヴォイチンスキーにうとまれたことが原因だったといわれている。

ヴォイチンスキーの方針は、マーリンと違っていた。

共産党は、国民党と距離を置き、独立性を維持すべきだと考えており、プロレタリア階級は「指導的地位を得てこそ勝利できる」という方針だったのである。そのため、国共合作に熱心だった毛沢東に逆風が吹いた。

毛は、国共合作で国民党上海執行部のメンバーとなり、国民党の指導者に気に入られており、共産党内に批判的な声もあったほどである。

この時、毛とは対照的に、張国燾は指導部に返り咲いている。毛は、国共合作に批判的で、マーリンに干されていたからだ。

毛沢東が〝休暇〟を終え、復帰できたのも、国民党から声がかかったからである。

1925年9月、広州の国民政府に赴くが、これは、国民政府主席の汪精衛の意向だった。毛沢東の国民党上海執行部の活動ぶりを評価し、自分が兼任していた国民党中央宣伝部長の代理部長のポストに推薦したのである。[2]

毛沢東はその後、コミンテルンからも注目されるようになる。〝療養〟で帰省中に「農民運動」を組織し、その体験をもとに論考（後述）を発表すると注目を浴び、「農民運動の権威」とみなされるようになるが、これは、スターリンの方針と一致していたことが背景にある。

コミンテルンが決める運命

１９２５年3月、孫文が亡くなると、ソ連は「国民党左派」の勢力を拡大する方針を打ち出し、スターリンが孫文の顧問として中国に派遣したボロディンは、汪精衛を国民政府のトップの地位にすえることに成功した。ヴォイチンスキーはこの時、「政権の座に就いたのは、完全に国民党左派だ」とコミンテルンに報告した。

これを受け、スターリンは強気になり、中国共産党は、反帝国主義の民族統一戦線を目的とする必要はなく、国民党を「労農政党の形式」に改造すべきだと主張するようになった。[3]

国民党左派の勢力は拡大し、１９２６年1月の国民党第二回全国代表大会では、国民党左派と共産党員が代表の半数以上を占め、実務は共産党員が取り仕切るようになった。毛沢東はこの時、国民党中央候補執行委員に再選され、その後、代理宣伝部長に再任されただけでなく、国民党の農民運動講習所所長にも任命された。

同年9月、「国民革命と農民運動」を発表し、「農民問題は、国民革命の中心的問題である。農民が立ち上がり、国民革命に参加し、擁護しなければ、国民革命は成功しない」と主張すると、共産党中央にも評価され、中共中央農民運動委員会書記に任命された。[4]

コミンテルンが毛沢東に注目するきっかけになったのが、「湖南農民運動考察報告」（1927年3月）である。彼はこの中で、「革命は暴動だ。一つの階級がもう一つの階級を打ち倒す激烈な行動である」と言い放ち、農民の造反を奨励した。

この報告書は、コミンテルンの機関誌『共産主義インターナショナル』の英語版、ロシア語版、中国語版に掲載され、彼の知名度は一挙に上がった。この栄誉にあずかったのは、中国では、毛沢東が最初だったが、それには、ソ連側の事情があった。

コミンテルン執行委員会第七回拡大全体会議（1926年11～12月）で、中国革命を「非資本主義の道へ導く」という急進的な決議が採択され、ソ連は、中国で労農運動を推し進めようとしていたからである。毛沢東の報告書は、それにぴったりの内容だったのだ。コミンテルン執行委員会第八回全体会議（1927年5月）では、コミンテルン議長のブハーリンが、この報告書を引用し、「きわめて優れている」と絶賛したほどだ。[5]

コミンテルン議長が絶賛したからには、党中央に復帰するのは時間の問題である。

1927年4～5月にかけて開催された第五回党大会で、毛沢東は、中央候補執行委員に選ばれ、8月の中共中央緊急会議では、政治局候補委員に昇格し、最高指導部に復帰した。しかし、それもつかの間、ふたたび降格の憂き目を見る。1927年4月、蔣介石が共産党員を多数逮捕し、処刑した後、コミンテルンが指示した暴動が失敗し、党中央に無断で井岡山に逃げ込んだからだ。

当時、モスクワでは、激烈な政争が展開されていた。スターリンは、トロツキーとの権力闘争の真っただ中にあったため、中国政策が失敗したことで、批判を浴びることを恐れていた。そこで、共産党に都市で蜂起を起こすよう命じたのだが、結果は、惨憺たるものだった。

その戦略が無謀だったにもかかわらず、井岡山に逃れた毛沢東は、批判の対象となった。1927年11月、コミンテルン代表のロミナーゼの指示で開かれた中共中央政治局の緊急会議で、毛沢東は、党中央の方針に背いたと批判され、不在のまま、政治局候補委員のポストを解任されてしまう。[6]

暴動を扇動するソ連

その後も、コミンテルンの指示により、各地で暴動が組織されたが、それは、ロシア革命式のテロ行為にほかならなかった。地主、資産家、国民党右派を殲滅《せんめつ》せよというスローガンの下、放火、略奪、虐殺が繰り広げられた。

ソ連はこの時、中国共産党に指示を出しただけでなく、みずから暴動にも参加している。1927年12月の「広州暴動」では、コミンテルン代表や在広州ソ連領事館の外交官が暴動に参加した。暴動が鎮圧されると、ソ連の副領事が逮捕され、暴動に参加した領事館職員5人が銃殺される事態を招いた。[7]

これらの暴動は失敗に終わったが、スターリンは、過ちを認めようとしなかった。むしろ現場に問題があったと主張した。彼の意向を受け、1928年2月、コミンテルン執行委員会第九回総会は、「労働者・農民への不十分な準備活動」「敵の勢力に対する不十分な破壊活動」「中国共産党の不十分な組織」などが問題だったと総括する。[8]

しかし、責任は認めないながらも、都市部での暴動は無謀だとわかったため、山間部に潜み勢力を温存している紅軍のゲリラが注目されることになり、毛沢東に復活のチャンスが訪れた。同年6～7月、モスクワで開かれた第六回党大会で、毛は、中央候補委員から中央委員へと昇格した。

それ以後、スターリンは、ロシア革命方式は中国では無理だと判断し、まず農村の根拠地を発展させ、政権奪取の条件を整えるべきだと考えるようになった。

1930年5月、モスクワで周恩来と会見した際、「中国では、軍閥が武装割拠できるというのに、君たちはなぜ、大きな武装根拠地をつくれないんだ?」と述べた。彼はこの時、敵の統治が手薄な所から始め、民衆を動員して紅軍を組織し、根拠地を拡大してから都市を奪取すべきだと告げている。[9]

最高指導部に復帰

スターリンのお墨付きとなれば、中国共産党は、毛沢東を冷遇するわけにはいかない。

同年9月、モスクワから帰った周恩来がスターリンの指示を伝えると、第六期三中全会で毛沢東は欠席のまま、政治局候補委員に選出され、最高指導部に復帰した。そして翌年、モスクワの指示により、「中華ソビエト共和国臨時中央政府」が江西に設立されると、主席に選ばれ、トップの座についた。

しかし、それで安泰だったわけではない。

臨時中央政府のトップになっても、党指導部における地位は、政治局候補委員に過ぎなかったからだ。案の定、モスクワの指示で、上海の党中央が移転してくると、党内序列で〝格下〟の毛沢東は、実権を奪われてしまう。彼は、「病気療養」で休暇をとったが、危うく「休養」の名目でソ連に送られそうになっている。

だが、この時も毛沢東を守ったのは、モスクワである。

上海から来た指導者たちには、実戦経験がなかったからだ。それに比べて毛沢東には、紅軍と根拠地の創設者としての威信があり、豊富な経験と実績があった[10]。

博古ら党中央の指導者たちは、毛沢東を排除しようとしたが、ソ連は、逆に格上げし、1934年1月の第六期五中全会で、正式な政治局委員に選出された。

その後、中華ソビエトは、国民党の攻撃を受け、撤退を余儀なくされたが、毛沢東にとっては、それが奪権のチャンスとなる。同年4月、広昌戦役で国民党軍に敗北を喫し、中華ソビエトの北門が陥落すると、根拠地は、絶体絶命のピンチを迎えた。翌月、党中央は、紅軍の主力を根拠地から撤退させることを決め、コミンテルンの許可を得た。「長征」の始まりである[11]。

ソ連の国益

「長征」は、毛沢東にとって一大転機となった。

博古と李徳（コミンテルン派遣の軍事顧問）に不満を抱く指導部のメンバーを味方につけ、「遵義会議」（1935年1月）で巻き返しに成功したのである。

ここで、政治局常務委員に昇格し、周恩来を軍事面で補佐する地位についたが、これは実権掌握への重要な布石だった。なぜなら、実際に軍事的な判断を下すのは、周恩来ではなく毛沢東だったからだ。

この頃、モスクワでは、重大な政策の変更が行われつつあったが、毛沢東らは、知る由もない。「長征」が始まるとモスクワとの連絡が途絶えてしまっていたからだ。

モスクワの新たな政策とは、何だったのか？

それは、国共両党が団結して日本と戦う「統一戦線」のことである。この方針は、コミンテルン第七回大会（1935年7〜8月）で打ち出された「人民反帝戦線」に基づくものであり、ソ連防衛の一環だった。ソ連は、日本の華北制圧に危機感を抱き、国共が団結して日本と戦えば、自国への脅威を減らすことができると考えていたのである。

その方針が党中央に伝えられたのは、1935年11月中旬だったが、その後、コミンテルンと党中央の見解には、ズレが生じる。党中央は、蒋介石を排除した統一戦線（抗日反蒋）を主張したが、コミンテルンは、協力するよう指示したのである。

党中央は、国民党西北剿匪《そうひ》副司令代理の張学良と連携し、「抗日反蔣」の西北国防政府を組織しようとしたが、スターリンは、これに反対だった。内戦が勃発すれば、日本のソ連侵攻を防げなくなるからだ。

それを受け、コミンテルン書記長のゲオルギ・ディミトロフは、中国共産党中央に対し、「中国の任務は、ソビエト区や紅軍を拡大することではない。民衆を抗日で団結させることだ」と指示し、蔣介石を排除しないよう命じた。[12]

こうした見解のズレが鮮明に表れたのが、「西安事変」である。

1936年12月、内戦停止や愛国者の釈放などを求め、張学良が蔣介石を拘束した事件だ。毛沢東はこの時、「西安事変は革命である。歴史的事業だ。支持すべきだ。蔣介石を追放すれば、とにかく有利だ」と歓喜したが、モスクワの反応は逆だった。コミンテルンから「平和的解決」を命じる電報が届き、張学良の行動は、抗日統一戦線を阻害すると書かれていたのである。

ソ連の優先順位は、国共に内戦を停止させ、団結して日本と戦わせることだった。そうすれば、自国への日本の脅威が弱まるからだ。結局、毛沢東が主張する「蔣介石を罷免し、人民裁判にかける」という要求は通らず、彼はやむなく、「コミンテルンの指示は、我々の意見とほぼ同じだ」と言うしかなかった。[13]

この時、毛沢東には、ソ連に逆らえない事情があった。

その援助に頼っていたのである。

「長征」でやっと陝西北部までたどり着いたが、食料も武器も足りない。ソ連の援助が死活問題だったのだ。彼は、「ソ連に通じるための技術的条件を解決することが、今年完成すべき任務だ」と述べ、「紅軍がソ連に接近」する方法を模索していた。[14]

政敵・王明をつぶす

毛沢東らが「長征」で陝西の延安にたどり着いたのは、1937年1月である。彼はここで最高指導者の地位を確立するが、そこに至るには、さらに紆余曲折があった。同年11月、コミンテルン執行委員会委員の王明が、コミンテルンの指示を携え、モスクワから帰国すると、窮地に追い込まれる。のちに毛沢東自身が「私は孤立していた」と振り返っているほどだ。[15]

コミンテルンの指示というのは、前述の対日統一戦線のことである。王明が帰国する前、ソ連は、国民党政府と「中ソ不可侵条約」を締結し、国共が団結して日本を戦うことが不可欠だという方針を打ち出していた。

ソ連は当時、西はドイツの脅威に直面し、東の日本との戦いに手が回らない状態だった。そこで、両面の敵という状況を避けるため、国共が協力し、日本を食い止めるよう指示したのである。スターリンは、国民政府は、ソ連だけでなく英米の支援を受け、日本と戦っているので、戦略的な価値が高いと見ていた。[16]

王明は、モスクワの中山大学に留学した経験があり、政治局常務委員だけでなく、コミンテルン執行委員会委員もつとめた経歴を持つ。彼の出世は、元中山大学学長でコミンテルン東方部の責任者だったミフのおかげだ。毛沢東にとって王明は脅威だった。スターリンに会ったことがあり、革命の総本山・モスクワのコミンテルンの派遣で帰国した権威的な存在だったからだ。王明もその気だった。彼は、帰国後に開かれた「十二月会議」で、さっそく毛沢東の方針を批判する。

「今の中心的な問題は、いかにして抗日戦線の勝利を勝ち取るかだ。いかにして統一戦線を強化するか、すなわち、いかにして国共合作を強化するかである。……我が党には、国共合作を破壊する者はいないが、統一戦線を理解していない者がいる。……蔣介石は、中国人民の組織的な勢力である。蔣介石と連合しなければ、客観的に日本を助けることになる[17]」

王明の意見がスターリンの意向だということは、毛沢東もわかっている。王は、帰国する前、スターリンと会って国共合作を強化するよう指示されていたからだ。毛は、逆らわず、王明に同調したが、もっと問題だったのは、王明の〝権威〟だった。

共産党の幹部たちは、スターリンの威光を恐れ、「十二月会議」で王明に批判されると、一斉に「自己批判」した。毛沢東も「いまは和をもって貴しとなすである。……国共合作は、みんなに有利だ」と発言せざるを得なかった[18]。

毛沢東は当時、山間部で遊撃戦を行うことが得策であり、日本軍と正面から陣地戦や運動戦を戦うことは不利だと主張していた。遊撃戦で敵の後方を攻め、根拠地を樹立し、勢力を拡大する方が有利だと考えていたが、党内には反対意見もあった。毛沢東の権力基盤は、まだ盤石ではなかったのである。[19]

毛沢東と王明との対立が深まったのは、王が武漢に行った時だった。

彼が武漢に行ったのは、蔣介石に招かれたからだったが、蔣の狙いは、王を通してコミンテルンの意向を探ることにあった。王は中共代表団のメンバーとして武漢に出向いた。[20]

前述の「十二月会議」では、武漢に長江局を設立することが決まり、王明は、蔣介石と会った後、延安に戻ることになっていたが、蔣の要請を受け、長江局書記として、そのまま武漢にとどまることになる。それは党中央も同意の上だったが、ここで問題が発生する。王明は、延安の党中央の同意を得ないまま、党中央や毛沢東の名義で、文章を発表するようになったのだ。[21]

武漢に着いて間もない1937年12月、党中央の名義で「中国共産党の時局に対する宣言」を発表し、翌年2月には、毛沢東の名義で「新華日報」（国民党統治区の武漢で発行された中国共産党の機関紙。王明が会長を務めた）に談話を発表した。その後、中共中央の名義で「国民党臨時全国代表大会に対する提案」を起草したが、これらは、党中央の同意を得ないまま、発表されたものだった。

極めつけは、毛沢東の「持久戦を論ず」の抗日戦争に関する記述が気に入らず、武漢で発表することに同意せず、『新華日報』に掲載することを拒否したりした。[22]

毛沢東を支持したモスクワ

このように、王明は、モスクワの威光を借り、武漢に独自の「党中央」を打ち立てるかのような勢いだったが、それは大きな誤算だった。モスクワは、毛沢東を支持していたのである。コミンテルン書記長のディミトロフは、王明を評価していなかったのだ。

そもそも王明は、ディミトロフの子飼いではない。王のバックにいたのは、コミンテルン東方部の責任者ミフだった。王明が帰国する際、ディミトロフは、こう警告していたほどだ。

「君は、コミンテルンを代表しない。長い間、中国にいなかったので、中国革命の現実から乖離している。だから、謙虚な態度で党の指導者の同志を尊重しなさい。中国党の領袖は、毛沢東だ。君ではない。自分から領袖になってはならない[23]」

その後、こうしたモスクワの意向は、複数のルートを通して中国に伝えられた。

まず、1938年3月、党中央が、活動報告のために任弼時《にんひつじ》をモスクワに派遣した時である。任が王明と党中央の確執について報告すると、ディミトロフが、「彼は、ずるがしこい。コミンテルンの幹部は、彼には不誠実な所があると言っている。ソ連にいた時から、目立ちたがり屋で、中共の領袖と呼ばれたがっていた」と酷評した[24]。

これには、クレムリンの権力闘争も絡んでいた。王の後ろ盾であるミフが、スターリンの粛清で「反革命」にされ、失脚したのだ。王明は後ろ盾を失っていたのである。[25]

同年7月から8月頃、中共駐コミンテルン代表の王稼祥が延安に帰った時も、ディミトロフの指示を伝えている。王は、「これは、私が出発するに当たり、ディミトロフが特別に指示したことである」として、次のように報告した。[26]

「中共は過去一年、抗日民族統一戦線を樹立した。政治路線は正しい。中共は、複雑な環境と困難な条件下で、マルクス・レーニン主義をしっかりと運用した。中共中央の指導機関は、毛沢東をリーダーとして統一指導の問題を解決すべきだ。指導機関は、親密で団結した雰囲気が必要だ[27]」

コミンテルンが、毛沢東をリーダーと認定したとなれば、王明の出る幕はない。党内では、毛沢東を総書記にすべきだという声が沸き起こり、王明も「中共第六期六中全会」で「我が党は必ずや中央と毛沢東同志の周囲に団結できる」と言わざるを得なくなった。

この会議では、規律強化の決定が下され、王明は勝手に対外的な発言をすることができなくなった。長江局も廃止され、活動の基盤を失った。[28]

ソ連派の粛清

こうして、王明の力は削がれたが、それでも毛沢東は、安心しなかった。

なぜなら、ソ連留学派が「理論的権威」とあがめられ、前述のように、彼の「持久戦を論ず」が党機関紙『新華日報』に掲載拒否されるほどだったからだ。[29]

そのためには、筆頭格の王明を粛清することが喫緊の課題だった。彼らの権威を失墜させる必要があり、そのために発動されたのが、1942年から始まった「延安整風運動」である。

その狙いは、前年5月の講演（「我々の学習を改造せよ」）を見ればわかる。毛沢東は、高級幹部会議でこう言っていた。

「自分の事に対して無知な者がいる。残っているのは、ギリシャと外国の話だけだ。本当にあわれだ。……過去数十年、多くの留学生がこの過ちを犯してきた[30]」

その後、王明批判は、激しさを増していく。彼は、政治局拡大会議（1941年9～10月）で路線の過ちを認めるよう迫られたが、拒否した。毛沢東から説明するよう求められたが、病気と称して会議を欠席し、それ以後、表に出てこなくなった。[31]

それでも毛沢東は、追及の手を緩めず、翌年からの「整風運動」でとどめを刺した。

まずは、組織面での排除である。1943年3月、政治局会議が採択した規定により、王明は、書記処書記の地位を剝奪された。一方、毛沢東は、中央委員会、中央政治局、中央書記処の主席となり、書記処の最終決定権を掌握し、絶対権力を掌握した。

次に、歴史の清算である。1945年4月、第六期七中全会で採択された「若干の歴史問題に関する決議」により、王明は、「党内の一部の実際の革命闘争の経験がない左傾の教条主義の過ちを犯した同志」と非難されたが、毛沢東については、「奮闘方向は、完全に正しい」という結論が下された[32]。

その直後に開かれた第七回党大会では、党規約の改正が行われ、「毛沢東思想を我が党の一切の業務の指針」とし、「毛沢東思想は、マルクス・レーニン主義の理論と中国革命の実践を統一した思想であり、中国の共産主義であり、中国のマルクス主義である」と規定された[33]。

王明は、中央委員には当選したが、得票数は最後から二番目という不名誉な結果だった。党大会には出席したが、会場に担架で運びこまれ、開会式が終わるとすぐに退場した[34]。

では、なぜモスクワは、ロシア派の粛清を許したのか？

それについては、いくつかの要因が考えられる。

一つは、ソ連がドイツとの戦いに追われ、手が回らなかったことがあるが、もっと大きな原因は、コミンテルンが1943年5月に解散されたことである。その結果、毛沢東は、コミンテルンの目を気にする必要がなくなり、王明らを打倒することができた。のちに彼は、「コミンテルンが解散した後、わりと自由になった。日和見主義を批判し、整風運動を展開し、王明路線を批判した」と言っている。[35]

スターリンを気にする毛沢東

もちろん、毛沢東は、モスクワを敵に回すつもりはない。モスクワの支援なくしては、立ち行かないことはよくわかっている。そこで彼は、王明らとコミンテルンを切り離すことにした。コミンテルンの路線は間違っていないが、王明が間違っていたと結論づけたのだ。[36]

モスクワは、懸念を抱いていなかったわけではない。

延安や重慶にいたロシア人を通して、動静は、報告されていた。元コミンテルン書記長のディミトロフも気になっており、1943年12月、毛沢東に打電し、王明や周恩来がコミンテルンの政策を実施したことを責めないよう告げた。また、対日戦で手を緩めたり、国民党との協力をやめたりせず、共産党幹部がソ連に不信感を抱くようなことをしないよう求めた。

この電報を毛沢東に見せたのは、延安駐在のソ連紅軍情報総局の連絡員兼コミンテルン連絡員のピョートル・ウラジミロフである。いくらコミンテルンが解散したとはいえ、モスクワの意向は無視できないので、毛はこの電報を見てまずいと思ったのだろう。即刻、ウラジミロフを介して返電を送り、こう釈明している。

「我々は、対日闘争を緩めていません。……国民党と協力する方針にいかなる変化もありません。

……周恩来との関係は良好です。……王明は、ずっと反党活動に従事していました。……中国共産党は、スターリン同志とソ連を熱愛し、深く尊敬しています。私は、あなたに保障します」[37]

毛沢東は、かなりモスクワの反応が気になっていたようだ。

ウラジミロフと何度も相談し、宴会でもてなし、いろいろと聞き出そうとした。それでも安心できず、ふたたび打電し、「あなたの指示に心から感謝しています。……しっかりと検討し、措置を取ります。国民党との関係は、協力する政策を実施しています。党内の問題については、方針は団結です。これは、王明にも当てはまります」と念を押した。[38]

毛沢東は、スターリンらソ連の指導者を公然と非難したことはなかった。

それどころか、スターリンを絶賛し、「中国共産党の一人一人は、みなスターリンの学生だ。マルクス、エンゲルス、レーニン、スターリンのうち三人は死んだ。一人だけ生きている。それがスターリンだ。彼は我々の先生だ」と崇めたてていた。[39]

ソ連の支援がなければ、アメリカの支援を受けた国民党に勝てるはずがない。だからこそ、国民党との協力を強要するソ連に不満を抱きながらも頼り続けたのである。

ソ連の支援で内戦に勝利

その狙いが的中したのが、ソ連の東北占領だった。

1945年8月、ソ連は「日ソ中立条約」を破棄し、日本支配下の東北に進軍。ソ連は当初、中国共産党に東北を渡すかどうか決めかねていたが、アメリカの動きを見て、共産党に渡すことにした。アメリカが天津に上陸し、国民党軍を輸送する動きに出たのを見て、共産党軍に阻止させることにしたのである。これは、共産党にとって天祐だった。

毛沢東は、かねてより、東北は「きわめて重要な地域」であり、そこを支配すれば、「全国の勝利にとって強固な基礎となる」と指摘していた。革命に勝利するには、「工業、重工業、機械化された軍隊」が不可欠だが、東北を手に入れれば、それが可能になるからだ[40]。

アメリカの動きを見て焦ったソ連は、日本の関東軍から接収した武器弾薬と装備を共産党に渡すことにした[41]。これにより、共産党軍が、国民党軍を撃退することが可能になったため、双方の力関係が変わる大きな転換点となった。

共産党軍の優勢が決まったのが1947年である。

国民党内に動揺が走り、危機感を募らせた元老たちは、同年6月の国民党政治委員会会議で不安をあらわにした。

「共匪を討伐するには、米国が我々の共匪討伐を支援し、ソ連が共匪のかく乱を支援しないことが大事だ。米国は、内戦で我々を支援しないことが明確になっているが、ソ連は、共匪の国家反逆を支援している。したがって、我々が共匪を討伐できるかどうか、確信が持てない。……北方が守れなければ、南方も守れない。……東北は、瀋陽が包囲され、長春や四平街も守れそうにない。東北の国軍は、精鋭が不在で疲弊している。共産党軍は、ソ連の援助を受けている。……日本と戦えるというのに、共産党とは戦えない。これは、日本を恐れていないが、ソ連を恐れているからだ。ソ連を恐れるということは、共産党を恐れるということだ[42]」

彼らの不安は的中し、共産党の猛進撃が続く。

翌年9月、毛沢東は政治局会議で、「我々の戦略方針は、国民党打倒である。……約5年で根本的に国民党を打倒する」と宣言したが、5年もかからず、翌1949年に「戦略方針」は達成された。「遼瀋戦役」「淮海《わいかい》戦役」「平津戦役」の「三大戦役」で国民党軍は、150万の兵力を失い、壊滅的な打撃を受けたのである[43]。

共産党軍の攻撃を受け、国民政府は、1949年4月を皮切りに、南京、広州、重慶、成都と遷都を繰り返す。同年12月7日、台北に遷都するという総統令が発せられたが、蔣介石は、一足先に台湾に渡っていた。同年5月、高雄に着き、翌月、台北入りしていたのである[44]。

総統令が発せられた前日の6日、毛沢東は、スターリンと会談すべく、専用列車で北京からモスクワに出発した。生まれて初めての外国訪問だ。12月16日、モスクワ北駅に到着した毛は、事前に準備したスピーチ原稿を読み上げた。

「今回、世界第一の偉大なる社会主義国家ソ連の首都を訪れる機会を得ました。これは、私の人生においてとてもうれしい出来事です。……約三十年間、ソ連の人民とソ連政府は、なんども中国人民の解放事業を援助してくれました。中国人民は、困難な時に、ソ連人民とソ連政府の兄弟のような友情を得ることができました。これは、永遠に忘れることはできません」[45]

おそらくこれはホンネだっただろう。

スターリンの支持がなければ、共産党内の権力闘争に勝ち抜き、トップの座に上り詰めることはなかったし、蔣介石との戦いに勝つことはなかった可能性がある。

西側と対立し、孤立する中、中華人民共和国を真っ先に承認してくれたのもスターリンだった。

スターリンは、国家建設を支援するため、3億ドルの借款を提供し、専門家を派遣する意向も示してくれていた。[46]

毛沢東は1920年3月、周世釗に宛てた手紙に「ロシアは世界第一の文明国だ。二、三年後、ロシア旅行隊を組織すべきだと思う」と書いた（前述）。

それから約30年、ロシア訪問の夢はかなったのである。

陳独秀の悲劇

陳独秀の「その後」は、惨憺たるものだった。

共産党トップの座を追われ、挙句の果ては、党から追放されてしまう。

その原因は、スターリンだった。

陳独秀は、スターリンの矛盾した対中政策に振り回されていた。

スターリンは、蔣介石を利用して北洋軍閥を倒そうとしていた。蔣介石を軍事的に利用しつつ、彼を牽制するため、国民党左派と共産党を組ませるという政策をとっていたのである。

たとえば、「北伐」（蔣介石率いる国民革命軍が、北洋軍閥を倒し、国民党による全国統一を達成することを目指した戦争）に際し、陳独秀は、労働者と農民の民衆運動を推し進めようとしたが、スターリンは、道案内や偵察などに限定し、北伐軍を支援するよう指示した。暴動で地方政権を奪取することは許可しなかった。

1926年11月、スターリンは、共産党が労働者の武装暴動を計画し、コミンテルン極東局が支持しているという報告に対し、「上海や南京で武装蜂起を発動する問題に対する極東局の軽率な態度は許せない」と厳しく批判したほどである[47]。

だが、こうした方針は、蔣介石が「北伐」で威信を高め、圧倒的な軍事力を背景に共産党員を弾圧し始めると限界が露呈した。スターリンは、共産党は国民党から離脱すべきだと主張していたトロツキーの批判を浴び、苦境に立たされたのである。

1927年4月3日、トロツキーは、「中国革命における階級関係」を発表し、共産党は「完全に独立すべき」だと主張した。陳独秀の見解は「無条件に正しい」と絶賛し、労働者ソビエトを樹立するよう呼びかけた。

スターリンは即座に反論した。

2日後、党組織積極分子会議で、蔣介石は「規律に服従」しており、「軍隊を率いて帝国主義に反対する以外は、なにもできない」と切り返した。この会議の決議は、共産党の国民党脱退は、「極度な過ち」と結論づけた。[48]

だが、その見通しは甘かった。

蔣介石は、「なにもできない」どころか、共産党勢力を一掃する動きに出たのだ。その背景には、共産党員による大衆運動の過激化があった。「北伐」で国民革命軍が占領した地域では、共産党員が大衆運動を展開し、労働者に対して工場を奪い、商店の従業員に対しては、商店を奪うよう呼びかけたりした。その結果、多くの資本家、商人、地主が牢屋に入れられ、拷問を受けたり、処刑されたりした。

蔣介石は、こうした行動を厳しく取り締まったため、共産党員との対立は深まっていった。1927年4月9日、南京に入った蔣介石は、大衆組織を禁止し、共産党員を逮捕する。そして12日、上海では、多数の共産党員が逮捕され、処刑された。その際、小銃、機関銃、弾薬が労働者から没収されたが、それらは様々なルートでソ連の武器・弾薬が供与されたものだった。当時、上海では、労働者が蜂起して軍閥を追い出し、共産党が指導する臨時政府が樹立されていたが、その蜂起もソ連人顧問フメリョフが計画したものだった。[49]

スターリンの道具

この失策は、誰の責任なのか？

もちろん、スターリンだが、その責任は、陳独秀に転嫁された。彼は、同年4月末の第五回党大会の報告で自己批判したが、その報告の大要ですら、コミンテルンのM・N・ロイが決めたものだった[50]。

トロツキーに失策を追及され、苦境に立たされたスターリンは、同年7月9日、モロトフらに宛てた手紙で、中国共産党を痛烈に非難した。

「我々は中国に、本当の共産党を持っていない。……中共中央は、新たな革命段階の意味が分かっていない。中共中央は、国民党との合作の貴重な時期を利用し、大いに活動を展開することができなかった。……まる一年、国民党に養ってもらい、活動の自由と組織の自由を享受したが、何の仕事もしなかった[51]」

これは、全くの責任回避だった。

たとえば、1923年から27年の間、スターリン率いる中央政治局は、中国問題に関する会議を122回開催し、738の決定を下した。それには、共産党員の国民党加入、国民革命の総方針、北伐だけでなく、誰を派遣して蔣介石と話し合うか、その際、何に注意するかなど細かい指示が含まれていたのである[52]。

だが、責任をとらされたのは、陳独秀だ。

1927年7月12日、「コミンテルン訓令」が発せられ、停職処分が下された。彼はそれ以前に、総書記の職を辞する意向を党中央に伝え、「コミンテルンは、自分の政策を執行させる一方で、国民党からは脱退させない。これではどうしようもない。私は仕事ができない」と不満をぶちまけていた。ボロディンからモスクワに行ってコミンテルンと中国革命問題を議論するよう指示されたが、拒否し、隠れ家に潜んだ[53]。

それから2年後の1929年11月、除名処分を受け、党から追放されたが、その理由は、トロツキーに共鳴し、「党内反対派」を形成したというものだった。前月、コミンテルンは、陳独秀が「反革命の連盟を形成し、党を攻撃している。……組織に潜んだ陳独秀トロツキー派を粛清することが特に重要だ」と指示していた[54]。

これに対し、陳独秀は同年12月、「全党の同志に告げる書」を書いて次のように反論した。

「同志とともに我が党を創設して以来、コミンテルン指導者のスターリン、ブハーリンなどの日和見主義の政策を忠実に実行してきた。……忠実にコミンテルンの日和見主義の政策を実行し、無意識のうちにスターリンの小組織の道具になってしまった[55]」

階級を超えた民主主義

しかし、陳独秀の災いは、終わらなかった。国民政府から危険視され、囚われの身となったのである。

１９３２年10月、上海のフランス租界にあったトロツキー派の拠点が摘発されると、自宅療養中の陳独秀も逮捕され、投獄された。ただ、獄中生活は恵まれていた。国民政府は、彼を厚遇したからだ。面会は自由で、読書三昧の日々を送り、獄中からペンネームで寄稿することも許された。のちに刑期も大幅に短縮された。学会や国民党の北京大学出身者だけでなく胡適や汪精衛など大物の働きかけもあり、減刑されて１９３７年8月に釈放となった。

　彼は、獄中で読書と思索にふけり、思想的転換を遂げている。１９３６年3月に寄稿した「無産階級と民主主義」の中で、階級を超えた民主主義の必要性を説いたのだ。

「民主主義に対して少なからず誤解がある。……民主主義をブルジョア階級の特許とみなすのは、もっとも浅薄な見方だ。……民主主義は人類社会の進歩の動力である。……民主主義を社会主義と併存できないものとみなすべきではない。……我々共産主義者は、真の民主主義者でもある。民主主義の要求を目的とみなすべきであり、ブルジョア階級の軍事独裁を倒す手段とみなすべきではない」[56]

　ただし、「我々共産主義者」と言っているように、この時点では、共産主義を否定してはいない。民主主義を捨て去ったスターリンが悪いと言っているのだ。陳は当時、スターリンの下でソ連のプロレタリア独裁は「民主を蔑視」し、「人民だけでなく党に対しても独裁を行っている」と見ており、マルクス・レーニンを批判してはいなかった。マルクス・レーニンの学説に背いて「官僚国家」になってしまったので、もはや「労働者国家」と呼ぶべきではないといとこの濮清泉《ぼくせいせん》（西流）

に語っている。[57]

この観点は、トロツキーに似ているが、中国のトロツキストからは、「後退している。同意できない」と批判されたため、手紙（1937年11月）でこう反論した。

「君たちはスターリン主義者だ。……私とは永遠のパートナーではない。……私はもはやいかなる党派にも属さない。いかなる者の命令や指示も受けない。……将来、誰が友人になるかも、いまはさっぱりわからない。私は、孤立を決して恐れていない」[58]

これをトロツキストとの決別宣言とみる説もあるが、そうとも言い切れない。彼は当時、極左のトロツキストと決別したのであり、トロツキー本人とは、良好な関係を維持していたからだ。たとえば、トロツキー派の新指導部から追放されそうになった時、トロツキーが阻止している。トロツキーは、陳独秀がスターリンから暗殺されるかもしれないので、アメリカかメキシコに行った方がいいという李福仁（フランク・グラス。イギリス出身のトロツキスト）の案に同意したほどである。[59]

「独裁魔王」の根源

そして3年後、陳独秀は、さらなる思想的飛躍を遂げる。

スターリンのみならず、レーニンやトロツキーを含めたソ連の体制そのものを疑うようになったのだ。死を迎える2年前の1940年9月、濮清泉（西流）に宛てた長文の手紙がそうだ。それは、病床で20日余りの時間をかけて書き上げたものであり、彼のソ連の共産主義体制に対する〝結論〟というべきものだ。

「ソビエトロシアの過去二十年の経験に基づき、私は、ここ六、七年間、熟考してやっと見解が定まった。大衆民主を実現しなければ、いわゆる大衆政権であれ、プロレタリア独裁であれ、スターリン式のごく少数のKGB政治体制に流れるのは必然的だ。これは事勢の必然であり、スターリン個人の心がけが悪いということではない。大衆民主でブルジョア階級の民主にとって代わるのは進歩だが、ドイツやロシアの独裁が英仏米の民主にとって代わるのは、後退だ。……かりに、民主はブルジョア階級だけの統治形式であり、プロレタリア階級の政権形式は、独裁しかなく民主的であってはならないと言うなら、スターリンが行ったすべての罪悪は、当然のこととなる。……プロレタリア階級の民主とブルジョア階級の民主が異なるというなら、それは民主の基本的な内容（法廷外で逮捕したり殺害したりする権利がない。政府と反対党派の存在が公開。思想、出版、ストライキ、選挙の自由の権利等）がわかっていないからだ。プロレタリア階級もブルジョア階級も同じである。スターリンの罪悪とプロレタリア階級の独裁制に関連がなく、スターリンの罪悪が十月（十月革命）以来のソ連の制度（その反民主的な制度は、スターリンが創ったものではない）が民主制の基本的な内容に違反したことが原因ではなく、スターリン個人の心構えが特に悪いことが原因だったというなら、それは、完全に唯心論者の見解である。……スターリンの一切の罪悪は、プロレタリア独裁制の論理的な発展である。スターリンの罪悪の中で、ソ連の十月（十月革命）以来の秘密の政治警察大権、党外に党がない、党内に派閥がない、思想、出版、ストライキ、選挙自由を許さないといった一連の反民主的な独裁制が原因で発生しなかったものはあるのか？　民主制を復活させなければ、スターリンの次に台頭する者は、誰であっても、「独裁魔王」になることは免れない。したがって、ソ連のすべての悪事をスターリンのせいにし、ソ連の独裁制の悪の根源にまでさかのぼらなければ、あたかもスターリンを排除すれば、ソ連がよくなるかのようである。そのような、個人を崇拝し、制度を軽視する偏見を公平な政治家は持つべきではない。ソ連の過去二十年の経験、とくに後半の十年の苦い経験をみて、我々は反省すべきだ。制度面から欠点を探し、教訓とせず、目をつぶって見ようとせず、スターリンに反対するだけで永遠に悟らなければ、たとえスターリンが倒れても、無数のスターリンがロシアや他国から生まれてくる。十月（十月革命）以後のソビエトロシアでは、明らかに独裁制がスターリンを生んだのであり、スターリンがいたから独裁制が生まれたのではない。……レーニンは当時、「民主は官僚制に対する抗毒素」と気づいていたが、秘密政治警察の廃止、野党の公開の存在、思想、出版、ストライキ、選挙の自由の許可といった民主制を真剣に採用しようとしなかった。LT（トロツキー）は独裁の刃が自分を傷つけるようになり、やっと党・組合・各級ソビエトに民主的な選挙の自由があるべきだとわかったが、もはや手遅れだった。その他のボルシェビキたちは、独裁制を頂点にまで高め、民主を罵倒した。このようなでたらめな観点は、十月革命の権威とともに全世界を征服した。真っ先にこの観点を採用したのがムッソリーニだ。そして二人目がヒットラーである。独裁制を最初に提唱した本土ソ連は、それをさらに悪くした。悪の限りをつくし、独裁を崇拝する弟子たちが全世界に広がった。とくに欧州がそうだ。五大強国のうち三か国が独裁だ（だから、東洋には民主が必要だが、西洋にはいらないと言うのは間違っている）。第一はモスクワ、第二はベルリン、第三はローマだ。この三つの反動の要塞は、現代を新たな中世に変えてしまった。彼らは、思想を持つ人類を、思想がない機械や牛馬に変えようとしている。……人類がこの三つの反動の要塞を倒すことができなければ、機械や牛馬になる運命しかない」[60]

彼はこの手紙の中で、英米仏とソ連の政治制度を比べ、「ロシア、ドイツ、イタリアのファシズム制（ソビエト・ロシアの政治制度は、ドイツとイタリアの先生であり、同類だ）」と言っている。ソ連をファシズムと位置づけたのである。その理由は、以下の通りだ。

「ソビエト（国会）の選挙は、一切を政府と党が指定する。会議は、挙手するだけで議論はない。秘密政治警察は、恣意的に人を捕まえ、殺せる。一国一党は、他の党の存在を許さない。思想、言論、出版は、絶対的に不自由である。ストライキは、絶対に許されず、犯罪である」[61]

プロレタリア独裁は、「領袖独裁」

その後もソ連の体制に対する批判をやめることはなく、翌年11月には、「私の根本的意見」を書き、上海のトロツキストに送った。ここでもプロレタリア独裁の制度的問題を指摘し、それが党の独裁と領袖独裁を生み出すと指摘している。

「プロレタリア政党がブルジョア階級と資本主義に反対するために民主主義に反対し、各国でいわゆる『プロレタリア階級の革命』が出現したが、官僚制の消毒素がないので、世界でスターリン式の官僚政権が出現した。残酷、汚職、虚偽、腐敗、堕落によって社会主義を創造できるはずがない。いわゆる〝プロレタリア独裁〟など存在しない。それは党の独裁であり、結果は、領袖独裁だ。いかなる独裁制も、残酷、ごまかし、偽り、汚職、腐敗の官僚政治と不可分である[62]」

陳独秀がソ連をファシズムと位置づけたのは、当時においては、斬新な視点だった。ソ連は当時、英米と連携してドイツと戦う反ファシズム陣営に属していたからだ。

1941年6月、ドイツ軍がソ連に侵攻し、独ソ戦争が勃発すると、翌月、英国とソ連は、英ソ軍事同盟を締結した。10月、ドイツ軍がモスクワを包囲。12月には、日本軍がハワイの真珠湾を攻撃し、太平洋戦争が勃発。日本軍は、英国領マラヤ、シンガポール、香港も攻撃し、英国も対日宣戦し、中国では、国民政府も宣戦布告した。

毛沢東はこの時、これをチャンスととらえ、同年6月、「反ファシズム戦線」に加わるべく、こう宣言した。

「ソ連がファシズムの侵略に抵抗する神聖なる戦争は、ソ連を守るためだけではない。ファシズムの奴隷になることに反対し、解放闘争を行うすべての民族を守るためでもある。いま、全世界における共産党員の任務は、各国の人民を動員し、国際統一戦線を組織し、ファシズムに反対するために戦うことだ。ソ連を守り、中国を守り、すべての民族の自由と独立を守るために闘争することである[63]」

毛沢東は、情勢はソ連に有利であるだけでなく、共産党にとってもメリットになるとみており、党幹部に対し、以下のような見通しを伝えた。

「英、米、中がすべてソ連の側に立った。いまは、ファシズムと反ファシズムの二大陣営の対抗だ。その前途は、ソ連と中国にとって有利だ。……英、米はソ連に同情している。国共関係も良くなる可能性がある。……英、米、ソが協力すれば、蔣（介石）は大挙して反共がやれなくなり、情勢は我々に有利になる。……いま、反ファシズムの主導権は、ソ連が握っている。ソ連の戦局が安定すれば、全世界の反ファシズムの勢力は、ソ連を取り巻く形になる。これはとてもいい情勢だ」と考えていた[64]。

一方、陳独秀は、ソ連の本質についての考察を続け、批判の矛先をスターリンだけでなく、レーニンやトロッキーにも向けるようになった。当時、友人に宛てた一連の書簡の中にこう書いている。

「レーニンが発展させたマルクスのプロレタリア独裁は、プルードン（フランスの無政府主義者）の影響を受けている。新たな創見は、なにもない。トロツキーの「永久（永続）革命論」は、ロシアでしか応用できない。……ボルシェビキは、マルクス主義ではない。ロシアの急進的なプチブルジョア階級であり、フランスのブランキ（19世紀フランスの革命家。ブランキの思想に共鳴した武闘派の社会主義者の多くがパリ・コミューンにおいて指導的役割を果たした）派である。いまのドイツのナチズムは、古いプロシアと新しいボルシェビキの混合物だ。私は、ボルシェビキの横暴、欺瞞などの罪悪を引き続き説明するために文章を書き、機会があれば発表したい。……レーニンとトロツキーの見解は、中国に合わない。ロシアと西欧においても、正しかったといえるのか？　私は、ボルシェビキの理論とその人物（トロツキー氏も含む）の価値を改めて定めるべきだと主張する。それは、科学的態度であるべきで、教派の観点によるものであってはならない。私はすでに彼らの価値を定めた。ナチスは、プロシアとボルシェビキの混合物だ。『ロシア革命の教訓』を書き、吾輩の過去の見解を徹底的に覆すつもりだ[65]」

結局、『ロシア革命の教訓』は書けなかったが、これが陳独秀のロシア共産主義に対する〝遺言〟だった。彼は翌年、四川の山奥で、静かに息を引き取る。

一方、毛沢東はその頃、「延安整風運動」を発動し、スターリンを手本にして、政敵の粛清にとりかかっていた。

その教材に指定されたのが、『全連邦共産党小史（聯共（布）党史簡明教程）』だった。毛沢東は、これを絶賛し、「ソ連共産党史は、過去百年の全世界の共産主義運動において最高の総括である。その他はすべて補助材料だ。ソ連共産党史を中心的な教材とすべきだ」（1941年5月の幹部会議）と述べた。[66]

これを教材にしたのは、スターリンの機嫌をとる意味合いもあったかもしれないが、なによりも、政治闘争の武器になると判断したからである。それは、スターリンが政敵を排除し、独裁的な地位を固めるために編纂させたものであり、自ら内容をチェックし、修正を加え、粛清が頂点に達した1938年に出版されたものだった。

スターリンは、同書の中で、党史を「正確な路線」と「誤った路線」に二分し、政敵を「日和見主義」「人民の敵」「裏切り者」「売国奴」「特務」「暗殺者」と決めつけ、粛清の根拠とした。毛沢東は、この手法を学び、「若干の歴史問題に関する決議」（前述）を下し、自らを「正しい路線の代表」と位置づけ、王明を「革命闘争の経験がない左傾の教条主義の過ちを犯した同志」と断罪したのである。[67]

スターリンの「党のボルシェビキ化十二条を論ず」も「整風運動」の重要な教材だった。毛沢東は、これを「全党のバイブル」と呼び、スターリンの言葉を根拠にして、以下のように権力集中を正当化しようとした。

「第一条を実行するには、指導の一元化が必要だ。……党が軍隊、政府、民衆団体を指導しなければならない。……党内には自由主義の悪い傾向がある。……スターリンの第十条は、腐敗した党の日和見主義分子を除去すべきだと言っている。党員の資格が足りない者は、粛清すべきだ。……鉄の規律を打ち立てるべきだ[68]」

スターリンの言葉をかりて、権力集中の必要性を説いたのである。

毛沢東は、粛清を推し進めるため、次のような指示を出す。

「すでに中央研究院で王実味トロツキー派を見つけた。悪人、すなわちトロツキー派、日本の特務、国民党の特務などの三種の悪人を見つけるべきだ[69]」

その結果は、悲惨だった。多くの党員が特務の嫌疑をかけられ、自白を強要され、大量の冤罪が発生する事態を招いたのである。半年だけでも特務の嫌疑をかけられた者が１４００人以上に上ったと言われている[70]。

もちろん、これは、毛沢東にとっては、好都合だった。粛清されることを恐れ、彼に歯向かう者がいなくなったからだ。スターリンの手法に学び、共産党の「毛沢東化」を達成したわけである。陳独秀は、スターリンを生み出した「独裁制」を諸悪の根源とみなしたが、毛沢東は、それをフルに活用し、権力基盤を固めたのだ。

陳独秀は晩年、「制度面から欠点を探し、教訓としなければならない。たとえスターリンが倒れても、無数のスターリンがソ連や他国から生まれてくる」(前述)と予言したが、それは見事に的中していた。その「制度」は、毛沢東亡き後も、脈々と受け継がれている。

独裁を生む制度を変えなければ、これからも「無数の毛沢東」が生まれ続けるだろう。

【注】

1 中共中央文献研究室編/金冲及主編『毛沢東伝(1893―1949)』103頁
2 楊奎松『毛沢東与莫斯科的恩恩怨怨』10〜12頁
3 楊奎松『〝中間地帯〟的革命』93頁
4 同右94頁。中共中央文献研究室編/金冲及主編『毛沢東伝(1893―1949)』123〜125頁
5 楊奎松『毛沢東与莫斯科的恩恩怨怨』13頁
6 中共中央文献研究室編/逄先知主編『毛沢東年譜(1893―1949)修訂本 上巻』224頁
7 ボリス・スラヴィンスキー、ドミートリー・スラヴィンスキー著/加藤幸廣訳『中国革命とソ連』171頁。楊奎松『〝中間地帯〟的革命』177〜183頁
8 ボリス・スラヴィンスキー、ドミートリー・スラヴィンスキー著/加藤幸廣訳『中国革命とソ連』172頁
9 中共中央文献研究室編『周恩来年譜(1898―1949)修訂本』(中央文献出版社、2020年)183頁。

10 楊奎松『〝中間地帯〟的革命』226頁。楊奎松『毛沢東与莫斯科的恩恩怨怨』17頁

11 楊奎松『毛沢東与莫斯科的恩恩怨怨』19～20頁

12 中共中央文献研究室編／逄先知主編『毛沢東年譜（1893－1949）修訂本 上巻』424～426頁

13 沈志華主編『中蘇関係史綱1917～1991年中蘇関係若干問題再探討』（社会科学文献出版社、2011年）60～61頁

14 楊奎松『国民党的〝聯共〟与〝反共〟（上）』（広西師範大学出版社、2016年）396頁。ボリス・スラヴィンスキー、ドミートリー・スラヴィンスキー著／加藤幸廣訳『中国革命とソ連』352～353頁。楊奎松『毛沢東与莫斯科的恩恩怨怨』60頁

15 中共中央文献研究室編／金冲及主編『毛沢東伝（1893－1949）』410頁

16 同右525頁

17 戴茂林、曹仲彬『王明伝』（中共党史出版社、2008年）207頁

18 中共中央文献研究室編／金冲及主編『毛沢東伝（1893－1949）』522頁

19 同右522～523頁

20 戴茂林、曹仲彬『王明伝』210頁

21 中共中央文献研究室編／金冲及主編『毛沢東伝（1893－1949）』526頁

22 同右527頁。戴茂林、曹仲彬『王明伝』215頁

23 楊奎松『毛沢東与莫斯科的恩恩怨怨』75～76頁

24 同右66、68頁

25 同右77頁

26 同右78頁

27 中共中央文献研究室編／金冲及主編『毛沢東伝（1893－1949）』531頁

28 中共中央文献研究室編／逄先知主編『毛沢東年譜（1893－1949）修訂本 中巻』92頁

29 戴茂林、曹仲彬『王明伝』234～238頁

29 楊奎松『毛沢東与莫斯科的恩恩怨怨』119頁
30 『毛沢東選集（第三巻）』（人民出版社、１９５３年）756頁
31 戴茂林、曹仲彬『王明伝』247〜248頁
32 同右256〜257頁
33 中共中央文献研究室編／逢先知主編『毛沢東年譜（１８９３－１９４９）修訂本　中巻』598頁
34 戴茂林、曹仲彬『王明伝』259頁
35 楊奎松『毛沢東与莫斯科的恩恩怨怨』147頁
36 同右158〜159頁
37 同右160頁
38 同右162頁
39 同右207頁
40 中共中央文献研究室編『毛沢東在七大的報告和講話集』（中央文献出版社、１９９５年）219頁
41 楊奎松『毛沢東与莫斯科的恩恩怨怨』235頁
42 蔣永敬、劉維開『蔣介石與國共和戦』（臺灣商務印書館、２０１１年）120〜121頁
43 同右173頁
44 同右226、241頁
45 中共中央文献研究室編／逢先知、馮蕙主編『毛沢東年譜（１９４９－１９７６）第一巻　修訂本』58頁
46 中共中央文献研究室編／金冲及主編『毛沢東伝（１９４９－１９７６）』（中央文献出版社、２００３年）30頁
47 唐寶林『陳獨秀全傳』（香港中文大学出版社、２０１１）361、373頁
48 同右391頁
49 ボリス・スラヴィンスキー、ドミートリー・スラヴィンスキー著／加藤幸廣訳『中国革命とソ連』141、145、149〜150頁

50 唐寶林『陳獨秀全傳』409頁
51 同右435頁
52 同右
53 唐寶林『陳獨秀全傳』433頁、434頁。唐宝林、林茂生『陳独秀年譜』332頁
54 唐宝林、林茂生『陳独秀年譜』363頁
55 同右366頁
56 同右468頁
57 同右
58 張永通、劉伝学編「給陳其昌等的信」『後期的陳独秀及其文章選編』(四川人民出版社、内部発行、1980年)79〜80頁
59 唐宝林、林茂生『陳独秀年譜』490〜491頁
60 張永通、劉伝学編「給西流的信」『後期的陳独秀及其文章選編』196〜200頁
61 同右200〜201頁
62 「我的根本意見」胡明編選『陳独秀選集』266頁
63 中共中央文献研究室編/逄先知主編『毛沢東年譜(1893−1949)修訂本 中巻』309頁
64 同右309、311、314頁
65 唐宝林、林茂生『陳独秀年譜』532〜533頁
66 高華『紅太陽是怎様升起的 延安整風運動的来龍去脈』188頁
67 同右190頁
68 中共中央文献研究室編/逄先知主編『毛沢東年譜(1893−1949)修訂本 中巻』412〜414頁
69 同右387頁
70 中共中央党史研究室著『中国共産党歴史(第一巻下冊)』(中共党史出版社、2002年)789〜790頁。胡喬木『胡喬木回憶毛沢東』278頁

あとがき

本書を書き始めたのは、前世紀の１９９０年代である。かれこれ30年になる。当時、中国では、毛沢東の青年期の資料が公開され、「早期毛沢東研究」に火がつき、数多くの書籍が出版された。それにより、彼の知られざる思想遍歴が浮かび上がり、以下のような意外な側面が明らかになった。

若き毛沢東は、欧米流の民主主義者だった。平和的な改革で中国を変えられると思い、流血をともなう革命に反対だったが、民主化運動に挫折し、ロシア流の暴力革命の道を選んだ。それは、欧米流の自由と民主主義を捨て去り、革命と独裁を選択することでもあったが、彼なりの「救国の処方箋」だった。しかし、やがて革命と独裁そのものが「自己目的化」していき、未曽有の災難を中国にもたらすことになっていったのである。

30年前、本書の執筆にとりかかり、疑問が湧くたびに一つ一つ資料を探し、書き足していくうちに、原稿は山のように膨れ上がった。

その間、中国の現状分析の仕事が主となり、最新情報を追いかける毎日だったが、毛沢東は、常に研究の原点であり、本書を書き続けることは、基本に立ち返ることでもあった。

毛沢東はいまでも、現代中国を読み解くカギであり、「文法」である。今回、執筆に当たり、彼の影響が今日まで延々と続いていることを、あらためて実感した。

最後に、執筆に当たって参考にした主な文献に触れてみたい。

早期の毛沢東については、1990年代以前に文献がなかったわけではない。1950年代に毛沢東の元秘書・李鋭が書いた『毛沢東同志的初期革命活動』（中国青年出版社、1957年）が出版され、邦訳『毛沢東　その青年時代』（至誠堂）が1966年に出版されている。また、毛沢東の友人・蕭子昇の回想録『MAO TSE-TUNG and I were beggars』（Syracuse University Press）が1959年に出版され、邦訳『毛沢東の青春』（サイマル出版会）が1976年に出版されている。

だが、本格的な研究成果が出始めたのは、やはり1990年代以降である。

『毛沢東早期文稿』（湖南出版社、1990年。当時は内部発行だったが、2013年の改訂版は一般公開されている）、『青年毛沢東』（中共党史資料出版社、1990年）、『毛沢東年譜』（中央文献出版社、人民出版社、1993年）、『毛沢東伝（1893〜1949）』（中央文献出版社、1996年）など一次資料が相次いで公開され、早期の毛沢東の足跡を公式資料でたどることが可能になった。

1990年代に出版された著作としては、毛沢東の元秘書・李鋭の『早年毛澤東』（遼寧人民出版社、1993年）と『毛沢東早年読書生活』（遼寧人民出版社、1992年）があるが、これは毛沢東の元側近の手による貴重な著作である。前者は、前述の『毛沢東同志的初期革命活動』の増補版だ。

研究者の著作としては、中国・ロシア・アメリカ・台湾などの資料を駆使して描かれた楊奎松著『毛沢東与莫斯科的恩恩怨怨』（江西人民出版社、1999年）がある。これは、毛沢東とソ連および国民党との関係を知る上で極めて重要な著作である。これを読むと、毛沢東が権力を掌握する過程で、ソ連が重要な働きをしていたことがわかる。

今世紀に入ってからも、『建党以来重要文献選編（1921〜1949）』（中央文献出版社、2011年）などが出版され、公式資料で詳細な事情がわかるようになった。

とりわけ、旧ソ連の資料を翻訳した中共中央党史研究室第一研究部編『聯共（布）、共産国際与中国国民革命運動（1920－1925）第一巻』（中共党史出版社、2020年）と同第二巻（1917－1925）は極めて重要である。この資料には、当時のコミンテルンの指示、報告書、書簡などが収められており、中国共産党設立当時の裏事情が手に取るようにわかる。

直接毛沢東を扱ったものではないが、重要な文献としては、唐宝林著『陳独秀全伝』（社会科学文献出版社、2013年）がある。陳独秀は、毛沢東が党内で〝出世〟する上でカギとなった人物であり、毛沢東を陳独秀の側から見ることができる。同書は、香港版（中文大学出版社、2011年）が一足先に出版されており、政治的に敏感で中国版で削除された部分が記されていて興味深い。陳独秀関連の資料については、晩年の痛烈な共産主義批判の文章が掲載された『後期的陳独秀及其文章選編』（四川人民出版社、内部発行、1980年）が必見である。

ほかには、毛沢東神格化の原点であり、「文化大革命」の原形でもある「延安整風運動」を詳細に考察した高華の『紅太陽是怎様升起的　延安整風運動的来龍去脈』（中文大学出版社、2000年）がある。同書は、「延安整風運動」の裏を知るには必見である。

また、前述の楊奎松が2010年に出版した『中間地帯的革命』（山西人民出版社）も、貴重な資料を駆使して描かれており、初期の共産党の内部事情、国共の攻防、中ソ関係を知る上で極めて有益である。

また、ロシア人が書いたものとしては、『延安日記』（サイマル出版会、1973年）や『中国革命とソ連』（共同通信社、2002年）が参考になる。前者は、延安に駐在していたコミンテルン連絡員の記録であり、延安の実情や毛沢東の「裏の顔」を暴露している。後者は、旧ソ連の資料を使っており、ソ連側から見た中国革命の内情を知ることができる。

このほか、毛沢東の故郷・湖南の研究者の著作も、毛沢東の湖南時代を知る上で欠かせない。なかでも、韶山毛沢東同志紀念館の副館長を務めた龍剣宇氏の一連の著作は、毛沢東のルーツを知る上で参考になる。

たとえば、『毛沢東的家世淵源』（中央文献出版社、2011年）『韶山毛家英雄譜』（人民出版社、2011年）『毛沢東青春啓示録』（中央文献出版社、2013年）『毛沢東家居』（中共党史出版社、2013年）『毛沢東従這裏走来』（人民出版社、2013年）などである。これ以前の共著には、高菊村、龍剣宇、陳高挙、劉建国、蒲蘆著『毛沢東故土家族探秘』（西苑出版社、1993年）もある。

これらの著作は、毛沢東が生まれ育った環境、農村の風俗習慣、家族関係などを詳細に記述し、社会・文化面から論じており、従来の「革命史」とは、異なる視点が得られる。地元ならではの情報が満載であり、北京から見た毛沢東とは一味違っている。

毛沢東の地元といえば、湖南の出版社の手による著作も必見である。それらは、毛沢東を「湖南人」としてとらえており、毛沢東の思想的ルーツや湖南での活動を知る上で役に立つ。たとえば、彭大成著『湖湘文化與毛澤東』(湖南出版社、1991年)、范忠程主編『青年毛沢東与湖南思想界』(湖南出版社、1993年)などである。

湖南の出版社が手がけた重要な文献としては、毛沢東の恩師・楊昌済の著作『達化齋日記(第2版)』(湖南人民出版社、1981年)や『楊昌済集』(湖南教育出版社、2008年)があるが、これらは、毛沢東の第一師範時代を知る上で不可欠である。楊昌済の生涯についての詳細な記録については、王興国(出版当時、湖南省社会科学院研究員)の『楊昌済的生平及思想』(湖南人民出版社、1981年)がある。

こうした文献が出版されたことにより、まだまだ不十分ではあっても、以前よりは、多面的に毛沢東のルーツに迫ることが可能になってきた。『毛沢東早期文稿』のように、出版当時は内部発行だった文献が公開出版されるようになっており、本書で引用した内部発行の文献は、すべて古書として一般に公開されて販売されているものである。

本書の出版に当たっては、中央公論新社の中西恵子氏に大変お世話になった。同氏は、30年間書き溜めた膨大な草稿を丹念に読み、極めて的確な編集アドバイスをしてくれた。同氏の努力なくしては、出版はかなわなかった。本当に骨の折れる作業だったと思う。

また、中西氏に本書を推薦してくれたのは、読売新聞社国際部次長の竹内誠一郎氏である。同氏と中国について語り合っていた時、毛沢東について書いていると告げると、すぐに中西氏に連絡してくれた。本書の出版が実現したのは、両氏のおかげである。ここに深く感謝の意を表する次第である。

なお、毛沢東については、未公開の文献も多く、著者の力量にも限りがある。まだまだ知られざる部分が山のようにあるはずだ。さらなる新資料の公開を期待したい。

主要参考文献　◉初出のみ記載

序章　革命と独裁

マルクス、エンゲルス著／大内兵衛、向坂逸郎訳『共産党宣言』（岩波書店、1988年）
レーニン著／宇高基輔訳『国家と革命』（岩波書店、1957年）
龔育之、逄先知、石仲泉『毛沢東的読書生活』（三聯書店、1986年）
バートランド・ラッセル著／河合秀和訳『ロシア共産主義』（みすず書房、1990年）
トロツキー著／藤井一行訳『裏切られた革命』（岩波書店、1992年）
ピョートル・ウラジミロフ著／高橋正訳『延安日記』上（サイマル出版会、1975年）
高華『紅太陽是怎様升起的　延安整風運動的来龍去脈』（中文大学出版社、2000年）
戴晴著／田畑佐和子訳『毛沢東と中国知識人』（東方書店、1990年）
胡喬木『胡喬木回憶毛沢東』（人民出版社、1994年）
フランク・ディケーター著／中川治子訳『毛沢東の大飢饉』（草思社、2011年）
楊継縄著／伊藤正、田口佐紀子、多田麻美訳『毛沢東　大躍進秘録』（文藝春秋、2012年）
中共中央文献研究室編『周恩来伝1949－1976』下（中央文献出版社、1998年）
林蘊暉『烏托邦運動　従大躍進到大饑荒』中華人民共和国史第4巻（1958－1961）（中文大学出版社、2008年）
中共中央文献研究室『毛沢東伝1949－1976』下（中央文献出版社、2003年）
韶山毛沢東同志紀念館編『毛沢東遺物事典』（紅旗出版社、1996年）

王光美、劉源他著／吉田富夫、萩野脩二訳『消された国家主席　劉少奇』（日本放送出版協会、２００２年）
中共中央文献研究室編『周恩来年譜　１９４９－１９７６　下巻』（中央文献出版社、１９９７年）
王志明、張北根『中華人民共和国歴史紀実　内乱驟起（１９６５－１９６９）』（紅旗出版社、１９９４年）
卜偉華『砸爛舊世界』中華人民共和国史第６巻（１９６６－１９６８）（中文大学出版社、２００８年）
王年一『大動乱的年代（１９４９年－１９８９年的中国３）』（河南人民出版社、１９８８年）
顧洪章、馬克森副主編『中国知識青年上山下郷大事記』（中国検察出版社、１９９７年）
金春明『文化大革命史稿』（四川人民出版社、１９９５年）
志水速雄『フルシチョフ秘密報告　スターリン批判』講談社、１９７７年）
李鋭「関於〝毛主席万歳〟這個口号」『炎黄春秋』（炎黄春秋雑誌社）（２０１０年第８期）

第一章　原点

高菊村、陳峰、唐振南、田余糧『青年毛沢東』（中共党史出版社、１９９０年）
高菊村、龍剣宇、陳高挙、劉建国、蒲蘆『毛沢東故土家族探秘』（西苑出版社、１９９３年）
龍剣宇『毛沢東的家世淵源』（中央文献出版社、２０１１年）
龍剣宇『毛沢東青春啓示録』（中央文献出版社、２０１３年）
龍剣宇『毛沢東家居』（中共党史出版社、２０１３年）
龍剣宇『毛沢東従這裏走来』（人民出版社、２０１３年）
蔣国平『毛沢東与韶山』（中国青年出版社、１９９２年）
李湘文編著『毛沢東家世（増訂本）』（人民出版社、１９９３年）
李鋭著／玉川信明、松井博光訳『毛沢東　その青年時代』（至誠堂、１９６６年）
李鋭『毛澤東早年讀書生活』（遼寧人民出版社、１９９２年）
李湘文編著『毛沢東家世』（南粤出版社、１９９０年）

中共中央文献研究室編／金冲及主編『毛沢東伝（1893－1949）』（中共中央文献研究室、2004年）
「毛沢東与父親毛貽昌、母親文素勤」中共中央党史和文献研究院、中央档案館『党的文献』（2009年第2期総第128期）
耘山、周燕『革命与愛：共産国際檔案最新解密毛沢東毛沢民兄弟関係』（中国青年出版社、2011年）
中共中央文献研究室編／逄先知主編『毛沢東年譜（1893－1949）修訂本　上巻』（中央文献出版社、2013年）
柯延主編『毛沢東生平全記録上巻』（中央文献出版社、2009年）
林克、凌星光著／凌星光訳『毛沢東の人間像：虎気質と猿気質の矛盾』（サイマル出版会、1994年）
『毛沢東1936年同斯諾的談話：関於自己的革命経歴和紅軍長征等問題』（人民出版社、1979年）
汪澍白『毛沢東早年心路歴程』（中央文献出版社、1993年）
黄波「一百年前的一次群体性事件」政協広東省委員会『同舟共進』（2009年第4期）
李細珠「長沙搶米風潮与清政府的応対」国家清史編纂委員会『清史参考』（2012年第21期）『中華文史網』
http://www.qinghistory.cn/qsjj/qsjj_zz/387623.shtml
胡長水、李瑗『毛沢東之路①横空出世』（中国青年出版社、1993年）
黄露生編著『毛沢東尊師風範』（中央文献出版社、2011年）
蕭致治『黄興評伝（上）』（南京大学出版社、2011年）
毛注青編著『黄興年譜長編』（中華書局、1991年）
雷建軍「長沙明徳学堂対辛亥革命的貢献」中南出版伝媒集団股份有限公司『書屋』（2009年第7期）
趙晋「毛沢東与郷隣李漱清父子」中共中央党史和文献研究院『百年潮』（2004年第11期）
趙志超『毛沢東和他的父老郷親』（湖南文芸出版社、1992年）
金冲及主編／村田忠禧、黄幸監訳『毛沢東伝（上）1893－1949』（みすず書房、1999年）
唐春元、肖鵠、石海平、王瑩莎「東山学校是所好学校」中共湖南省委員会『新湘評論』（2016年第5期）「新湘在線」

https://web.archive.org/web/20160304232129/http://www.xxplzx.com/xxplml/frgl2007/jdhn2008/t20100119_279936.htm
蕭三『毛沢東的青少年時代』（湖南大学出版社、１９８８年）
梁啓超『清代学術概論』（東方出版社、１９９６年）
段慧群「朱光潜読書不打〝消耗戦〟」『人民政協報』２０１５－07－30期11版）http://politics.people.com.cn/n/2015/0730/c70731-27383789.html
雷家聖『力挽狂瀾　戊戌政變新探』（萬巻樓圖書股份有限公司、２００４年）
茅海建『戊戌変法史事考』（生活・読書・新知三聯書店、２００５年）
丁文江、趙豊田編／欧陽哲生整理『梁任公先生年譜長編』（中華書局、２０１０年）
夏暁虹編『梁啓超文選上集』（中国広播電視出版社、１９９２年）
三石「禹之謨為革命興学育才」湖南省文史研究館『文史拾遺』（２０１１年３期総85）
http://www.changsha0731.cn/wssy/index.php?m=content&c=index&a=show&catid=3&id=201
范忠程主編『青年毛沢東与湖南思想界』（湖南出版社、１９９３年）
黄興著、文明国編『黄興自述（下）』（深圳報業集団出版社、２０１１年）
蕭功秦「清末〝保路運動〟的再反思」『戦略与管理』１９９６年６（第19期）
中共中央文献研究室、中共湖南省委『毛沢東早期文稿』編輯組編『毛沢東早期文稿（内部発行）』（湖南出版社、１９９０年）
楊鵬程「辛亥革命焦達峰、陳作新被戕案所証所説－従『平齋五十自述』等史料看焦、陳事変」『近代史研究』（１９９５年第２期）（中国社会科学院近代史研究所）
程訴「湖南：湘軍支援武昌力戦清軍」人民日報社『文史参考』（２０１１年第19期総第43期）
暁樺「現存毛沢東最早的中学的作文手稿」中国共産党湖南省委員会『新湘評論』（２０１２年第23期）
司馬遷著／小川環樹、今鷹真、福島吉彦訳『史記列伝（一）』（岩波書店、１９７５年）
中共中央文献研究室編／逢先知、馮蕙主編『毛沢東年譜（１９４９－１９７６）第５巻』（中央文献出版社、２

０１３年）
王憲明、舒文「近代中国人対盧梭的解釈」『近代史研究』（１９９５年第2期）
孫応祥『厳復年譜』（福建人民出版社、２０１４年）
朱修春主編『厳復学術档案』（武漢大学出版社、２０１５年）
B・シュウォルツ著／平野健一郎訳『中国の近代化と知識人　厳復と西洋』（東京大学出版会、１９７８年）
李鋭『早年毛澤東』（遼寧人民出版社、１９９３年）

第二章　湖南第一師範

シャオ・ユー著／高橋正訳『毛沢東の青春』（サイマル出版会、１９７６年）
王興国『楊昌済的生平及思想』（湖南人民出版社、１９８１年）
蕭仲祁「記湯薌銘屠楊徳鄰等」中国人民政治協商会議湖南省委員会文史資料研究委員会『湖南文史資料選輯第１集』（１９８１年6月）
「岳麓故事：民国前期湖南本省軍閥混戦」『澎湃新聞』（２０２０年1月3日）
https://www.thepaper.cn/newsDetail_forward_5423091
楊昌済『達化齋日記』（湖南人民出版社、１９７８年）
楊昌済著／王興国編注『楊昌済集①』（湖南教育出版社、２００８年）
楊昌済著／王興国編注『楊昌済集②』（湖南教育出版社、２００８年）
鄧潭洲『王船山伝論』（湖南人民出版社、１９８２年）
［清］王之春撰／汪茂和點校『王夫之年譜』（中華書局、１９８９年）
彭大成『湖湘文化與毛澤東』（湖南出版社、１９９１年）
奉清清「毛沢東：立起湖湘文化的豊碑―訪湘潭大学毛沢東思想研究中心主任、教育部〝長江学者〟特聘教授李佑新」『湖南日報』（２０１８年12月22日）

https://hnrb.voc.com.cn/hnrb_epaper/images/2018-12/22/05/2018122205_pdf.pdf
http://dangshi.people.com.cn/n1/2018/1222/c85037-30482121.html
蕭一山『曽国藩伝』（江蘇人民出版社、２０１４年）
蔡鍔輯録／肖玉葉訳注『曽胡治兵語録（黄埔軍校版）』（漓江出版社、２０１４年）
胡為雄「〝三大紀律八項注意〟与『愛民歌』関係考略」『党的文献』（２００６年第５期）
王夏剛『譚嗣同与晩清社会』（中国社会科学出版社、２０１５年）
解璽璋『梁啓超伝（上部）』（上海文化出版社、２０１２年）
鄧潭洲『譚嗣同伝論』（上海人民出版社、１９８１年）
李沢厚『中国近代思想史論』（人民出版社、１９７９年）
［清］譚嗣同著／蔡尚思、方行編『譚嗣同全集（増訂本）』（中華書局、１９８１年）
［清］王夫之著／舒士彦點校『讀通鑑論（中）（巻十一）』（中華書局、１９７５年）
『毛沢東選集（第一巻）』（人民出版社、１９５２年）
朱成甲『李大釗伝（上）』（中国社会科学出版社、２００９年）
唐宝林『陳独秀全伝』（社会科学文献出版社、２０１３年）
唐宝林、林茂生『陳独秀年譜』（上海人民出版社、１９８８年）
任建樹『陳独秀伝　従秀才到総書記（上）』（上海人民出版社、１９８９年）
白吉庵『政客里的文人　文人里的侠客　章士釗的伝奇人生』（団結出版社、２０１５年）
薛君度著／楊慎之訳『黄興与中国革命』（湖南人民出版社、１９８０年）
鄒小站『章士釗』（団結出版社、２０１１年）
胡明編選『陳独秀選集』（天津人民出版社、１９９０年）
中国革命博物館、湖南省博物館編『新民学会資料』（人民出版社、内部発行、１９８０年）
何長工著／河田悌一、森時彦訳『フランス勤工倹学の回想―中国共産党の一源流―』（岩波書店、１９７６年）
張洪祥、王永祥編著『留法勤工倹学運動簡史』（黒竜江人民出版社、１９８２年）

中共双峰県委員会編『蔡和森伝』（湖南人民出版社、１９８０年）
張静如、馬模貞、廖英、銭自強編『李大釗生平史料編年』（上海人民出版社、１９８４年）
朱志敏『李大釗伝』（紅旗出版社、２００９年）
王勇則「李大钊早年求学史事新探」『中国共産党新聞網』
http://dangshi.people.com.cn/n1/2016/0511/c85037-28340378.html
胡適著／胡適紀念館編印『四十自述』（中央研究院近代史研究所、２０１５年）
張国燾『我的回憶（第一冊）』（東方出版社、内部発行、１９９１年）
「致共産国際執行委員会和薩法羅夫的信」（１９２３年7月3日）李玉貞主編／杜魏華副主編『馬林与第一次国共合作』（光明日報出版社、１９８９年）
周策縦著／陳永明等譯『五四運動史』（世界図書出版公司北京公司、２０１６年）
彭明『五四運動簡史』（人民出版社、１９８９年）
羅章龍『椿園載記』（生活・讀書・新知三聯書店、内部発行、１９８４年）
ジョシュア・A・フォーゲル著／阪谷芳直訳『中江丑吉と中国』（岩波書店、１９９２年）
喩春梅『大道為公－長沙「大公報」（１９１５－１９２７）与湖南社会思潮』（湖南人民出版社、２０１１年）
朱正威「五四時期王光祈的思想剖析」『近代史研究』（１９８８年第4期）
李沢厚著／坂元ひろ子、佐藤豊、砂山幸雄訳『中国の文化心理構造　現代中国を解く鍵』（平凡社、１９８９年）
白吉庵『胡適伝』（人民出版社、１９９３年）
欧陽哲生編『胡適文集2』（北京大学出版社、１９９８年）
胡明編選『胡適選集』（天津人民出版社、１９９１年）
楊金栄『角色与命運　胡適晩年的自由主義困境』（生活・読書・新知三聯書店、２００３年）
中国社会科学院近代史研究所《近代史資料》編譯室主編『五四運動回憶録』（知識産権出版社、２０１３年）
向青、石志夫、劉徳喜主編『蘇聯与中国革命』（中央編譯出版社、１９９４年）
ボリス・スラヴィンスキー、ドミートリー・スラヴィンスキー著／加藤幸廣訳『中国革命とソ連』（共同通信社、

2002年）
沈志華主編『中蘇関係史綱1917～1991年中蘇関係若干問題再探討』（社会科学文献出版社、2016年）
唐德剛譯注『胡適口述自伝』（広西師範大学出版社、2015年）
中共中央党史研究室第一研究部譯『聯共（布）、共産国際与中国国民革命運動（1920−1925）第一巻』（中共党史出版社、2020年）
楊奎松『〝中間地帯〟的革命』（山西出版集団・山西人民出版社、2010年）
Alexander V. Pantsov with Steven I. Levine, Mao: the real story（Simon & Schuste, 2012）
呉婷「陳望道翻譯『共産党宣言』」『中国共産党新聞網』（2018年3月8日）
http://dangshi.people.com.cn/n1/2018/0308/c85037-29855166.html

第三章　湖南自治運動と挫折

熊杏林「湖南自治運動評述」『近代史研究』（中国社会科学院近代史研究所、1990年第3期）
黎永泰『毛沢東与大革命』（四川人民出版社、1991年）
劉建強『湖南自治運動史論』（湘潭大学出版社、2008年）
陳先枢（湖南省文史研究館館員）「近代民権思想在湖南的社会実践」湖南日報社『新湖南』（2020年4月24日）
https://www.hunantoday.cn/news/xhn/202004/14436698.html
張永通、劉伝学編『後期的陳独秀及其文章選編』（四川人民出版社、内部発行、1980年）

第四章　ソ連の影

左玉河『張東蓀伝』（紅旗出版社、2009年）

林代昭、潘国華編『馬克思主義在中国―従影響的伝入到伝播（下冊）』（清華大学出版社、1983年）
馮崇義「羅素訪華平議」『近代史研究』（1991年第4期）
中共中央党史研究室著／胡縄主編『中国共産党的七十年』（中共党史出版社、1991年）
中共中央党史研究室第一研究部譯『聯共（布）、共産国際与中国国民革命運動（1917―1925）第二巻』（中共党史出版社、2020年）
中共中央文献研究室、中央檔案館編『建党以来重要文献選編（1921―1949）第一冊』（中央文献出版社、2011年）
中国社会科学院現代史研究室、中国革命博物館党史研究室選編『〝一大〟前後　中国共産党第一次代表大会前後資料選編（一）』（人民出版社、内部発行、1980年）
中国社会科学院現代史研究室、中国革命博物館党史研究室選編『〝一大〟前後　中国共産党第一次代表大会前後資料選編（二）』（人民出版社、内部発行、1980年）
蔣介石著／寺島正訳『中国のなかのソ連』（時事通信社、1962年）
楊奎松『毛沢東与莫斯科的恩恩怨怨』（江西人民出版社、1999年）

終章　毛沢東と陳独秀――二つの道

中共中央文献研究室編『周恩来年譜（1898―1949）修訂本』（中央文献出版社、2020年）
楊奎松『国民党的〝聯共〟与〝反共〟（上）』（広西師範大学出版社、2016年）
戴茂林、曹仲彬『王明伝』（中共党史出版社、2008年）
『毛沢東選集（第三巻）』（人民出版社、1953年）
中共中央文献研究室編『毛沢東在七大的報告和講話集』（中央文献出版社、1995年）
蔣永敬、劉維開『蔣介石與國共和戰』（臺灣商務印書館、2011年）
中共中央文献研究室編／金冲及主編『毛沢東伝（1949―1976）』（中共中央文献研究室、2003年）唐

寶林『陳獨秀全傳』（香港中文大学出版社、２０１１年）
中共中央党史研究室著『中国共産党歴史（第一巻下冊）』（中共党史出版社、２００２年）

装幀　中央公論新社デザイン室
カバー写真　Universal Images Group／共同通信イメージズ

興梠一郎（こうろぎ・いちろう）

1959年、大分県生まれ。神田外語大学教授。九州大学経済学部卒業。三菱商事中国チームを経て、カリフォルニア大学バークレー校大学院修士課程修了、東京外国語大学大学院修士課程修了。外務省専門調査員（香港総領事館）、同省国際情報局分析第2課専門分析員、参議院第1特別調査室客員調査員を歴任。
主著に『一国二制度下の香港』（論創社）、『現代中国―グローバル化のなかで』『中国激流―13億のゆくえ』（ともに岩波書店）、『中国―巨大国家の底流』（文藝春秋）、『中国　目覚めた民衆―習近平体制と日中関係のゆくえ』（NHK出版）等。

毛沢東《もうたくとう》 革命《かくめい》と独裁《どくさい》の原点《げんてん》

2023年12月10日　初版発行

著　者　興梠一郎《こうろぎいちろう》

発行者　安部順一

発行所　中央公論新社
〒100-8152　東京都千代田区大手町1-7-1
電話　販売 03-5299-1730　編集 03-5299-1740
URL https://www.chuko.co.jp/

DTP　市川真樹子
印　刷　図書印刷
製　本　大口製本印刷

Printed in Japan　ISBN978-4-12-005720-5　C0022